기술철학 개요

새로운 관점에서 본 문화생성사

기술철학 개요: 새로운 관점에서 본 문화 생성사

초판1쇄 펴냄 2021년 12월 17일

지은이 에른스트 카프
옮긴이 조창오
펴낸이 유재건
펴낸곳 그린비
주소 서울시 마포구 와우산로 180, 4층
대표전화 02-702-2717 | **팩스** 02-703-0272
홈페이지 www.greenbee.co.kr
원고투고 및 문의 editor@greenbee.co.kr

주간 임유진 | **편집** 홍민기, 신효섭, 구세주, 송예진 | **디자인** 권희원, 이은솔
마케팅 유하나, 육소연 | **물류유통** 유재영, 한동훈 | **경영관리** 유수진

ISBN 978-89-7682-673-2 93160

學問思辨行: 배우고 묻고 생각하고 판단하고 행동하고
독자의 학문사변행을 돕는 든든한 가이드 _그린비 출판그룹

그린비 철학, 예술, 고전, 인문교양 브랜드
엑스북스 책읽기, 글쓰기에 대한 거의 모든 것
곰세마리 책으로 통하는 세대공감, 가족이 함께 읽는 책

Grundlinien einer Philosophie der Technik 기술철학 개요

새로운 관점에서 본 문화 생성사

Ernst Kapp 에른스트 카프 | 조창오 옮김

그린비

"정확히 따져 보면 전체 인간사는 결국 더 나은 도구를
발명하려는 역사다."

에드문트 라이틀링거(Edmund Reitlinger)

옮긴이의 말

에른스트 카프(Ernst Kapp)는 1808년 바이에른 주 루트비히슈타트(Lud-wigsstadt)에서 태어나 1896년 뒤셀도르프에서 사망한 철학자이자 고전 문헌학자, 지질학자이다. 1824년부터 1828년까지 본 대학에서 고전문헌학을 공부한 후 함(Hamm)의 김나지움에서 교사로 재직했다. 1830년에 본 대학 사학과에서 『아테네 선박에 관하여』(De re navali Atheniensium)라는 논문으로 박사학위를 취득했다. 1830년에서 1849년에는 민덴 (Minden)의 김나지움에서 역사와 지질학을 담당하는 교사로 재직했다. 그동안 역사적인 측면에서 본 지질학, 지질학적 관점에서 본 역사 등에 관한 교재를 썼다. 1845년에는 『비교 일반 지질학』(Vergleichende allgemeine Erdkunde)을 간행했다. 그의 관심은 지질학에만 머무는 게 아니라 현실 정치에도 향해 있었다. 자유주의자인 그는 『구성된 독재체제와 헌법적 자유』(Der constituirte Despotismus und die constitutionelle Freiheit, 1849)라는 책을 썼다. 독일 정치적 상황이 어두워짐에 따라 그는 1849년 미국 텍사스로 망명 형식의 이민을 가게 됐다. 텍사스의 켄들 카운티(Kendall County)

에 시스터데일(Sisterdale) 지역을 다른 독일 이민자와 세우고 이를 "라틴 거주지"(Latin settlement)라 불렀다. 이 지역에서 카프는 목화 농업에 종사하는 한편 "자유로운 인간 연합"의 의장으로 활동하고, 독일어로 발행되는 『샌안토니오 신문』(San Antonio Zeitung)의 편집에 참여했고, 사회 개혁과 노예해방운동에 적극적으로 가담했다. 하지만 텍사스 전반이 노예제도에 찬성했기에 이러한 그의 정치적 활동은 반발을 불러왔고, 그래서 신문사를 팔고 말았다. 카프는 망명 시기 동안 독일에서 간행되는 최신 서적들을 탐독했으며 특히 헤겔의 저작을 연구했다. 1865년에 건강상의 이유로 카프는 다시 독일 뒤셀도르프로 돌아와 여기서 사강사로서 교육 활동에 전념했다. 그 후 1868년에 『비교 일반 지질학』 개정판을 내고, 1877년에는 『기술철학 개요: 새로운 관점에서 본 문화 생성사』 (*Grundlinien einer Philosophie der Technik. Zur Entstehungsgeschichte der Cultur aus neuen Gesichtspunkten*)를 출판했다. 1896년에 87세의 나이로 뒤셀도르프에서 사망했다.

카프는 『기술철학 개요: 새로운 관점에서 본 문화 생성사』에서 "기술철학"이란 표현을 최초로 사용했다. 기술은 소크라테스 이전부터 줄곧 학문적, 철학적 관심의 대상이었다. 하지만 체계적인 철학적 탐구의 대상으로 부상하게 된 건 카프의 공적이다. 카프는 이 책에서 무의식적 기관투사 이론을 바탕에 두고 기술에 대한 일관적이고 체계적인 철학적 이론을 제시하고 있다. 카프의 이 책은 당시 매우 커다란 반향을 일으켰다. 그리고 이 책을 통해 초기 기술철학이 성립하였다. 하지만 카프의 견해에 대한 부정적인 의견들이 다수를 이루었다.

카프의 기본적인 생각은 다음과 같다. 기술이란 표면적으로는 인간이 자연을 지배하기 위한 목적으로 어떤 구상을 재료를 가공하여 제작하는 행위 일반을 가리킨다. 이것이 아리스토텔레스가 제시하는 도구로서의 기술 개념이다. 아리스토텔레스에 따르면 제작 활동은 네 가지원인의 조합을 통해 이루어진다. 목적인, 즉 어떤 특정한 목적이 있어야하며, 형상인, 즉 아이디어가 있어야 하며, 질료인, 즉 아이디어를 구현할 구체적인 재료가 필요하며, 작용인, 즉 재료를 가공하는 제작 활동이있어야 한다. 하지만 카프는 이러한 제작 개념이 기술의 표면적 개념에불과하며, 그것의 심층적인 개념은 오직 무의식적 기관투사를 통해서만이해할 수 있다고 주장한다. 인간은 의식적 차원에서는 자연을 지배하기 위한 목적으로 긴 시행착오 끝에 어떤 기술적 대상을 제작하지만, 카프가 보기에 제작한 기술적 대상은 사실은 인간의 신체 기관 중 하나를복제한 것에 지나지 않는다. 예를 들어 피아노 같은 현악기의 경우 인간은 아직 전혀 알지 못하던 자신의 기관인 코르티기관을 복제한 것이다.달팽이관에 있는 코르티기관은 미세한 신경섬유 다발이다. 신경섬유막대의 길이와 두께가 제각기 달라 소리를 수용할 때 각 소리의 높이나 길이 등에 맞는 신경섬유막대가 진동하여 우리가 다양한 소리를 듣게 된다. 이러한 코르티기관의 존재를 알게 된 건 얼마 되지 않았다. 현악기의 시초라 할 수 있는 모노코드가 발명되었을 당시 인간은 코르티기관의 존재를 알지도 못했지만, 결과적으로 코르티기관을 복제하여 모노코드를 발명한 셈이고, 이 모노코드가 발전한 게 피아노다. 코르티기관을알지도 못했는데, 인간은 어떻게 코르티기관과 동일한 방식으로 작동하는 모노코드를 발명할 수 있었을까? 물론 인간은 악기를 만들려는 의식적인 노력 끝에 이 악기를 제작할 수 있었을 것이다. 하지만 카프가 보기에 심층적 차원에서는 무의식이 제작과정에 적극적으로 관여했다. 무의식은 인간의 신체 기관 중 하나인 코르티기관이라는 원형 혹은 이데아, 형상을 인간에게 제시했고, 인간은 이를 무의식적으로 본떠 악기를 제작할 수 있었다. 그래서 모노코드는 코르티기관의 복제물이다. 이처럼 무의식은 제작 활동에 적극적으로 가담하면서 인간의 신체 기관 중 하나를 바깥으로 투사하여 이를 제작할 수 있게 한다.

인간은 이러한 무의식적 기관투사 과정을 전혀 알지 못한다. 하지만 뒤늦게 코르티기관의 존재를 발견하게 되고, 코르티기관과 피아노 간의 유사성을 인식하게 되면서 오히려 피아노의 작동 방식에 대한 이해를 바탕으로 코르티기관을 이해할 수 있게 된다. 실질적인 제작 과정에서는 코르티기관이 모노코드, 피아노의 작동을 위한 원상으로 기능하되, 사후적으로 우리가 코르티기관을 발견하고 이를 이해하기 위해서는 다시금 모노코드, 피아노의 작동원리에 대한 이해를 적용해야 하는 것이다. 즉 기술적 대상에 대한 인식을 바탕으로 우리 신체 기관을 해명할 수 있게 된다. 기관투사 과정이 먼저 이루어지고, 우리는 기술적 대상에 대한 이해를 바탕으로 회고적으로 우리 신체 기관의 비밀을 알게 된다. 우리 신체에 관한 인식, 즉 자기인식은 항상 회고적으로만 이루어질 수 있다.

기관투사 과정이 이처럼 무의식적으로 이루어지기 때문에 인간은 표면적인 차원만을 제작 활동의 전부인 줄 안다. 이로부터 기술의 도구적 개념이 발생하게 된다. 인간은 항상 어떤 특정한 문제를 해결하기 위해, 혹은 더 근본적으로는 적대적인 자연을 지배하기 위해 도구를 제작한다. 하지만 제작 활동이 무의식적 기관투사를 통해 이루어진다는 것을 알게 되면 기술에 대한 새로운 관점이 열리게 된다. 즉 기술적 대상이란 인간의 신체 기관의 복제이자 그 표현이다. 그래서 대상이란 단순히 어떤 목적 실현을 위한 도구에 지나지 않는 것이 아니라 인간의 자기 표현이라 할 수 있다. 이 점에서 카프는 라살(Ferdinand Lassalle)의 표현을 자주 인용한다. 기술은 인간의 "절대적인 자기생산"이다.

카프의 기술 이론은 다음 몇 가지 쟁점을 중심으로 이해할 수 있다.

1. 기술은 인간 결여 보충이냐 확장이냐?

카프에게 기술이란 인간의 결여 보충이 아니라 인간의 확장이다. 인간이 결여적 존재이며, 그래서 기술을 통해 보충해야 한다는 주장은 대표적으로 겔렌(Arnold Gehlen)의 주장이다. 이에 반해 카프는 기술이란 인간 존재의 확장이라고 주장한다. 결여란 사람마다 다를 수밖에 없고, 그래서 이러한 주관적인 결여를 메꾸기 위해서는 개인 맞춤형 도구가 필요할 수밖에 없다. 하지만 주관적 목적을 위해 제작된 도구는 기술적 대상이 아니다. 기술적 대상은 인간 존재의 자기 표현이다. 여기서 '자기'란 단순히 주관적인 개인이 아니라 인간 일반을 가리킨다. 개인 맞춤형 도구는 개인의 표현일 수 있으나 인류 전체의 표현일 수는 없으며, 인류 전체의 자기인식에 도움을 줄 수 있는 것도 아니다. 기술은 인간이 외부 세계에 자기 자신을 객관화하는 활동 일반이다. 즉 자신을 이중화하는 것이다. 자신의 복제물인 기술적 대상은 도구적 성격을 가지고 있어 인간의 힘을 확장시킨다. 하지만 기술적 대상의 도구적 성격보다는 이것이 인간의 자기 표현이란 측면이 더 중요하다. 인간은 기술적 대상을 통해 자기 자신을 인식한다. 자기인식이야말로 인간에게 가장 최종적인 지식이자, 진리이다.

2. 기술에 대한 도구적 관점이냐 문화적 관점이냐?

표면적인 제작 양상에만 관심을 기울인다면, 기술은 도구 제작 활동에 지나지 않는다. 기술의 도구적 관점은 기술에 대한 거의 유일한 관점이었고, 매우 오랫동안 지배해 왔다. 카프는 이 흐름에 반기를 든다. 무의식적 기관투사 개념을 통해 카프는 기존의 문화철학 일반을 비판한다. 기존의 문화철학에 따르면 문화는 단순히 고차원적 정신의 자기 객관화이며, 기술은 이러한 객관화를 위한 보조수단에 불과하다. 하지만 카프는 문화 전체를 기술적 산물로 본다. 곧 문화는 기술이며, 그래서 기술철학은 문화철학이기도 하다. 기술은 인간의 자기표현이고, 인간 내면을 객관화한 것이다. 객관화된 기술이 바로 문화 자체이며, 그래서 기술에 대한 도구적 관점은 폐기된다. 기술에 대한 문화적 관점이 들어서게 된다. 이에 따르면 기술은 곧 문화요, 인간의 자기 표현이다. 예술작품이 어떤 특정 목적을 위한 도구가 아니라 인간의 자기 표현인 것처럼 기술적 대상 또한 그렇다. 곧 기술은 인간의 자기인식, 자기의식을 위한 유일한 통로이다.

3. 기술은 자연 지배이냐 자연의 자기인식이냐?

기술에 대한 도구적 관점은 자연 지배 목적을 전제한다. 자연은 적대적이며, 인간은 자연을 지배하기 위해 기술적 도구를 제작한다. 카프는 이러한 적대적인 자연관에 반대한다. 오히려 무의식적 기관투사 이론을 통해 자연의 적극적인 활동을 긍정한다. 무의식이 제작활동에 참여한다는 것은 자연, 즉 인간적 자연이 제작활동에 참여한다는 것이다. 인간이 기술적 대상을 통해 자기 자신을 인식한다는 것은 인간적 자연이 자신의 투사 활동을 통해 자기인식에 이른다는 것이다. 물론 카프는 인간중심주의적 관점을 표방하며, 이 점에서 인간학적 기술 개념을 발전시키지만, 여기서 '인간학적'이란 표현은 단순히 자연을 인간에 종속시키는 관점을 포함하고 있지 않다. 오히려 카프는 자연의 자기 강화, 자연의 자기 표현의 매체로서의 인간을 강조한다. 자연은 인간을 통해 자기인식에 도달한다. 인간과 동물의 차이는 물론 존재한다. 인간은 기술적 대상을 창조하는 동물이며, 이를 통해 자기인식에 도달한다. 그렇다고 카프는 자연을 단순히 적대적인 존재로 상정하지 않는다. 오히려 인간의 자기인식을 통해 자연은 자신의 눈을 비로소 뜨게 된다.

4. 데카르트적 자기 내적 반성이냐 자기 객관화를 통한 자기인식이냐?

카프는 데카르트적인 자기 내적 반성을 통한 인간의 자기인식을 추상적이라 비판한다. 오히려 기술은 인간이 자기를 인식할 수 있는 유일한 방법이다. 기술은 인간의 신체 기관의 복제물 제작 활동이고, 이를 통해 인간은 또 다른 자기를 발견하게 된다. 기술적 대상은 인간의 분신이자 인간 자신의 복제물이다. 이 기술적 대상을 통해 인간은 자기와 만나게 된다. 객관화된 자기를 만나지 않고서는 자기를 인식할 수 없다. 전통적으로 '객관화된 자기'를 문화라 불렀다. 비코에서 헤겔에 이르는 문화철학은 바로 이러한 '문화를 통한 자기인식'을 주장해 왔다. 여기서 카프는 문화를 기술로 해석한다. 문화는 순수한 정신의 자기 객관화가 아니라 오히려 인간의 신체의 투사이자 복제물이다. 대표적으로 언어와 국가가 신체의 복제물이며, 이를 통해 인간은 자기 자신을 인식하게 된다.

차례

옮긴이의 말 7
머리말 23

I. 인간학적인 기준 27

스스로 파악한 인간의 몸·인간은 사물의 척도다·생리학의 역사와 세계사·생리학과 심리학·이원론과 그 정당성·중세와 근세에서 인간학적 기준·모순 관계이면서 친구 관계에 있는 자연연구와 철학·자기 자신으로 돌아가는 인간·인간중심적 관점·유기적 발전이론·발생학적 기초법칙·인간이 만든 외부세계·정리

II. 기관투사 57

예술과 학문에서 '투사' 표현의 혼란스러운 사용·문화사적인 기초에서 기관투사의 탐구·선사시대 인간과 그 근원소질·첫 번째 도구와 첫 번째 노동·인간 노동의 계열로서의 역사

III. 첫 번째 도구 69

기관과 도구·도구의 도구로서의 손·도구는 본보기인 기관의 연장이며 이 기관의 힘을 도구가 임의적으로 엄청나게 강화함·원시적인 손도구, 일종의 기관 자체의 현상·언어의 빛 속에서 도구의 탄생·도구, 무기, 기구·발견, 발명·도구의 발전과 기관의 발전·조작성 형식 및 기관의 운동법칙을 기계 장비에 무의식적으로 전이함·유기체 설명을 위해 기계를 회고적으로 사용함·기계학의 기초법칙·생리학에서 기계학의 언어

IV. 사지척도와 척도 95

사지와 그 차원인 사지척도·길이척도, 길이척도를 공간 및 신체로 전이함·손과 셈법·가장 중요한 척도인 피트·피트와 현대 척도 및 무게체계와의 관계·발걸음 측정과 도구를 통한 측정·달력

V. 장비와 도구   105

가장 원시적인 망원경·렌즈, 돋보기, 눈 수정체의 무의식적 복제·카메라 옵스큐라, 다게레오 타입·시력 보조를 위한 기구는 시각 과정 연구를 위한 도구로 사용됨·기관투사의 중요한 사례로서의 색수차 제거·보청기, 청진기·모노코드와 현악기·『소리감각론』·코르티기관, 귀의 축소판 하프·기관투사 관점에서 본 고대 화음 상징학의 진리·투사하는 기관과 투사된 기관 사이에 무의식적으로 일어난 조화는 알레고리적인 유사성을 배제한다·해부학 및 생리학 용어, 기술 작품의 짝: 기술의 기계작품은 유기체의 모방이다·발성기관은 오르간의 중심부분으로 투사됨·언어 활동·심장작동을 펌프 기계작동을 통해 설명함

VI. 골격의 내적 구조   133

골격의 질서, 일정한 구조에 대해 지금까지 알려지지 않은 원상·이 발견 과정의 서술·해면뼈 및 인간 대퇴골 위쪽 끝 구조, 이는 (골격과 유사한) 크레인의 이론적 누름 및 당김 과정과 일치함·파울리의 다리지지대는 누르기와 당기기 이론에 기초함, 골격도 이에 기초를 두고 있음·엔지니어가 다리를 건설하는 것처럼 자연은 골격을 형성함·골격은 살아 있는 조직으로 간주해야 함·기관투사의 발견 관계·자연연구의 기계론적인 규율화·학문은 유기체 속 모든 작용인에 대해 기계 속에서 그 유비를 찾으려 함·현실적 경험의 개념과 가치

VII. 증기기관과 궤도   149

기계의 기계·증기기관과 인간 유기체를 비교함으로써 힘 보존을 감각적으로 명확히 함·인간의 기계화와 기계의 인간화 등 격을 낮추는 기계론적 세계상·기계적 완성의 실현은 유기적 발전이론과 일치한다·발명에서 무의식과 의식의 상호적인 작용·궤도가 증기기관에 복속됨, 기관차와 철도·철도체계의 유기적 원상으로서 혈관계

VIII. 전신 161

학문의 측면에서 전신체계와 신경계의 평행론·신경은 케이블 장치다·혁신의 비밀, 그것의 역학적 원상을 통해 해명됨·갈바니 장치와 그것의 완성·기계가 감각적으로 만질 수 있는 것으로부터 멀어지는, 즉 사용된 세밀한 소재에 따라 정신의 투명한 형식이 되는 지점에 있는 전신·유기적 원상과 기계적 복제의 내적 근친성에 관한 인식의 진보는 자기의식의 진보다·회고

IX. 무의식 175

기관투사는 무의식에 참여함·무의식과 자기의식·『무의식의 철학』과 『영혼학』·잘못된 의인화의 길·자기정의로서의 정신·자기 신체의 앎은 인간에 관한 모든 사유의 기초다

X. 기계기술 185

『이론적 기구학』 기초 위에서의 기계 개념·대우요소, 기구학적 계열, 기계의 발전단계로서의 변속기·마찰 점화기, 첫 번째 기계·운동과 힘의 관계·힘 마감과 대우 마감·힘 마감이 대우 마감과 연쇄 마감을 통해 해소되는 과정이 바로 기계 완성의 진보다·기계의 일반적인 발전에서 무의식·힘이 증대되고 운동이 풍부화되는 동시에 새로운 힘 원천의 발견과 발명이 이루어진다·기구학적 기호·기구학적 분석·동력기계, 작업기계·기구학적 종합 신체적 유기체, 기계기술의 모든 특수한 형식들의 보편적인 원상, 견본·이상적 기계·『인간 기계』에서의 진리와 오류·유기적 운동이 기계로 무의식적으로 전이한 것을 보여 주는 기계 기구학·전이의 도움으로 원본을 이해하는 법을 배우는 것이 인식론의 의식적 과제가 된다

XI. 형태론적 기초법칙 223

인간 신체 비율에 관한 새로운 이론인 황금 비율의 유래와 설명·예술, 철학, 자연과학의 측면에서 이 이론의 옹호·기초법칙은 인간 형태 전체를 요구함·골격구조와 근육은 서로를 구성한다·균형, 비례, 표현 또는 특성·인간의 직립 형태의 닫힘 모양·비례 구분지점과 그것의 경계·척도, 균형, 대칭으로서의 황금 비율·척도와 기준의 구별·지체에서 기초 관계의 검증·신비적인 뉘앙스·팔과 손·수공업과 공예·미국 도끼, 완전한 손도구의 유형·수공업, 인공물·단위수와 계열수, 모든 유기적이고 기계적인 형성의 원칙·공예 영역에서 완전한 도구 유형으로서의 바이올린, 의복, 집, 건축·회고

XII. 언어 285

소리언어와 문자언어는 본능적인 창조물이다·필체와 인쇄문자·언어와 사유에서 번갈아 교체하는 작용 원칙·언어소리 형태화의 질료·도구로서의 언어·모음과 자음의 형성 문자의 시작과 알파벳의 발전·자모: 어원학적 기초의미·특성으로서의 문자기호·필사본 수집·보편문자·청각장애인 수업의 결과·언어 대용물·기관투사 법정 앞에 선 우리 내적 존재의 복제인 언어

XIII. 국가 313

언어 유기체와 국가 유기체·단어와 행위·인간의 책임의 영역인 국가·인간 본성의 공통적인 것 또는 외적인 것·신체 유기체는 참된 국가적 생의 원상이다·노동분업과 신분의 구분·국가 형성에서의 자연기초법칙·'사회적 육체의 구성과 생'·역사적 국가와 이상적 국가·수단으로서의 국가와 목적으로서의 국가, 국가 이념·신체 구성과 국가 구성 발전사의 생각·사유의 신체적 고유성·노동 개념·국민경제학의 옛 스승들·조직화의 노동과 노동의 조직화·직업 활동 구현에 대한 국가의 권리·우편제도, 소통의 국가적 형식·현대의 운명과 철도·직업단체의 유기적 형성을 위한 원상인 군대 헌법·군비축소, 정치적 반성운동·군사학교와 그것의 학문과의 관계·군대 규율과 기계 규칙·국가와 기계의 원상·기계는 인간 문명의 강화된 짝이다·국가의 소재·감각적인 것과 정신적인 것의 통일인 국가·학문적 탐구의 시작과 끝·열리지 않은 통일과 채워진 통일·도덕적 책임과 윤리적 책임·양심·자유주의·인간의 모든 것인 국가

찾아보기 355

그림 차례

1~3. 망치 71

4~6. 칼과 톱 73

7~8. 곡괭이 75

9~11. 쐐기와 끌 81

12~15. 손도끼와 도끼 83

16. 볼록렌즈의 눈 107

17. 색지움 장치 110

18. 모노코드 113

19. 인간의 오른쪽 청각기관의 도식적인 절단면 114

20. 기사 괴츠 폰 베를리힝겐의 철로 만든 손 128

21. 철로 만든 손의 손가락 129

22. 오른쪽 대퇴골 위쪽 끝의 무늬목 잎 모양의 정면 종단면 135

23. 골격과 유사한 크레인 137

24. 그림 22의 도해 139

25. 파울리 다리지지대의 도해 141

26. 1865년도 심해 케이블 163

27. 신경 단면 163

28. 기계적 대우요소 193

29. 기구학적 체인 194

30. 기구 또는 동력전달장치 195

31. 기계 196

32. 나무 마찰 점화기 197

33. 소용돌이 동력전달장치 198

34. 선분 ab를 황금 비율로 나눔 225

35. 황금 비율에 따른 신체 비례 237

36, 37. 팔과 손 245

38. 머리 모형 247

39. 비례측정기 250

40. 미국 도끼와 인간 팔 253

41. 독일 도끼 253

42. 바이올린 270

43. 여성 의복 277

44. 남성 의복 277

45. 오각형 283

기술철학 개요

새로운 관점에서 본 문화 생성사

일러두기

1 이 책은 Ernst Kapp, *Grundlinien einer Philosophie der Technik*(Braunschweig : G. Westermann, 1877)를 완역한 것이다.
2 번역은 될 수 있으면 원문의 뜻을 밝히려 노력했다. 하지만 고전문헌학자 카프의 독일어 표현은 매우 고전적이어서 이를 직역하면 한국어로 읽기가 거의 불가능하다. 그래서 직역은 피하고 한국어로 읽기 쉬운 표현으로 바꿨다. 본문의 이해를 돕기 위해 첨가한 내용 각주는 모두 번역자가 첨가한 것이며, 본문의 '[ ]'도 역자가 내용 이해에 도움을 주고자 추가한 것임을 밝힌다.
3 카프가 본문 안에 밝히고 있는 인용 출처는 가독성을 위해 주석으로 옮겼고, 불완전한 표기는 보완하려고 노력했다. 하지만 현재로서는 추적할 수 없는 몇몇 출처가 있고, 이에 대해서는 추가적인 보완을 할 수 없었다.
4 외국어 고유명사는 2002년에 국립국어원에서 펴낸 외래어표기법을 따라 표기하되, 관례가 굳어서 쓰이는 것들은 그것을 따랐다.

머리말

'기계기술'이라 표현하는 기술 분야가 이 책의 주 대상이다. 물론 철학적으로 경험적 소재를 많이 다룬다는 것은 경험과 사변이 서로를 보충해야 한다는 사실을 증명한다는 점에서 매우 기뻐할 만하다. 그래서 인간 손으로 만든 인공물의 생성과 완성이야말로 인간이 자기의식으로 발전하기 위한 첫 번째 조건이라는 것을 사유적 고찰이 성공적으로 보여 준다면, 이 기술철학은 정당화된다고 할 수 있을 것이다.

나는 이 과제 전체를 만족스럽게 해결했다고는 생각하지 않는다. 그래도 적어도 나는 이 목적을 충족시킬 기초를 놓고자 하며, 이 기초 작업이 쓸 만한 예비작업이라는 데에 동의하는 독자가 있길 바란다. 이 중요한 탐구를 위해 난 새로운 원칙을 발견했다고 믿었기 때문에 이를 새로운 관점으로 시작했다.

먼저 인간이 무의식적으로 자신의 신체적인 사지(四肢)의 형식, 기능관계와 규칙관계를 수공예 작품에 전이시키고 이 작품과 자기 자신과의 유비적 관계를 나중에야 의식하게 된다는 점은 부정할 수 없는 사실들을 통해 증명된다. 유기체적인 모범에 따른 기계체(Mechanismen)의 제작, 기계 장치를 매개로 한 유기체(Organismus)의 이해, 그리고 이런 방식으로 가능한 인간 행위의 목적 달성을 위한 사지 투사 원칙의 실행 일반이 이 책의 고유 내용이다.

여기서 손으로 만든 작품만을 기계적인 것이라고 한정하는 통상적인 언어 사용 때문에 혹은 그 어원에만 의존하려는 태도 때문에 개념 혼동이 생겨나게 된다. 기계적 세계상을 [유기체에까지] 확대 적용해서 발생하는 이 개념 혼동을 통해 인간의 올바른 자기파악이 오히려 공동체에 해를 가할 수 있게 된다. 왜냐하면 자기 자신과 자기 인격만을 믿는 인간은 한편으로는 결코 자신을 기술적 장치와 혼동하지 않으며, 다른 한편으로 소우주로서 인간은 자신과 여기저기 모아 놓은 행성 사이에 있는 차이를 부정함으로써 스스로를 낮추는 고통에 빠지길 원치 않기 때문이다.

유기적 관계를 이해하기 위해 인간 스스로 만들고 가까이에 놓여 있는 도구의 일반적인 친숙함과 이 도구를 지칭하는 용어들을 [유기적 관계를 지칭하는 용도로] 사용해도 되지만, 이를 통해 사물의 기계론적 상의 정당성이 해를 입는 건 아니다.

개별 요소를 검토하면서 탐구의 과정이 신체적 사지에서 내부 장기에 이르는 신체적 연관을 추적하면서 다시금 출발점으로 돌아오는 전체 유기체 서술 속에서 완결을 맺는다는 점을 밝힌다. 여기서 역사적인 인간이 움직이는 이 영역의 한계들은 결코 넘어설 수 없으며, 경험적으로 증명할 수 없는 예외적인 부분들은 조심스럽게 피해 갈 것이다.

필요한 기술적이고 생리학적인 자료 제시를 위해 나는 할 수 있는 한 최대한의 가용 도움수단을 이용했지만 중요한 어떤 부분을 빠뜨린 책임이 있다면, 이에 대해서는 관용을 베풀어 줬으면 좋겠다. 무엇보다 이 자료에 있는 경험과 이론이 제공하는 장점을 발견하는 것이 나에게 중요했다. 이로부터 내가 의도한 결론이 정당화될 것이다. 특히 6, 10, 11장에 사용된 작품들에 얼마나 내가 감사하는지를 독자는 쉽게 이해할 것이다.

대개 나는 해당 부분의 인용을 명시했다. 10장에 인용되는 책만은 예외다. 하지만 이는 자세히 해명할 것이다.

우선적인 과제에 열중한 나머지 나는 학문적인 물음에 관한 논쟁점에서 상당히 멀리 떨어져 있었다.

텍스트에 주어진 그림들 중 일부분만 내가 그린 것이다. 출판을 위해 그림 대여를 허용한 피르호(Rudolf Virchow)의 『병리학적인 해부학과 생리학 보고』(*Archiv für pathologische Anatomie und Physiologie*, 라이머 출판사Verlag von G. Reimer), 룀로(Franz Reuleaux)의 『이론적 기구학』(*Theoretischer Kinematik*, 피벡과 존 출판사Verlag von Fr. Vieweg & Sohn, Braunschweig), 비트슈타인(Theodor Wittstein)의 책인 『황금 비율』(*Der goldene Schnitt*, 한센 호프부흐한트룽 출판사Verlag der Hahn'schen Hofbuchhandlung, Hannover), 퀴퍼스(Ignaz Küppers)의 『아프록쉬오메노스』(*Apoxyomenos*, Sammlung gemeinverständlicher wissenschaftlicher Vorträge, herausgegeben von R. Virchow und Fr. von Holtzendorff, Heft 191, 하벨 출판사Verlag von C. Habel [C. Lüderitz'sche Verlagsbuchhandlung], Berlin), 체르마크(C. Czermak)의 『쉬운 생리학 강연』(*Populären physiologischen Vorträgen*, 체르마크 출판사Verlag von C. Czermak, Wien)과 차이

징의 작품들(바르트 출판사Verlag von J. A. Barth, Leipzig)에 대해 나는 출판사의 이름을 대신하여 저자와 출판사에 감사의 인사를 전한다.

마지막으로 적당한 분량의 책들은 요즘 자주 목차 외에 이름과 개념 색인을 포함하고 있다. 나는 이 사례에 기꺼이 따랐다. 이를 통해 책을 훨씬 더 쉽게 찾아볼 수 있게 했다. 왜냐하면 이 책은 내적으로 세밀히 짜여 있어 개별 독자가 이 색인 없이 이 책을 판정하는 사례가 거의 없을 것이기 때문이다.

1877년 1월

뒤셀도르프에서

I. 인간학적인 기준

스스로 파악한 인간의 몸

시공간적 연장 속에 대상이 얼마나 다양하게 존재하든 상관없이 사유고찰은 고립되거나 또는 결코 막다른 길에서 자신을 잃는 게 아니라 짧든 길든 다시 자신이 지나온 궤도를 거쳐 인간으로 되돌아온다. 인간으로 돌아오면서도 고찰의 선은 끊기지 않으며, 그것이 추구하고 발견한 모든 것은 결국 오로지 인간뿐이다. 이 '인간'이라는 단어의 가장 고유한 의미에 따르자면 '생각하는 자'다.

그래서 학문의 내용이란 그것의 발전과정을 통해 나온 결과인 일반적으로 자기 자신으로 돌아온 인간일 뿐이다.

이 과정에서 인간의 의식은 자기 바깥 세계를 자기 안에 있는 세계와 끊임없이 비교한다. 인간은 사유 속에서 자신의 현존재가 다른 현존재와 정당하게 구별된다는 점을 알게 되면서 자기의식으로 고양된다.

이를 통해 현재 인간이 스스로 의식하고 있는 자기라고 이해하는 것은 더 이상 이전의 의미를 지니지 않게 된다. 즉 자기는 단순히 정신적이기만 한 상태의 총괄이기를 그친다. 이 놀라운 착각은 신체적인 유기체가 자기의 가장 가깝고 고유한 존재라는 통찰을 통해 사라지게 된다. 인간의 신체적인 사지 전체를 형성하는 모든 육체 조직을 배제한 채 전체적 인간을 계속 사유하려 한다면, 이 자기로부터 유령적인 인간 이외에 무엇이 남아 있겠는가?

신체 존재의 확신으로부터 비로소 '자기'를 참으로 인식하게 된다. 자기는 사유하기 때문에 존재하며, 존재하기 때문에 사유한다. "자기"는 어원적으로는 'si liba'에서 왔고 이는 "신체와 생명"을 의미한다.[1] 이제부터 이 기본 의미를 진지하게 검토할 것이다. 여기 반, 저기 반이 아니라 전체이자 하나인 자기가 구체적인 자기인식에 들어 있다.

이런 방식의 자기파악은 인간의 마음과 정신에서 무의식적으로 준비되어 보편적인 정조로 존재하다가 사유의 끊임없는 노동을 통해 올바른 표현을 얻게 된다. 이 올바른 표현은 새로움을 공식화하고 이것이 다소간 의식적인 공동자산이 되게 한다. 말하자면 모든 방향으로의 인간 활동이 신체적 유기체로부터 도출된다는 증거 제시는 최신 자연과학의 몫이었다.

인간은 사물의 척도다

자연연구와 철학은 때때로 적대적인 길을 가는 것처럼 보여도 각자는

---

1) 그림 형제 독일어 사전에 보면 '자기'(Selbst)는 'si-liba'라는 합성어에서 왔고, 이는 '자신 속에 머무르는'을 의미한다.

자주 서로 지원을 하면서 헤맬 때마다 항상 다시금 인간으로부터 출발함으로써 길을 찾았다.

철학자는 인간과 관련된 세계만 안다고 주장하기에 다음과 같은 점에서 생리학자와 완전히 일치한다고 고백하는 셈이다. 즉 그의 직업은 인간 속에 무엇이 있는지를 가르치며, 모든 지혜가 인간 본성의 인식에 있다는 진리를 증명한다.

이런 방식으로 고대는 이미 확실한 진보를 이루었다. 물론 시인과 사상가가 예언자적인 관점에서 예고한 것과 의사와 자연연구가가 명확한 목적을 지향하는 활동의 결과로 확정한 것은 다르다. 시인과 사상가가 보편적 진리를 무의식적으로만 본 모든 것을 자연연구가는 다양한 개별을 탐구하는 의식적인 노동을 통해 해명하고 증명한다.

철학이 세계의 기본 요소 탐구에 오랫동안 열중한 이후 이 요소적 현상이 인간의 본성과 합치할 것이라는 예감을 통해 '인간이 사물의 척도'라는 프로타고라스의 유명한 표현이 나왔다.

생리학적인 지식이 부족한 탓에 먼저 신체적 인간보다는 반성하는 인간을 우선시했지만 단번에 **인간학적인 척도**를 표현하고 처음이라 매우 희미한 방식으로이기는 하지만 인간 지식과 능력의 고유한 핵심을 천명했다.

그리스 예술은 척도 덕분에 자신의 영원한 내용을 가지게 되었다. 예술의 끝은 신의 조각상에서 이상적 인간을 구현했다. 소크라테스는 어린 시절에 조각술에 열중했다. 조각술은 그에게 "너 자신을 알라"는 유명한 신전 비문을 토대로 이뤄진 후반의 정신적 또는 윤리적 조각을 위한 예비단계다. 인간의 전체 문화는 그 출발에서 보면 그 핵심을 점진적으로 드러내고 있다.

생리학의 역사와 세계사

유기적인 과정을 드러내는 첫 번째 시도가 철학적인 자연고찰에 속한다.

아리스토텔레스는 신체를 다루면서 이를 정신의 계시 수단으로 간주하고는 바깥으로부터가 아니라 그 내면으로부터 고찰하기 시작했다. 그의 선대가 의사였다는 상황은 처음부터 그의 연구를 본질적으로 독려했고 해부학적이고 생리학적인 작업으로 그를 이끌었다. 그에 따르면 거의 생리학적인 실험과 연구를 확대한 건 의사들뿐이었다. 오늘날에 이르기까지 연구자료의 엄청난 축적은 자연연구가와 철학자의 연구 분업을 필요로 한다.

이 연구 역사는 생리학의 역사다. 신체적인 유기체 지식이란 바로 자기에 대한 앎이며, 이 자기 앎과 자기인식은 다른 모든 지식과 능력의 근거이자 원천이다. 다른 모든 분야에 필수적인 새로운 소재를 제공하는 걸 사명으로 여기는 생리학 분과의 역사를 다루는 이유가 바로 여기에 있다.

학문적 발견이 위대한 이유는 그것이 역사적으로 시대를 형성하는 사건들과 동시적이라는 우연적인 외적인 결합 때문이 아니라 이 사건들의 내적인 원동력이었기 때문이다. 이는 인간적 자연(physis)의 발견 역사와 긴밀하게 연관되어 있는 생성적 근친성이다.[2]

이 내면적 연관[3]의 명백한 증거는 무엇보다 아리스토텔레스가 유기적 사지와 발전을 "활동적인 보편자"로 서술한 것부터 시작해 갈레노스의 신경과 뇌 이론, 파라셀수스의 대우주 개념, 하비(William Harvey)의

"모든 생명은 알에서 온다"(omne vivum ex ovo) 명제와 혈액 운동의 발견, 프리스틀리(Joseph Priestley)의 산소 발견, 라부아지에(Antoine Lavoisier)의 호흡이론, 갈바니(Luigi Galvani)의 전기가 신경과 근육에 미치는 작용의 관찰, 무엇보다 현재 유명한 학자들이 참여하는 신경과 감각에 관한 현미경에 의한 화학적 연구의 놀라운 결과들이 해당한다. 이는 중요한 사실들이고 모든 영혼의 기능들의 통일 속에서 드러나는 자연력들의 통일에 대한 인식과 함께 자기인식의 엄청난 증가를 알리는 것이며, 그렇기 때문에 세계사적인 과정에 본질적으로 함께 기여했다고 고찰할 수 있다.

여기서 역사철학은 커다란 과제를 가지게 된다. 이 과제 수행에서 '민족심리학'을 위한 예비작업이 중요한 가치를 지니며, 생리학적 관점에서 역사적 사실을 정당하게 평가하는 것도 중요하다. 이들 사실은 '국가 생리학'에 관한 개별 저작 속에서 서술된다.

생리학과 심리학

심리학과 생리학은 오랫동안 충분히 적대적이었고, 심리학이 생리학에 얼마나 앞섰는지 모르나 이제 그것은 생리학에 따라잡혔다. 그뿐만이 아니다. 심리학이 생리학에 완전히 병합되어야 한다는 요구가 커지고

---

2) '인간적 자연'은 '인간적 본질'과 동일하다고 보면 된다. 후자 대신 전자의 표현을 선택한 이유는 카프가 인간의 정신적 본질보다는 자연적 본질을 더 중시하기 때문이고, 이를 표현하기에는 '인간적 자연'이 더 적합하다고 생각하기 때문이다.

3) 내면적 연관이란 인간적 자연의 발견 역사와 역사적인 사건과의 연관을 가리킨다. 여기서 인간적 자연이란 인간 신체를 가리킨다. 말하자면 신체의 비밀을 알게 되면서 이로부터 역사적으로 중요한 사건이 생겨났다는 것이다.

있다. 둘은 지금까지 분리되어 있었지만 이제 결합해 인간학이라는 커다란 물줄기에서 통합되어야 하며, 이를 통해 자기의식의 상위 단계인 '생리학적 심리학'을 도입해야 한다. 이 심리학은 인간 본질을 서술함에 있어서 어떠한 점도 빠뜨리지 않으며 인격 개념을 완전히 자기의식 속에 둠으로써 이 개념의 혼동에 마침표를 찍는다. 자기는 인격이며, 자기의식적이고 인격적인 존재는 하나다. 발전이론의 오해에서 나온 현대 동물 숭배는 오히려 동물과 인격 모두의 가치를 깎아내리고 있다. 물론 인간만이 인격 개념을 논의할 수 있다는 점은 말할 것도 없다.

이원론과 그 정당성

인격에 대한 과거의 인식은 이를 두 가지 구성요소의 종합으로 파악하여 각기 두 학문, 즉 생리학과 심리학을 필요로 했으며, 두 학문은 나란히 자신의 역할을 수행했다. 생리학은 자연탐구에, 심리학은 철학에 속했다. 이 과거 인식은 인식 과정의 이원론적인 질서에 바탕을 두고 있다. 왜냐하면 대상의 한쪽 측면을 특수하게 파악해야 개별자 전체에 대한 좀 더 건전한 이해가 보장되고, 그래야 전체의 통일적 연관에 대한 통찰이 가능하기 때문이다. 모순 속에서 서로를 배제하는 이 '둘'은 구별 속에서 '둘'로서 서로를 밀어낸다. 그래서 예로부터 모든 인식의 양도할 수 없는 형식은 이원론에 기초를 두고 있다.

행운과 불행을 낳고 경험하면서 이원론은 [서로를] 추방하고 처형하면서 스스로 추방당하고 처형당했다. 이 이원론은 학문의 영원한 유대인인 동시에 사유의 신적인 프로테우스(Proteus)다.[4] 극과 극, 영원성의 소재이자 힘으로서 우주를 거대하고 미세하게 구성하면서 이원론은 "항상 부정하는 정신, 항상 악을 원하면서 항상 선을 창조하는 정신"
이다.[5]

이원론은 인간을 전쟁과 고난으로 이끌며, 교회와 국가를 분열시
킨다. 스스로 분열하고 화합하면서 화해, 진보, 향유를 제공한다. 인간이
두 발을 가져 땅으로부터 오른쪽과 왼쪽으로 번갈아 걷는 것처럼 모든
진보는 오로지 이원론적인 교체 속에서만 가능하다. 대립의 각 측면은
자기 자신만이 옳다고 생각한다. 물론 각자가 옳은 건 맞지만, 각자만
옳다는 것은 거짓이다. 그런데 각 측면이 자기 자신만이 옳다고 더 완고
하게 요구하면 할수록 각자의 내용뿐만 아니라 진리 자체도 더욱더 완
전해진다. 왜냐하면 이 진리 안에서 대립하는 두 측면은 각각의 시간의
식 앞에서 하나이기 때문이다.

구심적 긴장과 원심적 긴장, 같은 말이지만, 연역과 귀납, 관념론과
실재론, 정신주의와 물질주의(Materialismus)는 세계사적 갈등의 전체 사
다리에 이원론적으로 작용한다.

독일철학의 전성기 끝에 최근 자연과학의 승리가 마침내 뒤를 이
었다. 독일철학이 자연과학을 평가절하하자 자연과학은 이에 격분하여
이것이 마치 '철학의 억압'인 것처럼 적대감을 가지고 이에 응대한 후

---

4) 바다 신으로서 포세이돈보다 밑에 있고 종종 그의 아들로 간주됐다. 프로테우스는 바다의 인간
학적 상징으로서 고령, 예언적 신의 능력, 변화능력을 의미한다. 여기서는 프로테우스의 변화
무쌍한 측면을 강조하고 있다.

5) Johann Wolfgang von Goethe, *Faust. Eine Tragödie*, in *Werke Hamburger Ausgabe Bd. 3. Drama-
tische Dichtungen I*, München, 1988, 47쪽. 이는 메피스토펠레스의 말로 카프는 원문의 표현을
약간 변형했다. 메피스토펠레스는 자신을 "악을 원하면서 항상 선을 창조하는 힘의 부분"이자
"항상 부정하는 정신"으로 규정한다.

오늘날 우리는 자연과학과 철학이 다시금 서로 손을 내미는 것을 경험하고 있다. 이를 통해 둘은 새로운 변화에 동참하며, 옛 지식의 분절적 대립에 대한 지속적인 투쟁 속에서 기초를 다지고, 이 위에 새롭고 더 고차적인 세계질서 건립을 예고하고 있다.

이원론 없이 학문적 탐구는 결코 끝에 도달하지 못하며, 처음에만 머물러 있다면 결코 앞으로 나아갈 수 없다. 결코 한쪽 측면으로만 인간에 접근할 수 없다. 논증적이면서 계기적인 서술을 통해 즉 한번은 이쪽 측면에서, 한번은 저쪽 측면에서 인간을 파악해야만 한다. 한번은 정신적 속성으로, 한번은 물질적 속성으로 파악하는 것은 언어라는 화폐로 이루어지는 어쩔 수 없는 할부 방식이다. 그래서 학문에 조용히 신용대출을 해도 학문은 반복적으로 상황을 약속할 필요가 없기 때문에 한쪽 측면에만 고정되는 것을 방지하면서 양극단의 관계와 이들의 변증법적 흐름을 보존하는 데 신경을 쓰게 된다.

이 관점이 모순과 오해가 일상인 영역에서 이루어지는 현재의 작업에 도움이 될 것이다.

중세와 근세에서 인간학적 기준

우리가 보기에 인간학적인 척도는 이제 전체 인간을 기초에 두고 있다. 단지 연구나 언어적 전달 과정에서만 인간 본질을 드러내는 두 측면 중 하나만을 번갈아 강조하고 있을 뿐이다. 이 점에서 칸트 이전 시기에는 마음(Psyche)을 결정적으로 선호했다.

고대인들의 중점은 프로타고라스와 소크라테스를 통해 충분히 알려져 있다. 중세에는 신비적 사유방식이 있는데, 여기선 지적 직관이 인식의 기관으로 지배한다. 이 사유방식 또한 진리를 발견했다. 독일 사변의 아버지인 에크하르트에 따르면 인격은 모든 참된 존재의 영원한 기초 형식이며, 인간은 자신의 참된 본질, 자신의 원천적인 고귀한 본질로 다시 돌아가야 하며, 이를 통해 인간은 최상의 존재에 참여하게 된다. "내가 당위적으로 마땅한 나를 안다면 나는 모든 피조물에 관한 가장 깊은 인식을 획득한 셈이다."[6] 이를 라손은 다음처럼 해명한다. "근대인들이 자신의 순수 사유의 전제 없음을 자랑하지만, 이들은 하나의 전제, 즉 인간 영혼의 본질을 가지며, 이는 여타의 전제를 허용치 않던 옛 대가들과 공통적이다."[7]

후에 라이프니츠는 비슷하게 다음과 같이 언급했다. **자기 자신으로 돌아가는 인간을 주장하는 거룩한 철학의 높은 가치를 다시 인식할 날이 올 것이다.** 이때에 자연탐구는 다시금 자연 제작자를 드높이는 역할을 할 것이며, 이 제작자는 우리에게 관념적 세계의 복제품을 가시적 세계 속에서 보여 준다.

신체적 유기체의 가시적 세계에 대한 탐구가 앞으로 진전되면서 칸트 철학에서도 생리학적인 기초 두기가 눈에 띄기 시작한다. 아돌프 피크(Adolph Fick)는 칸트의 철학적 관점을 생리학적이라고 부른다.

여기서부터 철학은 현기증이 날 정도로 높이 오를 때마다 생리학적 구조장비의 도움으로 단단한 지표와 지반을 다시 얻으려고 노력한

---

6) Meister Eckhart, from the tract "Sister Katrei", in *Ecstatic Confessions: The Heart of Mysticism*, hrsg. von Martin Buber, trans. Esther Cameron (Syracuse, 1996), 153쪽.

7) Adolf Lasson, *Meister Eckhart, der Mystiker: Zur Geschichte der religiösen Speculation in Deutschland*, Berlin, 1868, 346쪽. 인용자 카프가 표현을 수정함.

다. 하지만 감각적인 방식으로 유일한 진리를 획득한다고 주장하는 철학 이론은 개별 탐구의 도정에서 추락의 위험에서 자유롭지 못하다는 것을 증명하고 있다.

　무엇보다 포이어바흐에 따르면 인간은 모든 인식이 시작되는 지점이자 목표점이었다. 하지만 여기서 인간은 인간 일반이 아니라 신체적 인간이다. 왜냐하면 그의 철학은 "사유를 소재, 본질, 의미에서 산출하는데", 이 철학의 원칙이 "인간"이며, 이는 "현실적인 또는 진짜 현실적인 존재, 가장 현실적인 참된 존재(Ens realissimum)"이며, 과격하게 물질주의적인 냉혹함의 의미에서 살과 피의 인간, 그가 먹는 것과 동일한 존재인 인간일 뿐이기 때문이다.[8]

모순 관계이면서 친구 관계에 있는 자연연구와 철학

인간 속에 있는 사물의 척도 규정이라는 측면을 이때까지 너무 소홀히 해 왔기 때문에 자연과학을 통해 이 측면을 강화하고자 하는 성급한 시도는 균형점을 너무나 벗어나 버렸다. 자연탐구와 철학은 이제 타협하게 된다. 자연탐구는 자신의 위대한 결과의 의미와 연관에 대한 철학적 반성을 통해 자신에 대한 완전한 의식에 이르고, 철학은 경험의 원천으로부터 새롭고 강력한 증명을 얻게 된다.

　인간이 인간으로부터 세계로 나아가야만 한다는 반복적인 요구는, 이를 정신적 측면에만 한정할 경우, 단지 부분적으로만 이뤄질 수 있다. 완전한 통찰은 날마다 지지자를 얻고 있는 생리학적인 기초 위에서 이

---

8) Ludwig Feuerbach, *Das Wesen des Christenthums*, Leipzig, 1843, XI쪽. 표현을 수정함.

루어지고 있다.

자기 자신으로 돌아가는 인간

지지자 가운데 페셸은 두개골 측정의 과학적 가치에 관해 이야기하는 도중에 다음처럼 언급했다. "우리는 인간탐구가 이렇게나 늦게 인간으로 방향을 돌렸다는 점에 놀랄 필요는 없다. 왜냐하면 가장 마지막이자 최고의 과제는 항상 마지막에서야 해결될 수 있었기 때문이다."[9] 키네는 지질학적인 물음과 관련해 그와 의견을 같이한다. "어떤 의미에서 우리가 우리 자신으로부터, 즉 우리가 가장 내밀한 관계를 통해 신뢰하는 지점으로부터 출발했다는 점에서 이는 철학의 길일 것이다."[10]

콘스탄틴 프란츠(Constantin Frantz) 또한 오귀스트 콩트(Auguste Comte)의 실증철학의 결과에 관해 다음처럼 언급한다. "당연히 인간 자체가 인간에게는 가장 중요한 탐구 대상이며, 여기서 인간은 비교 해부학과 생리학으로부터 시작한다. 왜냐하면 물질이 모든 현상들의 기체이며, 사유는 뇌의 활동이기 때문이다. 해부학적이고 생리학적 사실과 나란히 역사적 사실이 있다."[11]

이 점과 관련해 다른 목소리들을 살펴봄으로써, 이 주장이 다른 측면에서도 얼마나 중요한지를 보여 줄 수 있다. 이 또한 우리의 관심을

---

9) Oscar Peschel, "Über den wissenschaftlichen Werth der Schädelmessungen", *Ausland* 45, no. 10, 1872. 표현을 수정함.

10) Edgar Quinet, *Die Schöpfung*, Leipzig, 1871. 표현을 수정함.

11) Constantin Frantz, *Die Naturlehre des Staates als Grundlage aller Staatswissenschaft*, Leipzig and Heidelberg, 1870, 453~454쪽. 표현을 수정함.

끝다.

폰 베어는 다음처럼 말한다. "인간은 자기 자신으로부터 출발해 자신을 기준으로 삼아야 측정할 수 있다. 그렇게 인간은 공간과 시간을 측정하기를 배웠다."[12] '외국'에서 생리학적 기관 사용과 관련해 말하기를, 기관은 말하자면 살아 있는 육체의 심층으로 들어가 자신의 자아를 직관하도록 한다. 장 파울(Jean Paul)은 우리 자신의 의식을 세계의 열쇠라고 부른다. 라자루스 가이거는 다음처럼 말한다. "항상 강렬하게 인간을 사로잡는 것, 가장 뜨겁게 인간을 만족시키는 것은 인간이다."[13] 하인리히 뵈머는 생리학을 "최고의 목적론적 학문"이라 부른다.[14] 아돌프 피크는 자기의식을 "철학함의 유일하게 올바르고 유일하게 가능한 출발점"이라고 천명한다.[15]

이 자기직관에 관해 바스티안은 다음처럼 언급한다. "정신과 육체의 겉으로 보이는 대립은 둘의 조화로운 통일 속에서 사라진다. 오늘날 학문은 매우 순조롭게 성장하고 있다. 왜냐하면 정신은 자신의 자연적 지반인 육체에 뿌리를 두고 있기 때문이다. 자연의 품에서 자란 지식은 모든 탐구 영역에서 꽃봉오리를 터뜨리고 줄기는 자기인식이라는 인간 중심 속에 열매를 맺을 것이라는 확실한 그늘을 드리우고 있다."[16] 이 유

---

12) Karl Ernst von Baer, *Reden gehalten in wissenschaftlichen Versammlungen, und kleinere Aufsätze vermischten Inhalts*, St. Petersburg, 1876, 78쪽.

13) Lazarus Geiger, *Zur Entwicklungsgeschichte der Menschheit*, Stuttgart, 1878, 24쪽.

14) Heinrich Böhmer, *Geschichte der Entwicklung der naturwissenschaftlichen Weltanschauung in Deutschland*, Gotha, 1872, 210쪽.

15) Adolph Fick, *Die Welt als Vorstellung*, Würzburg, 1870.

16) Adolf Bastian, *Die Weltauffassung der Buddhisten*, Berlin, 1870, 21쪽.

명한 여행가이자 민족학자는 자신의 보고서에서 민족의 문화상태와 그 목적을 잘 파악하기 위해 항상 실재적인 근거와 지반, 대지라는 군건한 기초 위에 서 있으며, 실재적 관념론과 참된 자기인식이 분리 불가능하게 하나라는 점을 잊지 않고 있다.

이렇게 일치하는 관점들을 보면 인간학적 기준 개념이 얼마나 지속적으로 신뢰를 얻고 있는지 분명하게 드러난다. 이 기준은 직접적으로 존재하는 것이 아니라 반복적인 수집과 연구라는 우회로를 통해 생겨났다. 사유 속에서 자신으로부터 출발하는 인간은 자신에게 돌아가는 인간이 볼 때는 전제다. 그래서 사유는 호흡처럼 끊김 없는 들어감과 나옴의 과정이다.

물론 긴 기간 동안에 단계적 변화가 일어나며, 그래서 한번은 이 방향, 한번은 다른 방향이 지배하는 것으로 구별할 수 있다. 하지만 이 고찰이 결국 도달하는 지점은 최고의 궁극적 단계로서 전체 세계 속에 흩어진 인간이며, 생리학자와 심리학자가 규명하는 것은 인간 속에 종합된 자연이다. 인간은 전체 자연으로부터 자기 자신을 끌어모으며, 자연에 기대어 철학함으로써 자기의식으로 나아가며, 자기 바깥의 세계는 자기 속에 있는 세계를 해명하기 위한 도구다. 하나의 내용은 다른 것의 내용을 검증한다.

인간중심적 관점

오늘날 **자연 힘들의 통일**을 발견하게 되면서 이에 발맞춰 **인간적 자연의 통일**이 드러나고 있다. 왜냐하면 자연 힘들의 연관을 탐구하면서 이제 인간이 지금까지 이 힘들의 무의식적인 근거였던 자기 본질의 통일을 의식하게 되고, 자연을 넘어서거나 그 바깥에서가 아니라 자연 속에서, 자연으로부터 사유하게 되면서 그의 사유는 생리학적인 기초와 우주적인 조건들의 일치가 되기 때문이다.

사유의 원심적인 나아감과 구심적인 들어옴을 위한 중심이 바로 인간이다.

인간학적 기준의 이러한 보편적이고 학문적인 의미로부터 소위 인**간중심적 관점**이 생겨난다. 이는 인간을 스스로 세계의 중심점이라고 간주하며, 이는 부당하거나 의미 없지 않다.

개별자든 전체 종으로서든 인간의 사유 영역에서는 오로지 인간만이 중심을 차지하고 절대적으로 차지할 수 있다. 인간의 사유 영역은 그의 사유 세계이며, 이는 자신의 세계다. 인간이 볼 때 자신의 세계 일반에 대한 표상 속에 존재하는 것만이 존재한다. 이 우주적으로 확장된 자기중심성(Egoistik) 속에서 인간은 자기 종의 유일성, 자기 자신에 대한 믿음을 확고히 한다. 자기를 중심이라고 표상하고 이해하는 자아를 통해서만 세계 전체의 무한한 연장 표상이 가능하다.

인간은 자신이 이미 알고 있는 이상으로 자신에게 낯선 다른 피조물류, 인간 자신은 전혀 알지 못하고 하늘만이 알고 있던 더 상위에 있는 완벽한 존재보다 우위를 주장할 권리를 지니게 된다. 왜냐하면 어떤 존재도 자기 자신을 넘어설 수 없다는 자연법칙에 따라 보자면, 용감한 상상도, 진보된 지식도 인간 형상적이고 인간 정념의 한계 아래 놓여 있는 인간의 표상능력의 한계를 넘어서 자신을 잃는 법이 없기 때문이다. 표상능력 바깥에 있는 것은 인간에게는 존재하지 않는 것이고, 인간은 그것을 고찰하지 못한다.

표상과 사유는 그 자체가 인간중심적인 방식이다. 각 자아는 세계의 중심이다. 인간중심적 관점의 반대자들도 마찬가지로 사유의 기초 위에 분명히 서 있다. 그렇다면 이들은 자신의 관점 또한 무의식적으로 부정할 수 있는가?

이와 연관된 천문학적으로 오래전에 극복된 **천동설 관점**에 관해 말하자면, 우리에게 잘 알려진 태양계와 관련해 중심은 분명히 지구와 같은 행성이 아니라 태양이다. 무한한 세계 공간에서 각 점으로부터 모든 방향으로의 반경은 동일한 크기이며, 각 점은 중심이며 따라서 여기서는 천문학적인 중심을 발견할 수 없다. 가장 용감한 연구라 하더라도 이 공간에서 우선 항성체계의 중심을 플레이아데스 성단에 놓는다는 가정을 유지할 수만 있다면 이에 만족할 것이다.

하지만 인간에게 인간이 확실한 것이라면, 이 자기 확신은 인간이 자신의 사유 지렛대를 놓을 수 있는 유일하고 단단한 사유가능한 지점이다.

어떤 인간도 자기 자신을 포기하지 않은 채 이 지점을 포기할 수는 없다. 인간은 항상 이 지점과 함께 스스로 발전하여 예술과 학문의 건축을 완성하지만, 이 지점 없이는 가련하게 스스로를 낮추고 타락하게 된다.

자신의 항성적 우위를 지탱하던 모든 것이 무너진 후에도 지구에 사는 인간이 지구를 여전히 이상적인 중심이라고 여길 때, 인간중심적 관점은 종종 천동설을 취한다. 감각적인 겉보기는 여전히 자신의 위력을 행사하고 있다. 태양은 뜨고 진다. 이 겉보기는 일상어에서도, 표상에서도 완전히 극복하지 못했다.

지구 중심적 관점은 몇백 년 동안 문화의 발전에 영향을 미쳤다. 그래서 자신의 지구가 세계의 중심에 있고, 스스로 지구의 중심에 있다고 확신한 그리스인은 이 자기감정에 맞는 정신적 세계를 창조했다. 감각적인 겉보기와 황제 및 교황을 위시한 로마의 문화중심이라는 사실에 대한 강력한 확신은 문명 확장과 세계지배 정당화에 영향을 미쳤다. 파울 드 라가르드는 이 영향에 대해 정확하게 이야기하고 있다. "지구가 세계 전체의 중심의 자리에서 쫓겨나 태양을 도는, 기껏해야 중간 크기의 행성이 되어 버리면 전체 교회 신화는 무너지게 될 것이다. 교회가 '그래도 지구는 돈다'(E pur si muove)는 말을 듣게 된다면, 전체 교리체계가 문제가 된다."[17]

물론 중심이란 개념은 인간에 적용되거나 지구에 적용될 때마다 차이가 난다. 지구가 중심이라고 한다면 이는 당연히 실재적인, 공간적 중심을 의미한다. 반면 인간이 중심이라고 한다면, 이때 중심이라는 단어는 비유적인 의미를 지닌다. 말하자면 이는 주도하는 측면을 영혼 또는 사회의 중심이라고 부를 때와 같다. 그 원래 의미는 '중앙'이며, 이는 다른 모든 것을 규정하고, 자기에로 끄는 핵, 정신적 중점인 최상의 것, 탁월한 것을 의미한다.

유기적 발전이론

그래서 인간학적인 관점은 인간을 지구상 유기적 생명체(Bildung)의 전체 발전계열에서 정점으로 파악하며, 그래서 창조의 극치로 본다. 그런

---

17) Paul de Lagarde, *Deutsche Schriften*, Göttingen, 1878, 21쪽.

데 지구가 가장 고유한 의미에서 행성이 아니라 넓은 의미에서 인간 정신의 담지자로 파악되고, 정신이 개별자로서는 신체와의 통일로, 인간성 전체로서는 거주지인 행성과의 통일이라면, 앞에서 중심 개념과 관련해 다룬 차이는 사라지게 된다. 인간학적인 관점이 인간을 [지구라는] 행성 발전의 목표이자 목적으로 고찰하는 관점에 얼마나 가까운지는 분명하다.

소위 이 목적론적인 세계관에 반대하는 관점, 즉 다윈으로부터 새로운 무기를 얻은 유물론은 강력한 힘으로 등장했다.

매우 오래된 이 갈등의 새로운 단계가 어떠한 모습으로 나타날 것인지와 상관없이 두 입장은 인간이 유기적 생명체의 정점이라는 점에 동의한다.

하나는 기계론, 인과적 계열에서의 우연한 탄생이라는 길, 다른 하나는 정신, 계획 가득한 창조라는 길, 즉 두 관점이 자신의 목표를 향해 가는 길 위에서는 대립적 차이가 있다. 이와 더불어 유물론은 인간을 항상 정점으로 간주하는 것이 아니라 인간을 넘어 더 높은 단계를 상정하는 반면 후자[즉 목적론적인 세계관]는 로키탄스키의 간결한 표현에 따르면 "인간을 최종 목적지로 제시한다".[18]

최상점이자 최고 단계로서 더 이상 넘어가는 것이 불가능한 정점이 진짜 정점이며, 이 지점은 밑의 단계들을 모두 포함하면서 이들의 진리이다.

왜냐하면 정점은 선행하는 단계들과 단순히 정도가 다른 한 단계

---

18) Carl von Rokitansky, *Almanach der Wiener Akademie der Wissenschaften*, Wien, 1869, 201쪽.

가 아니라 이들과 질적으로 다르며, 더 높은 단계로 올라갈 수 있는 그런 단계가 아니라 홀로 존재하는 최고점이며, 이는 자기 자신만을 위해 존재한다. 정점은 선행단계라는 의미에서의 단계가 아니다. 이 정점이란 의미에서는 단계 개념이 완전히 중지한다. 그래서 유기적 발전의 결과는 동물이 아니라 인간이다.

인간은 동물적 단계에서의 한 단계가 아니라 언급한 것처럼 마지막 단계로서, 이후 단계로 이어지는 단계가 아니며, 그래서 더 이상 단계가 아니며, 따라서 동물이 아니다. 인간은 이전의 모든 단계에 내포되어 있는, 도달된 목적이며, 이상적 동물이다. 기초 없는 정점은 사유 불가능하며, 정점 없는 하부 구조도, 동물 없는 인간도, 인간 없는 동물도 사유 불가능하다. 그래서 인간이라는 이념은 모든 생명체의 어머니이자 근원적 기초다.

유기적 발전이론에 관한 두 관점 사이의 투쟁은 인간의 행위 및 사유의 모든 영역을 두루 걸쳐 이루어지고 결과들을 내기 전까지는 정지점에 이르지 못한다. 다윈이 새롭게 바꾼 라마르크의 진화론은 학문적 현안이다. 이 이론은 자연과 정신의 강고한 대립에 따라 자신의 유명한 지지자와 반대자를 한번은 자연과학자로, 한번은 철학자로 만들며, 두 거대한 진영의 각 특수한 영역에서 자신의 중요성을 드러낸다. 종교, 예술, 법, 윤리는 진화론을 통해 그 뿌리까지 흔들렸고, 언어학 영역에서 권위자이자 『인간 언어 및 이성의 원천과 발전』의 저자인 가이거는 다윈의 우위성을 제기했다. 『물리학과 정치학』에서 월터 배젓은 자연선택 원칙과 정치적 사회의 유전 원칙을 제기했고, 뒤 프렐은 『현존을 둘러싼 투쟁』을 우주적 과정에 적용했다.[19]

발생학적 기초법칙

이 투쟁을 자세히 살펴보는 대신 요한 프리드리히 메켈(Johann Friedrich Meckel)이 1812년 할레에서 처음으로 표현한 **발생학적 기초법칙**이라는 좀 더 중립적인 영역을 다루는 것으로 만족하자. 이에 따르면 유기적 발전에 관해 알려진 사실들은 그 기본 특징을 인간의 태아존재로부터 알 수 있다.

발생학적 기초법칙은 헤켈(E. Haeckel)에 따르면 다음 문장으로 표현할 수 있다. "배아사는 **계통사의 축약판**이다. 다른 말로 하면 **개체발생**은 **계통발생**의 짧은 요약이다. 상세히 말하자면 개별 유기체가 난자세포로부터 완성된 상태로까지 발전하면서 거치는 형식계열들은 동일한 유기체의 선조 동물들(또는 그 종의 계통형식들)이 소위 유기적 창조가 이루어진 가장 오래된 시절부터 현재에까지 두루 거친 오랜 형식계열들의 축약이다."[20]

그래서 동물종들은 시공간적으로 규정 불가능하게 서로 흩어진 유기적 전체 생명의 단계들이다. 다른 한편으로 인간 현존은 태어나기 전에 저 기본 특징에 따라서만 인식가능한, 비교적 최소한의 시공간 크기를 가진 개별 인간의 배아성장 속에 총망라된 유기적 발전의 이전 단계들을 포함하고 있다. 예거는 말하기를 "자연은 자기 시대에 완성된 피조

19) Lazarus Geiger, *Ursprung und Entwicklung der menschlichen Sprache und Vernunft*, Stuttgart, 1868; Walter Bagehot, *Physics and Politics; or, Thoughts on the Applications of the Principles of "Natural Selection" and "Inheritance" to Political Society*, London, 1872; Carl du Prel, *Kampf ums Dasein am Himmel: Die Darwin'sche Formel nachgewiesen in der Mechanik der Sternenwelt*, Berlin, 1874.

20) Ernst Haeckel, *Anthropogenic: Keimes-und Stammesgeschichte des Menschen*, Leipzig, 1874, 6~7쪽.

물로 지구를 덮은 모든 형식들을 다소간 충실한 복사 형태로 개별자의 발전과정 속에 심었고, 이 복사 형태를 오늘날 일시적인 배아상태로 보여 주고 있다."(『비가시적 세계의 경이』2판)[21]

이 관점에서 라마르크와 다윈의 이론을 이해할 수 있는데, 이 이론은 정신과 그 목적을 적대적으로 반대하지 않는다. 이 이론은 목적뿐만 아니라 진화도 주장하며 물질의 운명론적인 우연적 실현을 가정하는데, 이에 따르면 결코 목적이 아니라 결과만이, 발전이 아니라 사건만이 존재할 수 있긴 하다. 이 주장이 정당한지는 여기서 더 이상 고찰할 수 없다. 우리는 목적과 진화를 수용하고 다음과 같은 결론에 이른다. 인간이 자신의 전체 종 발전에 속하는 배아 발전형식들을 가진다면, 인간은 항상 어디서나 **자신의 모든 것을 지니면서**(*omnia sua secum portans*) 배아 속에 암시적이긴 하지만 엄청난 시공간에 흩어진 선행하는 동물세계의 발전단계들의 반복을 지니고 있다. 이 인식의 빛은 한번은 소우주적인, 다른 한번은 대우주적인 불명료성으로 덮여 있어 뒤늦게야 발하게 된다.

성장한 인간이 배아세포 속에서는 근원소질로 존재하는 것처럼 인간의 이념은 전체 유기적 창조의 핵 또는 근원소질이다. 항상 목표는 근원 시작이고, 근원 시작이 동시에 발전의 목적이자 목표인 것처럼 발전 자체는 '뒤로 돌아감'과 '앞으로 나아감'의 통일이다. 아리스토텔레스가 말한 오래된 진리에 따르면 "발전으로 보면 나중의 것이 이념과 실체로 보면 이른 것이다."[22]

그래서 인간과 그 현존의 배아 단계의 관계는 바로 인간과 동물세

---

21) Gustav Jäger, *Die Wunder der unsichtbaren Welt enthüllt durch das Mikroskop*, Berlin, 1868, 35쪽.

계의 관계와 같다. 전체 인간에게 동물 왕국이란 개별자에게는 배아단계와 같은 선행단계다. 성장한 인간은 배아와 상관없는 것이 아니며, 배아도 동물 왕국에 대해 마찬가지다. 또는 인간은 "태어나기 전에" 이미 세계에 있는 것이 아닌가? 배아가 태어난 인간의 선행 세계인 것처럼 인간 전체는 자신의 선행 세계를 동물에 두고 있다. 동물 발전 단계를 두루 거쳐 정신은 물질의 항상 발전하는 변화 속에서 정점까지 올라갔고, 여기서 정신은 자기의식으로 자신을 파악하면서 자신이 동물이라는 것을 알게 되고, 이 지식을 통해 동물이기를 그친다. 인간이 자연 필연성에 관한 지식을 통해 이 필연성을 넘어선 것처럼 파스칼의 다음 말은 인간을 드높인다. "전체 세계가 인간을 없애려고 무기를 든다 해도, 연약한 존재인 인간은 자신을 파괴하는 세계보다 더 뛰어날 것이다. 왜냐하면 인간은 자신이 죽는다는 것을 알기 때문이다."[23]

내 책 『철학적 지질학』(Philosophische Erdkunde, 2판, 82, 83쪽)에서 지금의 대상을 다루는 부분을 여기서 반복하는 것은 적절해 보인다.[24]

인간은 비유기적, 유기적 피조물의 거대한 전체 단계의 종합 결론이다. 이 단계에서 첫 번째 가장 불완전한 형식은 인간에게 가까운 마지막 단계와 마찬가지로 존재해야만 한다. 자신의 자연적 선행 단계와의 관계 바깥에 있게 된다면, 인간은 일종의 물리적 추상에 지나지 않을 것

22) 아마도 다음에서 인용되었을 것이다. Aristoteles, *Metaphysik*, 13. Buch, in *Griechische Prosaiker in neuen Uebersetzungen*, hrsg. von E. R. von Osiander, Stuttgart, 1860, 370쪽. 표현을 수정함.
23) 다음에서 인용됨. Ludwig Noiré, *Die Welt als Entwicklung des Geistes: Bausteine zu einer monistischen Weltanschauung*, Leipzig, 1874, 59쪽.
24) Ernst Kapp, *Vergleichende allgemeine Erdkunde in wissenschaftlicher Darstellung*, Braunschweig, 1869.

이다! 인간은 오히려 전체 자연과의 철두철미한 연관 속에 있으며, 가족과 같은 자연에 의해 자라난 구체적인 소우주다.

인간이 자연 유기체 일반이라면 인간에게 속하는 것이 무엇인지 물을 수 있겠지만 인간이 단순히 물고기나 새라면 인간에게 속하는 것이 무엇인지는 물을 수 없다. 인간은 동물의 한 종류가 아니라 동물 이후의 존재다. 시간 순서에 따르면 인간은 개별 동물 종의 하나에 가깝고, 동물 종 전체와의 내밀한 관계는 끈끈하며, 어떠한 분리도 허용되지 않는다. 지구는 인간의 어머니라 불린다. 하지만 우리는 인간성의 이념이 땅 위의 모든 것들의 어머니라는 것을 보게 된다.

그래서 인간은 자연 속에서 질서를 부여하는 원칙이다. 고대에서처럼 자연이 인간 위에 있을 수 없다. 하지만 중세에서처럼 인간이 스스로 너무 높이 올라간 위치에서 자연에 대해 생각해서도 안 된다. 오히려 인간은 자신이 자연의 본질이자 그 진리이며, 자연을 과소평가하고 이를 적으로 삼는 것을 통해서가 아니라 자연 속으로 들어가 이를 개념 파악하는 것으로 자신의 과제를 해결할 수 있음을 의식해야만 한다.

자연 생명의 현상을 탐구할 수 있는 한에서 인간은 자신의 고유 본질을 항상 의식하며, '우리 안'의 발전이 '우리 바깥'과 동일한 법칙에 따라 이루어진다는 것을 인식한다. 자기인식을 위해 언어는 "정신의 자연"처럼 종종 표현의 이분법적인 첨예함 때문에 모순적으로 표현되는 것을 하나로 만들었다.

인간이 무엇인지에 대해 인간은 대답하지만 동물이 무엇인지에 대해 어떤 동물도 대답하지 못한다.

이 점에서 유기적 자연에서의 객관적인 점차적 차이가 중지하고 자기 자신이 점진적인 단계의 결론이자 정점이라는 인간의 주관적이고 본질적인 자기 구별이 시작된다.

　동물을 향한 애교가 불러일으킨 싸움에 빠져들지 않기 위해 우리는 동물들에 부여되는 인간과 유사한 특징들을 일시적으로는 인정할 수 있다. 이들 특징들, 즉 우선 공통적인 의식, 언어, 법 감정, 보편 개념의 형성, 음악과 건축의 소질, 도덕과 사회적 완성, 그리고 현대 동물심리학이 확장을 위해 이에 덧붙이는 특징 등 이들 모두를 일단 그대로 두자. 그리고 결국은 인간의 정념적인 혼란에 영향을 받지 않은 채 단번에 인간과 동물을 가르는 기준, 즉 **자기의식**이라는 기준을 수용하게 될 것이다.

　의식과 의식의 단계적 발전에 관한 탐구의 결과들이 얼마나 다른지와 상관없이 인간적 자연의 무의식, 의식, 자기의식은 어두움에서 밝음으로 이행하는 발생적 단계로서, 하나는 다른 것에 연결되고, 이전 것은 상위의 것과 함께 보존되어 동시적으로 작용한다는 점에 관해서는 완전한 합의가 지배적이다.

　무의식은 전의식, 자기의식은 후의식이다. 우선 의식은 개인이 자기 바깥 세계에 관해 가지는 지식으로서 감각 지각을 통해 매개되어 있고, 감각하는 주체와 감각되는 대상의 관계다.

　의식의 성장에 선행하는 상태[즉 무의식]에서는 내적인 것인 지각하는 자와 외적인 것인 지각되는 자의 구별이 아직 존재하지 않는 반면, 자기의식의 단계에서 지각의 대상은 주체의 내면 속에 있으며, 그 자체가 내적인 것이고, 자아를 구성한다. 이 내적인 것은 감각의 직접적인 매개 없이 지각하면서 지각되는 것으로서 자기 자신에게 대상이다.

왜냐하면 [자기의식 속에서] 의식의 대상인 외부사물들을 통해 인간[의 내면]이 밝혀진다는 점에서 외부사물들은 인간의 내면을 향하고, 곧 내면이 되며, 그래서 무의식의 꿈으로부터, 외면과 내면이라는 이원론적 구별로부터 자아를 구해 내기 때문이다. 이 자아 속에서 지식과 지식대상, 주체와 대상은 자기의식적으로 하나다.

그래서 **자기의식**은 외면에 관한 지식이 내면에 관한 지식으로 뒤바뀌는 과정의 결과다.

다시 외면을 향하면서 이것에 관해 확장되는 지식은 다시금 내면을 새롭게 밝히며, 세계를 향한 지향과 자기 지향 사이를 끊임없이 오고 가면서 모든 지식의 내용, 즉 **학문**을 생산한다.

인간이 만든 외부세계

무엇보다 '외부세계' 개념이 완전히 분명해졌다. '우리 안'과 '우리 바깥'은 감관 파악의 경우조차 일반적으로 믿는 것처럼 그렇게 매끄럽게 구별되지 않는다. 여기는 분쟁이 있는 경계선이다. 나는 주어진 관계에 따라 외부가 무엇인지를 결정할 것이다.

특정한 신체 유기체 속에만 존재하는 또는 유기체로만 존재하는 자아는 한번은 전체 신체적 사지를 내부세계라고 규정하면서도 다음번에는 손과 발을 외부세계에 속하는 '**수족**'이라고 여기며, 이들을 다른 자연 사물, 돌이나 식물처럼 감각적으로 지각한다.

하지만 전체 신체는 의심 없이 내부세계에 속한다. 뇌를 유일한 사유장소로, 지성적인 내면으로 간주한다 해도 예를 들어 심장이나 척수 또한 함께 고려해야 한다. 왜냐하면 뇌는 결코 홀로 사유할 수 없으며,

전체 유기체가 무의식적으로 함께 사유하도록 뇌를 돕기 때문이다.

보통 '자연' 개념을 가지고 '외부세계' 개념을 '자연'이라고 지칭하는 것은 충분치 않기 때문에 '외부세계' 개념에 있는 다른 구별을 살펴보도록 하자.

인간의 외부세계에는 말하자면 일련의 사물들이 속한다. 이들은 자연이 재료를 공급한다는 점을 제외하면 자연 작품이라기보다는 인간 작품들이며, 자연산물과 달리 인공물로서 문화세계의 내용을 형성한다. 그래서 인간 바깥에 있는 것은 자연 작품과 인간 작품으로 구성되어 있다.

사물에 대한 직접적인 감각적 지각은 동물도 한다. 하지만 동물은 이를 개념으로 파악하지 못하며, 그래서 절대적인 타자, 낯선 것, 동물에게 영원히 대립적인 것이다.

인간은 자신의 근원적 소질에 따라 동물처럼 주어진 감각능력을 기계의 도움을 받아, 손으로 만든 작품의 도움을 통해 생산적인 측면과 수용적인 측면에서 무한까지 확장하면서 이 대립을 극복한다. 인간은 사물을 대하고 다루며 이를 질료 삼아 자신의 목적과 주관적 욕구에 따라 [도구로] 실현한다. 여기서 의식과 무의식이 동시에 작동한다. 의식은 순간의 결여를 채우려는 특정한 의도로 작동하는 반면, 무의식은 판명한 표상이나 의지 없이 채우는 형식을 규정한다.[25]

---

25) 즉 의식은 어떤 결여가 발생했을 때 이를 보충하고자 한다. 예를 들어 땅을 갈고 싶을 때 의식은 땅을 갈기 위해 호미라는 도구를 제작한다. 이에 반해 무의식은 어떠한 의지 없이 이 보충하는 형식을 규정한다. 즉 호미라는 도구의 형식이 어떠해야 하는지를 규정한다.

첫 번째, 투박한 도구를 통해 손의 힘과 능숙함은 물질적 소재를 결합하고 나누면서 매우 다양하게 형성된 "욕구의 체계"에 이른다.[26] 이는 세계 박람회가 간명하게 보여 줬다. 인간은 그대로인 자연대상과 달리 이 외부사물 속에서 인간 손에 의한 인공물, 인간 정신의 행위, 무의식적으로 발견하면서 동시에 의식적으로 발명하는 인간, 즉 자기 자신을 보고 인식한다.

이는 이중적인 방식으로 일어난다. 한편으로 각 도구는 넓은 의미에서 감각활동의 고양 수단으로서 사물에 대한 직접적인 표면 지각을 넘어설 수 있는 유일한 가능성이다. 다른 한편으로 도구는 뇌와 손의 활동의 작품으로서 본질적으로 인간과 매우 내밀히 가깝다. 그래서 인간은 자신의 손에 의한 창조물 속에서 자기 존재에 관한 무언가, 소재 속에 육화된 자신의 표상세계, 자기 내면의 거울이자 복제물, 즉 자신의 한 부분을 눈앞에 두고서 보게 된다.

하지만 위에서 본 바와 같이 자기는 오로지 육체에만 '살기' 때문에 인간의 기계적 제작활동을 통해 생겨난 외부세계는 유기체의 실재적인 연장이며, 내부 표상세계가 바깥으로 이전된 것으로 파악할 수 있다.

문화 수단 전체를 포괄하는 외부세계 영역을 이처럼 받아들이는 것은 인간적 자연의 사실적인 자기인식이며, 외부의 복제물을 내면으로

---

26) "욕구의 체계"는 헤겔의 『법철학』에 나오는 표현이며 이는 카프가 헤겔의 열렬한 독자였다는 사실과도 연관된다. 카프는 텍사스에 거주할 때 따로 도서관을 가지고 있었고, 여기에는 헤겔 전집이 눈에 띄게 놓여 있었다고 한다. Harun Maye und Leander Scholz, "Einleitung", in Ernst Kapp, *Grundlinien einer Philosophie der Technik*, Mit einer Einleitung, hrsg. von Harun Maye u. Leander Scholz, Hamburg, 2015.

가져오는 행위를 통해 자기인식이 된다.

이는 자신의 손으로 만든 작품을 사용하고 비교 관찰하여 참된 자기직관에 이르게 되고 자신의 무의식적 생의 과정과 법칙을 의식하는 것을 통해 일어난다. 왜냐하면 유기적 원상을 무의식적으로 따라 형상화한 기계는 나름대로 다시금 자신의 원천인 유기체 이해와 해명을 위한 모범(Vorbild)으로 기능하기 때문이다.

문화수단의 자기활동적 창조라는 우회로를 통해서만 인간은 단순한 감각의식에서 고차의 사유의식, 자기의식으로의 자기구원을 경험한다.

언급한 바에 따르면 우리는 도구 제작의 외부 목적과 내부 개념을 구별하고 있다. 외부 목적은 의식적으로 존재하지만, 내부 개념은 무의식적으로 생기며, 전자에서는 의도가, 후자에서는 본능적인 활동이 지배적이다. 하지만 두 측면은 합목적성이라는 점에서 일치한다. 목적 달성을 요구하는 유기체의 사지라는 척도로 측정이 이뤄진다. 여기서 유기체는 유용함을 위한 기준, 즉 **측정 기준**을 제공한다.[27]

도구의 불충분함을 검증하고 도구를 완성하려는 노력은 그 목적을 기준과 비례를 제공하는 신체와 비교하며, 제작할 도구를 무의식적으로 신체 유기체의 지배적인 기능관계 규칙에 맞춰 보게 된다. 그래서 모든 문화 수단이 조야하든 섬세하게 조직화되든, 그것이 기관투사(Organpro-

---

27) 즉 의식적 차원에서 도구는 일정한 목적을 위한 수단으로 제작된다. 무의식적 차원에서 도구는 인간의 신체 부분이라는 원상(이데아)을 자신의 완성 목적으로 가진다. 도구는 계속 발전해 나가면서 완성되는데, 이 완성의 목적이 바로 유기적 원상인 셈이다. 그래서 의식적 차원과 무의식적 차원에서 모두 합목적성이 존재한다.

jektionen)에 다름 아니라는 확신에 이르게 된다.

수공업자의 소위 '도구', 예술 도구, 미세 부분과 속도의 측정을 위한 과학 장비, 또는 인간 목소리나 말하기를 통해 움직이고 형성된 공기 파동들도 당연히 질료 속에 실현된 투사 범주에 속한다. 물리 또는 심리, 또는 일원론적인 입장에서 둘 다가 강조되든 상관없이 난 이 투사를 올바르게 **기관투사**라고 표시할 수 있다고 믿는다.

정리

지금까지 언급한 것을 **정리해 보면** 다음과 같은 결론이 나온다.

신체를 완전히 복권시키면 우리는 인간의 자기인식 개념, 즉 세계와의 관계에서 자신만을 사물의 척도로 이용하는 인간의 정당성 개념에 이르게 된다. 베르크만의 적절한 표현에 따르면 "비-자아로서의 이 사물을 나는 관념적인 방식으로 미리 장악한다".[28] 이를 통해 우리는 생리학과 심리학의 관계를 심리-생리학적 정점에 이르기까지 탐구했다. 그러고 나서 감각적 겉보기에서 목적론적인 세계상의 관념적 영역으로 넘어가면서 우리는 인간학적 관점을 따져 보았다. 이 목적론적인 세계상은 자기의식적 인간을 척도로 우주 발전의 시작과 목적을 측정한다. 이후 자기의식은 무의식과 의식의 구별을 기초로 대상의 외부세계를 통해 등장하게 된다. 말하자면 자유로운 기계 형태들이 외부세계 영역에 속한다. 이처럼 자기의식이 해명된 후 모든 장비와 도구의 출발점인 인간 손, 신체적 유기체에 대한 추론이 이뤄졌다. 이 유기체는 생긴

---

28) Julius Bergmann, *Philosophische Monatshefte* 5, Berlin, 1870, 3쪽.

것처럼 항상 자기 자신만을 생산하며, 자기 자신만을 투사한다. 즉 존재 속에 [이미] 놓여 있는 것만이 그 바깥으로 나올 수 있다는 명제가 여기서 작동한다!

이제 이후 서술에서는 인식론을 위한 새로운 사실적 출발점을 밝히는 데 성공할 수 있을 것인데, 이를 위해서는 다음과 같은 진리를 인정할 수 있어야 한다. 즉 문화세계를 '투사하는 인간의 자기'와 회고적으로 관계시킴으로써 유기적 생의 가장 중요한 과정들을 덮고 있는 비밀스러운 어두움을 밝힐 수 있을 것이다. 두 번째 심급에서는 사물 기준에 따라 측정하면서도 인간은 자신이 첫 번째 심급에서 사물의 척도라는 것을 인식하게 된다.

II. 기관투사

예술과 학문에서 '투사' 표현의 혼란스러운 사용

1860년대 초반 베를린 철학 협회에서 인간 종의 번성 기간에 관해 논의할 때 슐첸슈타인(Carl Heinrich Schultz-Schultzenstein)은 인간이 언제 어디서나 적절한 생활방식을 발명하고 이를 기술로 창조하기 때문에 인간의 학문과 기술은 동물로 보자면 본능과 같다고 말했다. 이를 통해 인간은 자기 자신, 자기 신체의 발전과 고귀함의 창조자다. 이에 동의하면서 라살(Ferdinand Lassalle)이 다음처럼 대답했다. "이 절대적인 자기생산이 인간의 가장 깊은 지점이다."[1]

여기서 우리는 '투사'라는 말로 이해하는 바를 올바로 파악하는 데 도움을 받을 수 있다.

---

1) 이에 대한 출처로는 다음을 참조. Carl Ludwig Michelet(hrsg.), *Der Gedanke. Philosophische Zeitschrift. Organ der Philosophischen Gesellschaft zu Berlin*, Berlin, 1861, 153쪽.

'투사'(Projektion)라는 표현의 언어사용은 항상 그 어원의 기초 의미에 기초를 두고 있다. 대포의 탄환을 'Projektil'(프로옉틸)이라 부르며, 건축에서 돌출부를 'Projektur'(포로옉투어)라 부르며, 사업에도 프로젝트(Projekten)란 말이 있다. 이와 상관없이 이 단어는 특히 밑그림 그리는 기술, 즉 모든 종류의 기안, 기획, 계획, 설계도, 스케치, 특히 제도자에게 필요한 경위도선에서 지도 그리기를 나타낸다. 예를 들어 '메르카토르 도법'(Mercator projection)에 따른 평행선으로 된 경위도선을 누가 모르겠는가?

물론 여기서는 이런 부차적인 것 이상이 관심의 대상이다. 외부 대상에 대한 감각의 관계를 설명하거나 표상 형성과 관련해 생리학자 또는 심리학자는 이 표현을 사용한다.

이 모든 경우에서 투사하기는 다소간 내적인 것을 외부 앞에 놓기, 앞에 두기, 바깥으로 옮기기, 이전하기다. 투사(Projektion)와 표상(Vorstellung)은 표상이라는 가장 내적인 행위가 표상하는 주체의 눈앞에 놓인 대상과 동떨어져 있지 않다는 점에서 거의 다르지 않다.

이 단어가 학문에서 어떤 의미로 사용되는지를 알아보기 위해 몇몇 지점을 살펴볼 것이다. 로키탄스키는 사물을 공간으로 이전하는 것을 언급하면서 다음처럼 말한다.[2] "우리는 우리 안에 있는 상이 아니라 우리 바깥에 투사된 사물을 의식하고 있다." 카루스는 이 단어를 그렇게 직접적으로 사용하고 있지는 않다. "우리가 볼 때, 대상의 빛 작용이 내면에서 감각되며, 이 빛 작용의 결과인 상은 다시 타자를 통해 볼 수 있

---

2) Carl von Rokitansky, *Der selbstständige Wert des Wissens*, Wien, 1869, 25쪽.

다. 가시적 세계는 망막에 자극된 감각이 바깥으로 자신을 투사할 때 생겨난다."[3] 로젠크란츠(K. Rosenkranz)는 포이어바흐의 인간학적인 관점에 관해 말하기를 인간은 자기 본질을 자기 바깥에 존재하는, 자신과 구별해야 할 주체라는 표상 형식에 투사하며, 종교에서는 어떤 실재에도 일치하지 않는 표상들에 투사함으로써 자기 본질에서 소외된다.[4]

하르트젠(F. A. Hartsen)은 『심리학의 기초』(*Grundzügen der Psychologie*)에서 육체로부터 영혼이 **바깥으로 나감**(Heraustreten)을 매우 다양한 방식으로 투사라고 부르는데, 이를 "정신적 속성들을 **바깥에 두기**"라고 설명한다. 그는 감각의 투사와 욕망의 투사에 관해 말하고, 영혼 속성들의 투사가 공간뿐 아니라 시간 속에서도 일어난다는 것을 증명할 수 있다고 믿는다.[5]

이처럼 투사이론은 공간 표상 및 보는 방향에 관한 탐구에서뿐만 아니라 뒤집힌 망막상에서 보는 대상이 어떤 방향으로 놓여 있는지에 대해 설명할 때도 중심 역할을 한다.

가정 또는 투사에 따라 일반적으로 두 가지 가설이 있는데, 이를 헬름홀츠(Hermann von Helmholtz)는 "경험주의적 이론"과 "생득주의적 이론"이라고 불렀다. 첫 번째에는 헤르바르트(Herbart) 학파 외에 대부분의 생리학자와 헬름홀츠, 두 번째에는 요하네스 밀러(Johannes Müller), 루트비히(Carl Ludwig), 풍케(Otto Funke), 랑게(Carl Lange)와 위버베크

---

3) Carl Gustav Carus, *Physis: Zur Geschichte des leiblichen Lebens*, Stuttgart, 1851, 415쪽. 표현을 수정함.

4) Karl Rosenkranz, *Hegel als deutscher Nationalphilosoph*, Leipzig, 1870, 312쪽.

5) Frederick Anton von Hartsen, *Grundzüge der Psychologie*, Berlin, 1874, 32, 59, 104쪽.

(Friedrich Ueberweg)가 포함되며, 위버베크의 논문 「봄의 이론」(Zur Theorie des Sehens)[6]을 통해 오랫동안 정체된 것처럼 보였던 전체 물음이 새롭게 활력을 얻게 되었다. 최근에 에두아르트 욘존(Eduard Johnson)이 『철학 월간지』(Philosophischen Monatsheften)에 발표한 논문, 크라머의 공간적 심층지각 이론에 관한 논문, 슈툼프의 공간표상의 심리학적 원천에 관한 저작이 이에 해당한다.[7]

이 쟁점은 더 많은 결정을 필요로 한다. 루트비히의 다음 언급은 이에 대한 중요한 지적이다. "'바깥에 놓는다'는 표현은 영혼이 자신의 뇌 속 상태의 원인을 바로 눈 바깥에 있는 대상과 **관계시킨다**는 점을 나타내는 이미지적 표현일 뿐이다."[8]

감각중추 속에 있는 상을 바깥에 있는 대상에 관계시키는 것은 사실이다. 이는 적어도 투사와 가장 가까운 근친성을 보여 준다. 요하네스 뮐러는 이 단어를 직접적으로 쓰고 있지는 않지만 "흡사"라는 표현을 통해 이 문제를 빠뜨리지 않으려는 것처럼 보인다. "시각표상은 흡사 망막 전체 시각 영역을 바깥으로 이전하는 것처럼 미리 생각할 수 있다."[9] 분트는 "망막 점과 외부 공간 속 지점 사이의 생득적인, 또는 적어도 확고하게 주어진 관계를 전제하는" 저 관심의 한계를 지적한다.[10] 아돌프

---

6) Friedrich Ueberweg, "Zur Theorie der Richtung des Sehens", *Zeitschrift für rationelle Medicin* 5, Leipzig und Heidelberg, 1859.

7) Paul Kramer, "Anmerkungen zur Theorie der räumlichen Tiefenwahrnehmung", 1872; Carl Stumpf, *Über den psychologischen Ursprung der Raumvorstellungen*, Leipzig, 1873.

8) Carl Ludwig, *Lehrbuch der Physiologie des Menschen I*, Leipzig, 1858, 325쪽.

9) Johannes Müller, *Handbuch der Physiologie des Menschen für Vorlesungen*, Bd. 2, 2. Aufl., Koblenz, 1840, 359쪽.

10) Wilhelm Wundt, *Grundzüge der physiologischen Psychologie*, Leipzig, 1874, 362쪽.

호르비츠는 투사를 "감각을 대상 바깥으로 이전하는 것, 감각을 외부 대상에 관계시키는 것"이라고 명확하게 표현한다.[11]

관계가 이처럼 [내면과 외면이라는] 두 측면의 내적인 필연적 관계에 절대적으로 묶여 있고, 각각은 항상 다른 것에 맞서 있으며, 이를 전제하고 투사한다는 점을 이제까지 논의했다. 이렇게 논의한 대상을 전제로 투사의 과정을 고찰해 보도록 하자. 왜냐하면 이 과정에는 다양한 해석들을 완전히 배제하는 그러한 사실들만 기초에 놓여 있기 때문이다. 이런 종류의 투사, 기관투사의 상세한 규정을 우리의 탐구 과정에서 정당화할 것이며, 이 탐구의 주제가 바로 이 투사다.

문화사적인 기초에서 기관투사의 탐구

투사의 기초에 놓여 있는 사실들은 잘 알려져 있고, 역사적이며, 인류의 역사만큼이나 오래되었다. 하지만 이 사실들을 그 생성적 연관으로부터, 그리고 이 생성을 가능케 한 투사 개념으로부터 고찰하기 시작하는 것은 여기서 새로운 것이다.

지금까지 가본 적 없는 이 길은 인식론 일반의 문화사적인 기초 놓기로 나아간다. 출발점은 인간이다. 인간은 사유하고 행위하는 모든 것과 관련하여 자신으로부터 멀어지는 것이 아니라 자기 자신, 즉 사유하고 행위하는 자기로부터 출발한다. 하지만 이는 가설적인 원시인, 즉 아직도 가설적인 이상적 인간이 아니라 원시시대부터 현재에 이르기까지

---

11) Adolf Horwicz, *Psychologische Analysen auf physiologischer Grundlage: Ein Versuch zur Neubegründung der Seelenlehre*, Halle, 1872, 372쪽.

자기 현존을 위해 항상 자기 손으로 흔적을 남기고 변화시킨 사물을 생산한 인간이다. 인간은 모든 지식의 시작이자 목표점이다. 인간은 항상 자기 자신만을 증언한다.

선사시대 인간과 그 근원소질

최근까지 역사적 시대와 비역사적 시대를 가르기 위해 성경에 의지해 규정하고 가정한 경계는 이제 세상 창조물의 시작부터 무한한, 수천 년을 오가는 미궁에 빠져 버렸다.

동굴 출토물은 파피루스 문서나 벽돌 도서관만큼이나 부정할 수 없을 만큼 역사를 증언하고 있다. 이 출토물은 실질적인 문헌으로서, 화석, 식기, 도구, 기초적인 스케치로 구성된 비문(碑文)과 그림 문자이며, 이들 증거를 통해 동물과 인간 종의 특성을 추론할 수 있다. 이들 종들은 원천적인 식량 경쟁에서 생명과 지배를 서로 빼앗으려고 싸웠다.

이 출토물 및 오늘날 언어연구에서 새롭게 미궁에 빠뜨리는 다른 출토물 때문에 역사 개념, 지금까지 선사시대라고 불린 것의 개념이 사라지게 된다. 그래서 어떤 한계 또는 구별을 하기 위해 선사시대 인간은 가장 조야한 도구의 흔적조차 가지지 못한 존재라는 가정을 해야만 한다. 즉 이 도구만이 선사시대의 시작인데, 왜냐하면 도구가 첫 번째 노동이기 때문이다. 역사를 인간 노동의 계열로 파악한다면 첫 번째 노동은 가장 사소한 것일지라도 역사적인 시작이며, 선사시대 자체는 여기서부터 인식 가능한 역사로 이어지며, 노동자들의 직업에 따른 노동분업이 시작되며, 구획별로 점진적인 분화가 이루어지며, 신분제 국가 발전이 예비된다.

모든 노동은 활동이지만 오직 의식적 활동만이 노동이다. 어떤 동물도 노동하지 않는다. 벌과 개미의 소위 동물국가의 우글거림 속에는 오로지 부지런함의 구분만 있을 뿐이다. 노동분업, 의식적인 직업노동은 역사적 국가를 형성하며, 이미 역사다.

고유한 선사시대, 다시 말해 모든 역사 이전의 인간 현존과 현실적인 역사 사이에 선사시대가 자리하고 있다.

첫 번째 도구와 첫 번째 노동

선사시대에 관한 진화론 관점의 글들 속에서 저자들의 상상력은 원시인의 신체적 특징과 생활방식을 종종 매우 상세하게 그렸다. 이에 따르면 원시인은 한번은 짐승 가운데 있는 짐승으로서, 다른 한번은 처음부터 역사를 이룩할 능력을 지닌 동물과 같은 피조물로 그릴 수 있다.

야생의, 미개한 동물세계에 가까운 인간을 우리는 "성장 중인" 인간이라 표현할 수 있다. 여기서 우리는 인간의 물리적 특징들을 매우 높이 평가해야만 한다. 틀림없이 이 인간은 고릴라와 같은 힘과 민첩함을 지니고 있었다. 인간은 당연히 훈련받은 기술적 성취를 제외하고 개별 인간의 거대한 힘에 대해 역사가 증언하는 모든 것, 우리가 오늘날 서커스 안팎에서 보는 모든 것을 소유했다. 현대의 육상선수나 힘 쓰는 이들의 산재하는 근력은 원시인에게는 자명한 자연 숙련성이었고 다들 이를 가지고 있었다.

무기 없이 할퀴는 동물에 맞섰을 때 인간은 무는 힘, 발톱 힘, 주먹이나 팔 힘, 속도 면에서 원숭이와 대등했을 것이다.

주먹으로 소를 쓰러뜨리고, 손으로 철을 부수고, 이빨로 매우 무거운 짐의 균형을 맞추고, 그네에서 흔들고, 심연 위에서 줄을 타고, 한 인간을 중심으로 화합하는 힘과 숙련성은 원시인이 적대적인 자연 및 거대 야수들과 단어의 참된 의미에서 생과 죽음을 위한 투쟁을 벌일 수 있게 한 물리적 신체조건을 증언한다.

그래서 원시인은 무기나 장비를 만들기 이전에 신체의 엄청난 근력과 민첩함에 더하여 자신의 손톱과 이빨을 다소간 동물과 동등한 자연적 공격 및 방어수단으로 지니고 있었다고 가정할 수밖에 없다.

인위적으로 제작한 무기의 사용과 완성은 당연히 타고난 자연 무기를 최소한으로 투입하고 보존하는 결과를 낳았다. 보호와 안전, 삶의 유쾌함, 그래서 증가하는 정신적 활동을 위해 수단을 만들어 냄으로써 점차 엄청난 노력과 힘의 소진을 더 이상 필요로 하지 않는 신체는 균형에 이르게 된다. 조화로운 인간 형성을 위해 정신이 성장하는 만큼 맹수와 비슷한 특징들은 사라졌다. 신체 형성에 해가 되거나 치명적인 특징들은 점점 더 인간에게 외적인 것, 즉 무기로 이전되었다. 이빨은 언어기관 영역이 되며, 발로 사용된 손의 손톱들은 작업하는 손가락을 보호하는 덮개가 된다. 반면 처음에는 동물의 생활방식에 따라 거칠게 형성된 신체는 동시에 직립 자세를 통해 부드러운 사교적 삶의 방식으로 변화한다.

이 과정이 어떻게 일어났는지는 오늘날 당연히 인류학자의 관점에서 귀납추론을 통해서 그 일반적인 특징들만을 그려 볼 수 있다. 이 과정이 얼마나 오랫동안 이뤄졌는지에 관해서는 비교 지질학이 엄청난 수치를 제시하고 있다.

인간 노동의 계열로서의 역사

보편적인 발전법칙에 따라 무엇보다 지크바르트는 『인간 종의 역사』에서 인간이 네 가지 서로 다른 문화 단계를 거쳤다고 가정하는데, 이러한 발전법칙에 대해서는 수천 가지 다양한 비교 관점들을 제시할 수 있다.[12]

야생의 거칠고 동물과 유사한 자연상태가 몇백만 년이 걸렸다.

석기시대 시작이라고 규정하는 반(半)야생의 상태가 수십만 년 걸렸다.

국가, 종교, 사회적 발전이 있는 초기 문화 상태(신석기시대에서 청동기시대로의 이행)는 7000년 정도라고 할 수 있다.

특별한 인간 종족(고대 그리스인과 로마인)의 고도 문명은 몇백 년 지속됐다.

앞의 세 시기와 지금까지 잘 알려진 인간 종의 마지막 시기의 합은 지크바르트에 따르면 222,000년이다.

인간을 세부적으로 그리려는 시도는 반드시 유기적 발전이론의 기초 위에서만 이루어질 수 있다. 이를 위해 다윈이 『종의 기원』에서 자기 이론 설명을 위해 제시한 정식들을 이용해야 할지, 아니면 종 자체에 속하는 '근원소질들'을 이용해야 할지는 현재적인 입장들 간의 논쟁에서 아직 궁극적으로 결정되지 않았다.

이를 위해 중요한 저자들 가운데 카스파리의 『인류의 선사시대』는

---

12) Karl Siegwart, *Das Alter des Menschengeschlechts*, Berlin, 1874.

중요한 위치를 차지한다.[13] 저자는 극단적인 입장에 속하지 않으며, 보편 민족심리학의 기초 위에 서 있는 인간에 관한 학문 분야에서 선구자로 칭송을 받는 성취를 거둔 후 다음과 같은 표현으로 자신의 탐구를 시작한다. "… 나는 다윈을 매우 존경한다. 그는 자연사 영역에서 진화론을 개선했다. 그래서 유기적 발전역사의 가치에 풍성한 통찰을 제시했다. 나는 그의 이론을 인류의 가장 초기 정신적 생의 영역에 단순히 적용했다고 생각한다."[14] 그럼에도 불구하고 순조로운 발전을 위해 "우리가 공동의 이상을 가지며, 인류의 목적을 알지 못하는 회의주의 정신에 미혹당하지 말아야 한다"는 점이 중요하다고 그는 생각한다.

그래서 카스파리는 "원천적 소질" 전제를 반복하여 강조하면서 원시인을 동물 세계를 넘어선 인류의 이상과 대립시키는 과제에 몰두한다. 그는 설명하기를 동물로부터 인간이 발전하게 된 것은 동물에는 손숙련성과 언어에 대한 근원 소질이 절대적으로 없기 때문이다. "우리는 이 발전 요소 형성의 궁극적 뿌리를 정신적이고 물리적 종류의 소질 속에서만 찾아야 한다는 점을 인정해야 한다. 적절한 성격 소질과 형성 능력이 있는 자연 소질이라는 내적인 뿌리로부터 전체 원천적 발전이 시작되었다."[15]

우리는 이제 끊임없이 피에 굶주린 맹수를 방어해야만 하는 원시상태로부터 자기 손으로 만든, 자연적 팔이나 손 힘을 능가하는 장비나

13) Otto Caspari, *Die Urgeschichte der Menschheit mit Rücksicht auf die natürliche Entwickelung des frühesten Geisteslebens* I, Leipzig, 1873.
14) 앞의 책, XX쪽.
15) 앞의 책, 140쪽. 214~218, 130, 241, 318쪽 참조.

도구를 사용함으로써 공격과 멸절로 나아가는 인간을 앞에 두고 있다.

　여기가 바로 우리 탐구의 입구다. 즉 인간은 첫 번째 기구, 자신의 손의 작품을 통해 첫 번째 습작을 제시하며, 자기의식의 발전 중에 있는 역사적 인간이 그 다음이다. 이 인간은 세계에 대한 모든 사유적 고찰과 방향 지시의 유일하고 확실한 출발점이다. 왜냐하면 인간에 관해 절대적으로 확실한 것은 우선 인간 자신이기 때문이다.

　연구의 목적들 사이, 즉 지질학적 출발과 목적론적인 미래 사이를 차지하는 중간이 바로 인간이며, 인간은 확고한 지점으로서 여기서부터 사유는 뒤로 그리고 앞으로 지식의 한계를 확장하며, 모든 탐구가 도달할 수 없는 이 영역의 주관적 해석의 혼돈으로부터 새로운 방향 찾기를 위해 이 지점으로 돌아가게 된다.

III. 첫 번째 도구

기관과 도구

이제 원천적 도구와 장비가 어떤 특징을 가지는지, 이것이 아직도 오늘날 낮은 단계 문화의 민족에서 부분적으로 어떤 특징을 지니고 있는지 물음을 던져야 한다. 이에 답하기 위해 우리는 미리 몇몇 언어 표현을 짧게라도 이해해야만 한다.

'기관'(Organon)이란 표현은 그리스어로는 먼저 신체 사지, 그것의 복제(Nachbild), 도구, 더 나아가 이 도구의 재료인 소재, 나무, 목재를 의미한다. 독일어는 생리학 영역에서 임의적으로 기관(Organ)이나 도구(Werkzeug)라는 표현을 섞어 쓰며, 그래서 예를 들어 호흡기관과 호흡도구를 구별하지 않는 반면 기계학 영역에서는 오로지 도구만을 이야기한다. 더 정확히 구별하자면 생리학의 기관 그리고 기술의 도구라고 한다. 신체의 내적인 구분에서 신체의 영양과 보존을 책임지는 것들을 기관이라 부르고, 바깥에서 내부로 들어오는 문지방으로서 사물 지각을 중간에서 매개하는 감관이 기관이듯, 외부 사지, 수족들도 기관이라고 한다.

도구의 도구로서의 손

수족들 가운데 손은 다음과 같은 세 가지 규정 때문에 더 강한 의미에서 기관이다. 우선 손은 타고난 도구이며, 두 번째로 기계 도구의 원상으로 기능하며, 세 번째로 소재를 통한 복제품 제작에 본질적으로 참여하기 때문이다. 그래서 아리스토텔레스는 손을 "도구의 도구"라고 부른다.[1]

도구는 본보기인 기관의 연장이며 이 기관의 힘을 도구가 임의적으로 엄청나게 강화함

손은 자연 도구이며, 이것의 움직임으로부터 인위적인 손도구가 탄생한다. 손은 그 모양과 움직임의 모든 사유 가능한 방식으로 유기적 근원형식을 제공한다. 인간은 무의식적으로 자신의 첫 번째 필수적인 기구를 그 근원형식에 따라 만든다.

손바닥, 엄지손가락, 손가락으로 분절되면서 펼친 손, 잡으려는 손, 손가락을 펼친, 손가락을 모은, 잡는, 접은 손 자체가 또는 뻗은 또는 굽은 전체 팔뚝이 손 이름을 딴 손도구의 전체 원천이다. 첫 번째 수공업 도구의 직접적인 도움을 통해서만 다른 도구, 모든 기구 일반이 제작될 수 있다.

원시적인 도구로부터 '도구'라는 개념은 특수한 직업 활동의 도구들, 산업 기계, 전쟁 무기, 예술과 학문의 도구와 장비까지 확장된다. 이

---

1) 아리스토텔레스, 『영혼에 관하여』, 유원기 역주, 궁리, 2001, 432a 2~3쪽 참조.

망치

그림 1. 돌도끼

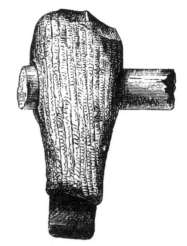

그림 2. 사슴뿔로 감싼 돌망치

그림 3. 돌망치

개념은 '인공물'이란 한 단어로 기계적 기술 영역에 속하는 욕구의 전체 체계를 포괄한다. 이 체계에서 매일매일의 필요의 욕구를 위해 혹은 보석과 편리함의 대상의 욕구를 위해 인간은 항상 '손을 움직인다'.

직접적인 환경에서 처음에는 '손으로' 대상을 이용하게 되면서 첫 번째 도구는 신체 기관의 연장, 강화, 예리화가 된다.

그 후 주먹 쥔 손의 팔 또는 손에 쥔 돌을 든 강화된 팔은 자연 망치이고, 나무 손잡이가 있는 돌은 주먹의 가장 단순한 인위적 복제다. 왜냐하면 손잡이 또는 자루는 팔의 연장이며, 돌은 주먹의 대체이기 때문이다. 이는 망치, 도끼류이자 석기시대의 형식들로서 우리는 이들의 중요한 의미를 상기하면서 몇몇 선택한 도구 그림들에 한정할 것이다(그림 1~3).

재료와 사용 목적에서 매우 다양하게 변한 망치의 기초 형식은 무엇보다 대장장이의 돌망치, 산악지역의 '돌망치'(Fäustel)에서 변하지 않고 남아 있으며, 거대한 증기 강철망치에서 아직도 볼 수 있다. 망치는 모든 원시 손도구처럼 기관투사 또는 유기적 형식의 기계적 복제(Nach-formung)이며, 카스파리처럼 말하자면, 인간은 손 숙련성을 통해 강화된 팔 힘을 이 복제를 통해 더 확장시킨다.[2] 가이거는 강연 『인류의 발전사』에서 망치의 중요성에 대한 훌륭한 의견을 제시한다. "오늘날 증기 기관과 과거 돌망치의 대립이 얼마나 큰지 몰라도 처음으로 자신의 손에 돌망치 도구를 든 자는 이를 통해 단단한 껍질을 제거해 열매를 얻었다. 이 사람은 오늘날 발견자에게 새로운 생각의 번뜩임을 안겨 주는 정신의 숨결을 스스로 느꼈을 것이다."[3]

망치 끝부분이 주먹에서 미리 형상화되어 있는 것처럼 도구의 날은 손톱과 앞니 속에 미리 형상화되어 있다. 날 선 망치는 손도끼와 도끼의 변형이다. 날카로운 손톱을 지닌 뻣뻣한 검지는 기술적으로 복제되어 송곳이 된다. 평평한 치아 계열은 줄과 톱에서 발견되며, 움켜쥐는 손과 여닫는 치아 전체는 집게와 바이스로 표현된다. 망치, 손도끼, 칼, 끌, 송곳, 톱, 집게는 원시 도구이며, 이는 '작품을 일구는 도구'로서 국가 사회와 그 문화의 최초의 건립자다(그림 4~6).

---

2) Otto Caspari, *Die Urgeschichte der Menschheit mit Rücksicht auf die natürliche Entwickelung des frühesten Geisteslebens* I, Leipzig, 1873, 210쪽.

3) Lazarus Geiger, *Zur Entwicklungsgeschichte der Menschheit*, Stuttgart, 1871, 87쪽.

칼과 톱

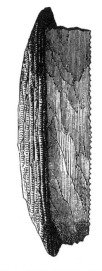

그림 4. 부싯돌 칼   그림 5. 돌톱   그림 6. 사슴뿔 손잡이를 지닌 돌톱

원시적인 손도구, 일종의 기관 자체의 현상

도구 제작이 사용된 재료, 즉 목재, 뿔, 뼈, 근육, 돌, 청동, 철에 따라 어떻게 이루어졌는지는 목재시대, 석기시대, 청동기시대, 철기시대 단계에 따른 발명의 역사가 알려 주고 있다. 돌망치나 철망치 모두 신체기관에서 가져온 형식에 따라 생겨났다. 여기서는 역사적인 순서를 따지는 게 중요하지 않다. 왜냐하면 인간이 원천적인 도구들에 자기 기관 형식을 이전 또는 투사했다는 증명이 중요하기 때문이다. 의식적인 발명보다는 무의식적인 발견으로 이뤄진 도구와 기관 사이의 근친성을 강조하여 제시해야 한다. 인간은 도구 속에 항상 자기 자신만을 투사한다. 기관의

사용 능력과 힘이 강화되어야 하는 상황에서 기관은 그 기준이 되며, 오직 기관으로부터 기관에 일치하는 도구 형식을 제공할 수 있다.

그래서 기술충동의 창조물의 풍부함은 손, 팔, 치아로부터 나온다. 굽힌 손가락은 갈고리, 편 손은 접시가 된다. 칼, 투창, 노(Ruder), 삽, 갈퀴, 쟁기, 삼지창은 팔, 손, 손가락의 다양한 모양으로부터 나온다. 이 기관들이 사냥 도구, 어획 도구, 정원 도구, 밭 도구에 응용된 것은 별 어려움 없이 추적할 수 있다. 그리는 펜이 손가락의 연장인 것처럼 창은 팔의 연장이다. 창은 거리를 좁히고 목표물에 쉽게 접근할 수 있게 함으로써 팔의 힘을 강화한다. 특히 투창은 던질 수 있기 때문에 장점이 훨씬 많아진다.

손가락에서 끝나는 팔은 원천적으로는 맹수와 같은 발톱으로 무장한 손가락을 지니며, 이는 꽂기, 할퀴기, 상처 입히기에 적합한 가장 자연적인 기구다. 그에 따라 나무조각과 뿔조각을 예리하게 다듬거나 뾰족하게 하는 데에 이용된다. 해변은 이 목적을 위해 바다동물의 뼛조각을 제공하고 육지는 동물의 뼛조각, 무엇보다 뿔과 부싯돌을 제공한다. 동시에 부분적으로 불은 나무나 뿔, 돌 조각을 강화하고 작게 만들거나 구멍을 파거나 매끈하게 하는 데 사용된다.

손의 굽은 손가락들은 단단한 바닥을 팔 수가 없었기 때문에 끝이 뾰족한 사슴뿔 조각, 동굴 곰의 아래턱은 그 생긴 모양처럼 손의 연장으로 사용할 수 있었다(그림 7, 8). 이런 첫 번째 필요 때문에 곡괭이가 생겨났다. 각이 있는 철 부분은 손을, 나무 부분은 팔을 재현한다. 슐라이허(A. Schleicher)가 유사한 사물을 표현하기 위해 "기관 자체의 현상 중 하나"란 표현을 사용했는데, 이 표현이 이들에 들어맞는다.

곡괭이

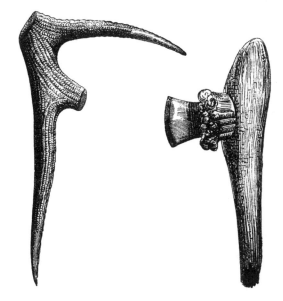

그림 7. 사슴뿔 곡괭이   그림 8. 나무와 사슴뿔에 고정된 돌 곡괭이

셀 수 없이 많은 사례 가운데 고른 사례는 도구의 기초적인 특징이 후대에 변형된 모든 대상에서 다시 인식할 수 있음을 보여 준다.

발전한 상업 산물들은 자신의 출발점과 본질적 의미를 부인하지 않는다. 증기 방앗간과 원시적인 돌 손절구는 빻기 위한 장비다. 둘의 영혼은 맷돌이며, 둘은 오목한 돌과 볼록한 돌을 합친 것이며, 낟알을 빻는 어금니를 대체하는 첫 번째 장비다. 물레방아, 풍차, 증기 방앗간과 같이 변형되면서 이들이 목표로 삼은 것은 바로 맷돌이며, 이것이 철로 된 손절구 형식으로 발전하여 강철판으로 대체되었다 해도 마찬가지다.

언어의 빛 속에서 도구의 탄생

특별히 도구의 탄생에 관해 가이거는 강연집『특별히 도구의 탄생과 관련된 언어의 관점에서 본 인류의 선사시대』(*Die Urgeschichte der Menschheit im Lichte der Sprache mit besonderer Beziehung auf die Entstehung des Werkzeugs*)를 출간했고, 여기서 도구 명명의 뿌리가 원천적인 유기적 활동과 내적인 연관 속에 있음을 설득력 있게 제시했다. 그래서 단어와 이것이 지시하는 사물은 공통적인 뿌리에서 나온다.

학문적인 언어연구의 수준은 알려진 바와 같이 다음과 같다. 그 연구결과들을 통해, 심지어 지질학적인 발견이 있는 경우에도 아프리오리하게 가정한 선사시대의 역사적인 과정들을 사실로 증명할 수 있다. 왜냐하면 어근은 한 언어뿐 아니라 여러 언어들 속에서 단어 친족을 형성하기 때문이다. 어근은 어간 형성이나 언어 친족 형성 과정에서도 계속 살아 있는 뿌리다. 나무 뿌리가 줄기에서 분리되면 이 발생적 고립을 통해 뿌리이길 그치며 나무 조각이나 다름없게 된다. 그처럼 언어에서 진실로 뿌리로 인정되는 것은 언어에서 계속 살아남으며, 그래서 특정 도구를 표시하는 언어 흔적은 아주 오래전 기술적 산물의 사용 및 그 목적과 일치하는 기관 활동에까지 추적할 수 있다. 만약 그렇다면 이는 기술 산물이 기관활동에 의해 생산되고 투사된 것이고, 이 산물의 원시적 형식이 유기체 내면에서 무의식적으로 발견하고 따라 만드는 기술충동에 의해 제시되었다는 증거다. 인간은 자신의 소질을 통해 내면에서 바깥 방향으로 배우며, 사물들이 그의 표상력의 질료인 한에서 바깥으로부터 내면으로의 방향으로 배운다. 마찬가지로 그의 내면으로부터 오는 기계적 형식부여를 위한 본보기 형식[즉 기관 형식]은 그의 형상화 욕구에 제시된다. 신체 유기체, 신체화된 자아-자기는 비자아, 즉 자아에 맞서 있는 것에 대해 내면이다. 이 비자아 속에서 신체 유기체는 자기 사지들의 기계적 강화와 연장을 통해서만 자신을 확장하고 양적으로 늘린다. 여기서 사지가 바로 대체물의 기준이다.

도구, 무기, 기구

가이거에 따르면 인간은 도구, 기술활동 이전에 언어를 가졌다. 그는 다음처럼 말한다. "도구적 활동을 표시하는 단어를 고찰해 보면, 우리는 그것이 자신의 원천적 의미가 아니라는 점, 그 전에 인간의 원천적 기관의 유사한 활동을 의미했다는 점을 알게 될 것이다. 예를 들어 오래된 단어 '갈다'(Mahlen), '분쇄기'(Mühle), 라틴어 mola(몰라), 그리스어 μύλη(뮐레)를 비교해 보자. 고대로부터 잘 알려진 빵의 원료인 낟알을 돌 사이에 빻는 방법은 틀림없이 간단했기 때문에 이런저런 형식으로 원시시대부터 있었다고 가정할 수 있다. 그럼에도 불구하고 현재 도구적 활동을 지칭하기 위해 사용하는 단어는 더 단순한 직관에서 나왔다. 인도 유럽어족에 매우 널리 퍼진 어근 'mal' 또는 'mar'는 '손가락으로 비비다'와 '이빨로 분쇄하다'를 의미한다. 도구적 활동을 단순히 과거의 동물적 활동에 따라 명명하는 현상은 **매우 보편적이다.** 오늘날 이 단어가 지시하는 도구적 활동보다 훨씬 오래전에 명명이 이루어졌다는 것, 인간이 타고난 자연기관이 아니라 다른 기관을 사용하기 전에 이미 이 단어가 존재했다는 사실을 통해서만 나는 이를 설명할 수 있다. 조각(Skulptur)은 어디에서 온 이름인가? 스쿨포(Sculpo)는 스칼포(scalpo)의 변형이며, 처음부터 손톱으로 할퀴는 것을 의미한다."

발견, 발명

"우리는 도구 탄생에서 너무 많이 사유하는 것을 경계해야만 한다. 최초의 가장 단순한 도구들의 발명은 근세의 많은 위대한 발명처럼 우연히 일어났다. 이들은 틀림없이 **발명되기보다 발견**되었다. 난 특히 도구가 결코 가공에 의해서가 아니라 도구를 사용하는 활동을 통해 명명되는 것을 보고 이 관점을 가지게 되었다. 가위, 톱, 곡괭이는 교차하는, 왔다 갔다 하는, 내려 찍는 사물들이다. 도구가 아닌 용기들이 생성적으로, 수동적으로 그 소재에 따라 또는 이들을 제작한 노동에 따라 명명되는 것을 보면 이 언어법칙을 알 수 있다. 예를 들어 가죽 자루는 항상 벗겨 낸 동물 피부로 파악된다. 하지만 도구는 그렇지 않다. 그래서 도구의 명칭은 처음부터 준비된 것이 아니었다. 첫 번째 칼은 우연히 발견된, 유희적으로 사용된 예리한 돌이었을 수 있다."[4]

다른 예로 가이거는 가위를 든다. 이에 따르면 가위는 이중 칼, 두 팔로 자르는 도구이다. 인도인과 그리스인은 서로 근친한 단어를 가지고 있고, 스웨덴어 스캐라(skära)는 낫을 의미한다. 가위와 집게가위가 원시 인도 게르만 유목민 시절에 양털을 자르는 용도로 사용되기 전에 사람들은 양털을 긁어 팠다. 플리니우스는 말한다. "양들이 어디서나 가위로 잘리는 것은 아니다. 많은 곳에서 긁어 파는 관습이 지속되고 있다."(VIII, 2.73) '교차하다'(scheren)는 단어는 '긁어 파다'(scharren), 긁어 파는 동물인 두더지의 고대 독일어 단어인 '스케로'(scëro)와 근친성을 가진다. 따라서 '긁다', '할퀴다', '긁어 파다' 등 단어의 기초 의미에 따라

---

4) 앞의 책, 31~37쪽.

가위가 잡아 뜯기 위해 피부를 긁거나 할퀴는 도구로 파악되었다는 건 신빙성이 있다. "그런 방식으로 우리는 도구의 명명, **도구적 활동 자체가 처음에는 인간 신체로만 가능했던 인간의 움직임이 점차적으로 발전하는 오랜 과정에서 생겨났다고 생각할 수 있다.**"

헬비크(Helwig) 교수가 1874년 말에 독일 로마 고고학 연구소에서 고대인의 집게가위에 관해 행한 강연은 여러 다양한 모델들을 제시하면서 집게가위의 낫 모양에 관한 가이거의 의견을 완전히 확증했고, 매우 이르게 사용되고 잘 알려진 고대 면도칼이 낫 모양이라는 것을 증명했다.

도구의 발전과 기관의 발전

낫 모양의 집게가위로부터 가위가 나왔다는 것은 분명하다. 하지만 유목민 손에 있는 과거의 저 도구와 파울 코네프카의 가위 사이에는 얼마나 커다란 간격이 있는가![5] 가이거는 이 차이를 강조한다. 이 차이는 도구에 '발전'이라는 표현을 적용하여 완전한 진리가 드러날 수 있게 한다. 즉 1차 도구와 2차 도구 사이의 구별이 그것이다.[6] "그 발전을 고찰해 보면, **도구는 경이롭게도 자연기관과 같고,** 그것은 자연기관이 변형되는 것처럼 스스로 분화한다. 도구의 가장 가까운 목적을 도구의 탄생 원인으로 간주하는 것은 도구를 완전히 잘못 이해하는 것이다. 그래서 예를

---

5) 파울 코네프카(Paul konewka, 1841~1871)는 실루엣 예술가로서 검은 종이를 가위로 잘라 흰 바탕 위에 붙이는 활동을 했다.
6) 말하자면 손이 1차 도구라고 한다면, 이를 투사하여 발전시킨 손도구가 2차 도구라 할 수 있다.

들어 클렘(Klemm)은 송곳이 원시시대의 마찰점화도구로부터 탄생했다고 지적했다."[7]

위의 논의로부터 분명해진 것은 다음과 같다. 가이거의 『인간 언어 및 이성의 원천과 발전』과 관련해 슈타인탈(Heymann Steinthal)조차 가이거를 자기 시대의 가장 학식 있는 언어연구자라 불렀다. 이런 가이거의 관점에 따르면 도구는 언어연구의 드높은 재판석 앞에서 보면, 언어 자체와 마찬가지로, 말하자면 인간의 "절대적인 자기생산"이다. 언어는 어떤 사물들이 있고, 사물들이 무엇인지 말한다. 하지만 무엇보다 언어는 언어 자체가 무엇인지를 인간의 최상의 정신적 자기인식으로 드러낸다. 언어 속에 모든 사물들이 지양되어 있다. 이 '지양'이란 단어의 이중적 의미는 보존할 뿐 아니라 드높이고 정신적으로 고양시키는 것을 포함한다. 따라서 우리는 가이거의 관점을 높이 평가할 수밖에 없다. 왜냐하면 우리 신체기관은 원시도구의 도움을 통해 외부세계와의 직접적인 접촉을 넘어서는데, 여기서 원시도구와 신체기관 사이에는 원천적인 형식 일치가 존재하기 때문이다.

가이거가 **도구의 발전**이라 부른 것을 이해하려면, 우리가 추가하겠지만, 동시적으로 진행되는 **기관의 발전**에 관한 고찰이 도움이 될 것이다. 원시인의 손은 틀림없이 문화인간의 손과는 매우 다르다. 왜냐하면 후자의 손은 점차 도구 사용을 연습하고 이를 통해 보호되면서 부드러움과 순발력을 가지게 됐기 때문이다. 손은 거칠고 단단한 물질을 끊임없이 직접적으로 접촉하는 것에서 벗어나 도구의 매개로 더 완전한 기

---

7) Emil Neubürger, *L. Geiger's populäre Schriften*, Frankfurt am Main, 1872, 9쪽.

쐐기와 끌

그림 9. 돌쐐기　　　　그림 10. 돌끌　　　그림 11. 사슴뿔 손잡이가 달린 돌끌

구 제작을 위해 필요한 능숙성을 발전시켰다. 그래서 상호적으로 도구는 자연기관의 발전을, 자연기관은 다시금 더 높은 정도의 숙련성으로 도구의 완성과 발전을 촉진했다.

　　원숭이는 가장 좋은 첫 번째 돌 또는 나뭇가지를 발견된 상태 그대로 손으로 낚아채지만, 이 돌이나 가지는 다른 모든 돌이나 가지와 똑같다. 하지만 원시인의 손에서 돌과 가지는 도구로 이어지며, 먼 미래의 전체 문화도구의 근원세포로 기능한다. 특정한 목적을 위해 그러한 대상을 선택한 것 자체가 이것을 도구 개념에 가깝게 가져간다. 단단한 대상에 있는 날과 돌기 때문에 이 대상을 고통 없이 만지고 보존하는 건 어렵다. 그래서 이들을 무디게 하고 다듬는 것은 자연 대상의 첫 번째 자유로운 변형이라고 할 수 있다.

조작성

이를 통해 첫 번째 도구 제작을 위한 문이 열렸다. 왜냐하면 돌과 가지는 도구의 배아이기 때문이다. 형식과 속성과 관련한 선택에 따라 가지는 막대기, 몽둥이, 창, 노, 활 등 장비 일반이 되며, 돌은 두드리는 손, 자르는 손, 뚫는 손, 가는 손, 매끈하게 하는 손을 도우면서, 나무 손잡이를 달거나 뿔과 조합되어 손으로부터 첫 번째 기준과 비례관계를 가져오게 된다. 도구는 창조적인 손의 본질적 특성들, 그 모양과 움직임 능력을 담을수록 더 **조작**이 쉬워진다.

원시인의 치아와 손톱이 가지는 자연무기 특성에 관해 우리는 어떠한 표상도 가질 수 없긴 하지만, 이것이 쐐기와 끌의 형태로 원시무기 영역에서 어떻게 발전하게 되었는지는 위에서 언급했다(그림 9~11). 자르기, 찌르기, 갈기가 이빨이 작동하는 원상이다. 해당 도구를 가지고 좀 더 쉽게 할 수 있는 것들을 원시인은 이빨을 가지고 힘들게 했다. 예를 들어 매우 다양한 목적을 위해 원시 망치를 변형하는 것에 대해 여기서는 암시만 할 것이다. 왜냐하면 도구의 역사가 아니라 도구의 제작이 자기의식 발전에 어떤 의미를 지니는지를 강조하는 것이 우리의 과제이기 때문이다.

석기시대에는 재료를 쉽게 다듬을 수 없었기 때문에 도끼의 변형은 조금만 이루어질 수 있었다. 돌머리를 깎아 다듬은 측면은 다른 무디어진 끝부분과 함께 망치로 사용할 수 있는 손에 맞는 도끼가 되었고,

그림 13. 갈아서 사슴 뿔 속에 넣은 돌손도끼

그림 12. 손도끼망치

그림 14. 갈아서 사슴 뿔 속에 넣은 돌도끼

그림 15. 사슴 뿔 손잡이가 달린 돌도끼

크기가 커지면 두 손을 써야 하는 도끼가 된다(그림 12~15). 금속 가공
이 이루어지면서 다양한 망치머리를 만들 수 있었다. 뾰족한, 좁게 납작
한 또는 넓게 납작한, 길다란, 길게 뾰족한, 둔각 또는 예각 모양으로 뾰
족한 망치, 삽, 뾰족하거나 좁거나 넓은 곡괭이, 갈퀴 등이 나오고, 손도
끼는 날을 길게 함으로써 칼, 톱, 줄이 된다. 주먹 망치가 팔과 주먹의 단

순한 복제였다면, 언급했듯이 손과 팔의 다양한 모양들은 망치머리의 다양한 변형을 위한 전형이다. 독자들이 유년시절부터 가지던 직관 영역으로부터 1차 도구를 변형한 다양한 결과들을 스스로 추론할 것을 권한다. 무엇보다 나무와 돌로부터 던지는 무기, 즉 투창, 새총, 투석기, 화살과 활, 입으로 발사하는 활, 석궁, 장총, 대포 등이 나오고, 긁어 뽑는 손의 굽은 손가락이 쟁기가 되고, 쟁기가 낫이 되고, 낫이 뽑는 기계로 변형되는 것처럼, 기초 형식 속에 있는 원천적인 활동 개념이 일련의 변형을 통해 자신을 보존한다.

눈에 띄는 이 변형 사례들 중 편 손을 따라 만든 접시만 한 건 없다. 이는 다양한 집과 부엌 도구들의 기초 형식이며, 그 크기 변형에 따라 손가락, 잔, 단지, 통에서 고대 그리스 단지, 꽃병에 이른다. 접시의 첫 번째 형태는 아마도 과일 껍질을 반으로 쪼갠 것이며, 이는 자연기관에 가장 유사한 사물로서 편리한 도움을 위해 선택했을 것이다. 이후 소재를 자유롭게 가공해 잔은 나무 소재로 다듬어지고, 점토 소재로 만들어지고 철 소재로 두들겨지고 틀에 완성된다. 잘 알려진 '일본 박물관'에 있는 전체 다양한 도구들은 편 손, 자연 접시, 즉 손 접시로 환원할 수 있다!

언어연구에서 최고라 할 수 있는 가이거가 쓴 책에서 우리의 의견에 일치하는 언급은 환영할 만하다. "인간이 스스로 마련한 도구를 사용하는 것은 무엇보다 인간의 생활 방식에서 눈에 띄는 중요한 특징이다. 이런 이유로 도구 탄생에 관한 물음은 인간의 선사시대에서 가장 중요한 대상이며, 그래서 나는 원시시대 인간 도구의 특성에 관한 물음을 한편으로는 좁은 의미로, 다른 한편으로는 넓은 의미로 파악할 수 있다고 믿었다. 나는 거침없이 인간이 장비나 도구를 가지지 않고 철저히 자신의 자연기관에만 만족했던 때가 있었다고 주장한다. 이후 인간이 이 기관과 유사하고 우연히 발견한 대상을 인식하여 사용하고, 이를 통해 자신의 자연 도구의 힘을 확장하고, 드높이고, 강화하여 예를 들어 첫 번째 용기였을 텅 빈 식물 껍질을 편 손에 대한 대체물로 사용할 수 있었던 시기가 뒤따른다. 이 우연적으로 기능하는 장비가 흔하게 된 후 창조적 활동은 복제의 길로 들어서게 된다."[8]

여기서 손으로 직접 해결하는 것에서 점차 멀어지는 것을 볼 수 있다. 손도구는 인간의 손에 완전히 의존하고 있다. 그래서 손-톱, 손 송곳, 손도끼, 손망치라 불린다. 기계작동에서 인간 손은 대개는 시작, 움직임의 방향과 정지만을 통제한다. 기계는 손으로 직접 끊임없이 만질 필요가 없다. 쟁기나 낫은 손으로 조작되지만, 빠는 기계에서 손 힘은 인간의 감시와 통제하에 있는 동물 힘으로 대체된다. 하지만 인간 손이 기계작동에서 아예 역할을 하지 않는 것은 아니다. 왜냐하면 활, 소총탄, 난파선에 구원줄을 보내는 활과 같이 기계의 어떤 부분이 완전히 떨어져 나가면, 이 이탈은 일시적이고 가상적일 뿐이기 때문이다[즉 다시 손으로 장전해야 한다].

보호와 강화를 위해 손에 쥔 돌은 자연기관과 직접적으로 하나다. 손은 돌을 쥐고 팔은 필요한 지레운동을 수행한다. 던질 때 다양한 운동의 종합이 들어선다. 손은 잡아 놓으며, 팔 전체를 휘두르며, 신체 전체가 구부리고 뻗는다. 기계는 다르다! 하지만 기계도 그 다양한 단계의

---

8) Lazarus Geiger, *Ursprung und Entwicklung der menschlichen Sprache und Vernunft*, Stuttgart, 1868, 41쪽.

III. 첫 번째 도구 85

발전을 통해 첫 번째 탄생 때 가지고 있던 신체 기관과의 외적인 일치로부터 벗어난다 해도, 그 자체 속에 기계 형태가 계속 변화해 간다 해도 구약성경의 골리앗이 굴복한 [다윗이] 던진 돌부터 뢰첸 전투의 세계사적인 소총탄에 이르기까지 불변하는 것은 존재한다.

형식 및 기관의 운동법칙을 기계 장비에 무의식적으로 전이함

기계 설계를 하면서 자기 신체 유기체의 통일적인 신체 사지라는 모형에 맞게 생명이 없는 기계의 부분들을 통일적인 목적하에 작동하도록 조립하려면 인간은 무의식적으로 자기 자신을 원형으로 삼아야 하며, 이제 이 점을 설명할 것이다.

미개인의 가장 단순한 기구와 현대 문화의 가장 복잡한 기계가 만나는 민속 박물관과 세계 박람회에서 도구 발전의 진로는 관람객이 보기에 외관상 명백해 보인다. 기구를 위해 가장 많이 사용된 재료 및 지배적인 보편 생활 설비들의 특성에 따라 일정한 문화생성적 시기가 규정되며, 각 시기는 초가시적인 질서에 대한 욕구를 지니는 것처럼 보인다. 석기, 청동기, 철기시대로 구분하며, 유목민의 가축 사육 이전에 수렵생활 시기가 선행하며, 정착지와 농업 시기, 그리고 기술과 학문으로의 이행 시기가 뒤따른다. 하지만 이처럼 점진적으로 구분하는 시대의 규칙적인 순서는 여기서 받아들이지 않기로 한다. 왜냐하면 정착 생활로 가지 않은 유목민들도 있으며, 유목민 생활을 거치지 않고 농업 민족이 된 수렵민족들도 있으며, 비슷하게 금속이 풍부한 대신 부싯돌이 부족해 어려움을 견뎌야만 했던 지역의 거주자들에게 석기시대는 존재하지 않았기 때문이다.

지금까지의 논의는 명백한 사실을 통해 적어도 첫 번째 손도구가 최대로 가능한 형식 유사성의 방식으로 기관의 움직임을 도왔고 이 기관의 동종적 확장 및 강화라는 점을 증명할 수 있는 여건을 마련했다. 완전한 증명은 '순차적인' 논의를 통해 이루어져야 한다.

지금까지는 대개 형식만을 논의하고 기관 움직임에 대해서는 부차적으로만 언급했으나 이제부터는 후자에 집중할 것이다. 자연인간은 **기관의 운동법칙**이나 이것이 복제품으로 전이되는 것을 의식하지 못한다. 이 운동법칙은 질료에, 즉 도구로 실현되어 인간 목적에 유용한 질료에 정신적 입김을 불어넣는다. 그래서 기술작품과 기계작품은 자신의 원천, 즉 인간 신체 기관, 그리고 기관을 따라 만든 첫 번째 도구에 대한 기억을 보존하고 있으며 인간은 자신으로부터 나온 인공물, 즉 기준이 되는 기관에 따라 스스로 제작한 인공물과 내적인 관계를 맺고 있다.

도구와 그의 창조자가 기관투사를 통해 지니는 이 내적 공속성에 대한 중요한 증명은 아돌프 바스티안이 『지구의 다양한 민족들의 법적 관계들』의 첫 부분에서 제시하고 있다.[9] "다른 동물과 달리 생존 보존을 위한 수단이 자연으로부터 주어지지 않은 허약한 인간은 처음부터 환경과의 투쟁에서 승리하기 위해 기술, 즉 자기 정신의 발명 활동에 의존한다. 인간은 사냥과 어획 무기를 완성하고 **자신이 만든 이 작품을 자기 자신에 속한 것으로 간주하고 자기 것이라고 부른다**.""그래서 무기 자체의 소유로부터 사냥과 어획, 그리고 무기를 발명하게끔 한 동물에 대한 자연스런 권리가 도출된다"고 바스티안이 추가한다면, 무기, 그리고

---

9) Adolf Bastian, *Die Rechtsverhältnisse bei verschiedenen Völkern der Erde*, Berlin, 1872, 1쪽.

인간이 이를 손에 쥐고 움직일 때 비로소 생기는 소유는 말하자면 전체 살아 있는 피조물에 대한 권리를 가지는 것처럼 보인다. 인간 자신과 도구의 결합을 이보다 더 의미 있게 파악할 수는 없다. 기관투사가 중요한 증거 기능을 수행하는 한도 내에서 우리는 더 상세한 사유를 진행할 수 있다.

무기에 대한 것은 모든 도구에 대해서도 동일하게 적용된다.

예외 없이 전체 손도구는 손을 통해 직접 움직인다. 손의 참여가 손 송곳과 기계 송곳을 구별한다. 손도구의 운동은 손과 팔 운동의 연장이다. 여기서 손과 팔 운동이 기술적 도구와 결합하여 기관을 연장하게 된다. 기술적 연장은 자연도구 움직임에 부가된다. 조작이 더 쉬워질수록 도구는 손의 움직임에 더 잘 맞춘다.

신체적 운동기구가 뒤따르는 유기적 규칙이 도구나 기계에 적용되면, 이를 '기계 법칙'이라 부른다. 이 표현은 조심스럽게 받아들여야 한다. 왜냐하면 내부로부터 분절화되어 성장한 유기체(Organismus)는 자신의 고유한 힘이 완성된 작품이기 때문이다. 반면 외부로부터의 조합을 통해 발생하는 기계체(Mechanismus)는 인간 손이 만든 제작물에 불과하다. 유기체는 전체 세계처럼 **자연**(Natura), 생성하는 것이지만, 기계는 만들어진 완성품이다. 유기체가 발전이자 생명이라면 기계는 조합이자 생명 없는 것이다. 가방에 넣고 다니는 코르크 따개와 유기적 자기활동의 통합적 사지인 손목을 구별하지 않으려는 이들만이 이에 동의하지 않을 것이다.

들어올리는, 자르는, 두드리는, 돌리는 운동을 실행하기 위해 손이 **자기 위주로** 대상을 **다루게** 되면, 대상은 형태와 반발력에 따라, 그리고 팔과 손 운동의 특성에 따라, 손이 가하는 것에 맞춰 반응하게 된다. 손이 대상을 "자기 위주로" "다룬다"(sich befasst)고 말할 때, 이는 그것을 단순히 "움켜쥐거나" "만지는" 것이 아니다. 이 재귀적인 '자기 위주로'는 도구로 [제작하기 위해] 선택한 대상과 기관 사이의 일치를 의미한다.[10] 개코원숭이도 종종 돌을 움켜쥐며 이를 던진다. 하지만 이 움켜쥠과 던짐은 항상 동일한 방식으로 반복되는 움겨쥠이자 던짐, 앞으로 던짐과 멀리 던짐이다. 개코원숭이는 던짐으로써 인간적인 것, 즉 도구에 가까이 다가오지만 곧 던짐과 동시에 다시금 출발점으로 돌아간다. 하지만 인간은 '자기 위주로' 돌을 만지고 반복적으로 움켜쥐면서 돌을 조작해 사용하게 되고 자신을 돌로 무장한다. 땅에서 돌을 들어올리는 것(Aufheben)은 곧 부정이자 의도한 사용을 위한 보관이다. 그렇기 때문에 인간은 그러한 돌을 계속 지니며, 그것을 무기이자 돌로 사용한다. 개코원숭이의 돌 던지기는 오늘날에도 수천 년 전에도 동일한 과정이지만, 원시인의 손에 의한 돌 던지기는 도구 및 기계세계를 발생시켰다.

들어올리는 손이 자기 위주로 막대기를 다루게 되면, 손은 막대기를 들어올리고, 지레가 되어 손에 있는 날카롭고 뾰족한 돌을 자른다. 이 손이 막대기를 돌리면 칼, 톱, 송곳이 된다. 왜냐하면 자르거나 돌리는 손목의 원운동은 잡은 대상에서 자르거나 돌리는 운동을 계속해 대상을 칼, 송곳, 못으로 변형하기 때문이다. 지레는 그 원천에 따라 들어

---

10) 여기서 재귀적인 표현인 'sich befassen mit'는 보통 '~을 다루다'를 의미한다. 여기서 이 표현은 단순히 사물을 다루는 것이 아니라 사물을 인간의 신체 기관 모양으로 바꾼다는 것을 의미한다. 그래서 재귀적 의미의 'sich'를 '자기 위주로'라고 의역한다.

올리는 팔(Hebelarm)이라고 언어로 표시한다. 치아로 부수는 것이 모든 맷돌보다 앞서듯 팔로 들어올리는 것이 모든 지레보다 앞선다. 도구를 가지고 움직이는 것은 유기적 운동이 그 원천이며, 유기적 운동을 지칭하는 원천적 표현이 이에 해당하는 기계를 지칭하는 표현의 뿌리다.

유기체 설명을 위해 기계를 회고적으로 사용함

자연기관과 기계적 복제 간의 본질 관계는 특별히 소위 기계학의 기초법칙을 표현하는 이름들을 보면 알 수 있다. 기계의 내용은 알려진 바와 같이 균형 및 사물에 관한 운동 이론이다. 물론 운동역학이론으로서 기구학적인 측면을 유기적 신체 움직임에 직접 적용할 수는 없지만, 이 측면은 유기적 움직임을 설명하기 위한 필수 도움 수단으로 사용할 수 있다.[11] 심리학적인 사실들은 항상 순수 기계 법칙만으로는 드러낼 수 없는 뭔가를 지니고 있다. 이 차이는 일반적으로 유기적 세계상과 기계적 세계상, 특수하게는 도구로서의 손과 손도구 사이에 존재하는 차이다.

기계학의 기초법칙

언급한 바에 따르면 유기적 운동이 그대로 육화된 것이 원시적인 도구들이며, 그래서 이 유기적 활동을 지칭하는 단어(nomen agentis)가 투사된 대상에 적용되어 매우 학문적인 의미에서 물리현상을 지칭하는 단어가 되는 것은 당연하다. 들어올리는(sich heben) 팔의 힘은 다양한 도구 개념의 기준이 되는 것으로서, '지레'(Hebel)라는 이름을 익숙한 작업도

---

11) 기구학(Kinematik)이란 기계 설계, 기계 디자인을 위한 이론이다.

구에 부여한다. 마찬가지로 돌리는(bohrende, schraubende) 손의 움직임은 드릴(Bohrer)과 나사(Schraube)의 나선형 홈에서 재등장한다. 또한 왔다 갔다 '매달려 있는' 팔은 진자의 원형이다. '팔의 진자 운동'에 관해 이야 기하면서 헤르만 마이어는 『인간 골격체계의 정역학과 기계학』에서 의 미심장하게 언어적 기원관계를 강조한다. "각 팔이 뒤로 진자 운동하고 동시에 발이 앞으로 움직이고, 그 다음 각 팔이 앞으로 진자 운동하게 되 면 발은 뒤로 움직인다. 이 진자 운동을 통해 앞과 뒤가 균형을 이루며, 이 균형은 앞으로나 뒤로 움직이지 않는 직립을 쉽게 가능케 한다."[12] 마찬가지로 헤르만(『인간 생리학 기초』)은 모든 기계보다 유기체의 우선 성을 인정하면서 발의 진자 운동을 언급하고 있다.[13] 유기체가 결코 기 계법칙의 명료한 적용을 받는다 해도 기계가 될 수 없는 것과 마찬가지 로 기계 또한 유기적 운동 과정을 이식받는다 해도 유기체가 될 수는 없 다. 왜냐하면 관절의 구부림은 근육수축으로 이어지고, 이는 혈액순환, 신경회로, 감각, 무의식적이고 의식적인 표상, 무의식적이고 의식적인 의지로 이어지며, 자아로 승화되는데, 자아의 중심적 힘의 완성 아래 있 는 놀라운 조화가 유기적 전체 활동에서 이루어지기 때문이다. [하지만 기계에는 자아를 중심으로 한 유기적 조화가 존재하지 않는다.]

우리가 손도구의 모범이라고 인식한 원천은 생리학적 탐구 대상이 다. 근원인상이 처음으로 등장하고 나서 첫 번째 도구가 손으로부터 생

---

12) Georg Hermann von Meyer, *Die Statik und Mechanik des menschlichen Knochengerüstes*, Leipzig, 1873, 320쪽.

13) Ludimar Hermann, *Grundriss der Physiologie des Menschen*, Berlin, 1870, 277쪽.

겨나기 전까지는 긴 시간이 지났을 것이다. 오랜 시간 동안 도구는 점진적인 완성에 도달해야만 했다. 그래야만 인간 신체에 대한 앎이 발전하여 생리학을 통해 도구의 특징, 목적, 사용 결과 등이 이러저러하다는 설명을 하면서 도구가 인간 자신의 사지와 일치한다는 점을 보여 줄 수 있다.

생리학에서 기계학의 언어

이에 따라 생리학적 규정을 위해 기계학에서 쓰던 일련의 도구 이름들이 그 부차적인 명칭과 함께 원천으로 다시 이동하게 된다. 그래서 관절운동에 관한 기계학에서는 지레, 경첩, 나선, 축, 끈, 나선축, 암나사 등의 개념들이 관절을 지칭할 때 중요한 역할을 담당한다.

자의적인 비교를 통한 비판을 물리치고 독자에게 기계학 개념이 유기적 영역에 정착했음을 증명하기 위해 생리학 영역에서 이에 대한 증거자료들을 보여 줄 수 있다. 분트의 『생리학 교재』에 따르면 관절운동의 주요 형식은 다음과 같다.[14]

a) 관절 **수평축** 또는 마주보는 뼈들의 축과 **수평적**이거나 그것에 이어지는 수직축 중심의 원환운동으로서 **고정축 중심의 회전**이다. 첫 번째 관절은 **경첩** 관절이고 두 번째는 회전 관절이다. 경첩 관절의 중요한 형식은 나사-경첩으로 이는 팔꿈치 관절이며, b) 두 개의 **고정축 중심의 회전**이다. 서로 직각인 두 방향에서 관절 끝 표면이 서로 매우 다른 곡

---

14) Wilhelm Wundt, *Lehrbuch der Physiologie des Menschen*, Erlangen, 1865, 678쪽 이하.

률을 지니는 모든 관절이 이에 속한다. 여기서 표면이 두 방향에서 동일한 곡률을 지니며 그것(곡률 반지름)의 각도만 다르거나 또는 표면이 두 방향에서 서로 다른 모양의 굴곡을 지녀, 하나에선 **볼록**하고 다른 하나에선 **오목**하다. 후자는 안장관절이라 하는데, 이는 c) 특정 방향으로 움직이는 축 중심의 회전으로, 나선 관절이다. 인간 골격에서 이 관절의 모형은 무릎 관절이며, 이는 d) **고정점 중심의 회전**이다. 이 관절은 가장 자유로운 운동을 허락한다. 여기에는 구(球) 관절만이 속하며 고관절과 어깨관절이 있다.

피어오르트(K. Vierordt)는 경첩관절의 변종으로 나사경첩관절을 들고 있다. "발목관절의 나사모양이 가장 두드러진다. 발목은 **나사축** 역할이고, 정강이는 **암나사** 역할이다. 오른쪽 관절은 왼쪽으로 감긴 나사와 일치하며, 그 반대는 다른 방향의 나사와 일치한다. 나사모양은 일반적으로 거의 드러나지 않는다. 즉 관절이 그 일부를 이루는 나사선 높이는 매우 낮다. 팔꿈치 관절 또한 나사 경첩 관절에 속한다." 보충을 위해 헤르만(L. Hermann)이 자신의 『골격 역학』(*Mechanik des Skeletts*)에서 "관절, 정지 및 제동 메커니즘, 균형 조건, 전체 신체의 능동적 이동"에 관해 말한 것을 이와 비교하면 좋다.[15]

인용한 권위자들에 힘입어 도구를 명명하는 것, 원형과 그 복제물을 동일한 단어로 통일적으로 명명하는 것에 있어 어깨에서 손가락 끝

---

15) Wilhelm Wundt, *Lehrbuch der Physiologie des Menschen*에서 재인용. 피어오르트의 말은 107쪽, 헤르만의 말은 267쪽에서 재인용.

에 이르기까지 모든 관절 운동이 구성적 의미를 지니고 있음을 밝혔다. 관절운동에 대한 물리학적 설명은 다른 설명과 궤를 같이한다. 무엇보다 **힘의 평행사변형** 법칙은 근육의 이식과 동일한 연관을 지닌다. 이 법칙이 유기적으로 [먼저] 실현되어 있지 않았다면 이는 기계학에서도 일어날 수 없다. [무의식적으로] 도구에 형식을 부여하는 것은 법칙의 형식화에 선행한다. 이 법칙은 [기관투사가 제공하는] 형식의 무의식적인 지침금으로 경험되고 인식된다. 왜냐하면 투사의 본질은 주체의 진보하는, 대개는 무의식적인 자기외화 과정이며, 이 외화의 개별 활동은 항상 동시적으로 의식되지 않기 때문이다.

　분리하는 도구, 자르는 치아의 원천적인 유기적 원형이 형식적으로 유사한 돌 파편에서부터 조각가의 끌, 나선축으로 응용되기까지, 이들의 거듭된 사용이 힘의 분산 법칙을 이해하는 데에 얼마나 많은 변화와 실험을 거쳐 왔는가!

　유기적 투사가 도구에 형식을 부여한다는 것은 이제 증명된 것으로 간주해도 된다. 하지만 이 투사가 힘 작용에 일정한 형식을 부여한다는 점은 뒤에서 다룰 것이다. 이를 통해 인간이 계속 사물의 척도라는 문제의 진리가 강조될 것이다.

　이 문장의 설명이 모든 인식의 내용이다. 물질적이고 관념적인 넓은 의미에서 '척도'는 세계와의 **관계 맺음의 전형적인 기초**라 할 수 있다.

IV. 사지척도와 척도

사지와 그 차원인 사지척도

우리의 탐구는 이제야 오늘날 문화의 엄청난 도약으로 이어지는 입구에 서 있다. 척도 개념은 일단 일상적으로 이해하는 척도(Maß)와 무게로만 한정한다면 도구 영역의 한계를 아직 벗어나지 못한다.

발(피트), 손가락과 그 지체, 엄지손가락, 손과 팔, 한 뼘, 보폭, 두 팔 간격, 손가락과 머리 길이, 이는 **길이척도**다. 한 움큼, 한입, 주먹 크기, 머리 크기, 팔과 다리, 손가락, 엄지손가락, 허리두께는 **부피척도**와 **공간척도**다. ['한눈에 알아보다' 할 때의] 한눈은 **시간척도**다. 짧게 사라지는 순간을 지칭하는 한숨은 젊은이나 늙은이나, 미개인이나 문화인간이나 자연척도로 변하지 않고 사용하고 있다. 카르스텐(G. Karsten)은 다음처럼 말한다. "인간은 무의식적으로 자신의 **신체를 자연의 기준**(Maßstab)으로 놓으며 어렸을 때부터 이 기준을 사용하는 법을 배웠다. (…) 이제 우리에게 완전히 낯설게 된 이 크기 측정법은 완전히 사라져 버렸다. 이를 위해선 동일한 배움의 시간을 다시 한번 거치는 것이 필요하다. 나는 여러 척도들을 다뤄 왔지만 미터법을 사용할 때는 항상 모국어로 먼저 생각하고 그 생각을 부족하게 배운 외국어로 번역할 때처럼 느낀다는 것을 인정한다. 우리는 우리의 옛 척도표상을 항상 미터법으로 번역해야만 하며, 지금의 젊은이들은 미터법으로 사유하는 법을 배워야 한다."(「척도와 무게의 과거와 현재 체계」)[1]

길이척도, 길이척도를 공간 및 신체로 전이함

대부분의 민족은 여러 길이척도 중에서 발과 발꿈치를 고정적인 단위인 **척도**로 발전시켰고, 이를 공간, 신체에 적용함으로써 **부피척도, 공간척도, 무게척도**로 사용한다.

손과 셈법

동일한 종류의 척도들을 측정하는 표현인 수는, 오늘날 셈을 보조할 때처럼, 다섯 손가락으로 세었다. 다섯 손가락으로 세는 것을 나타내는 그리스 단어는 펨파제인(πεμπάζειν)으로 '다섯을 셈'을 의미한다. 열 손가락은 십진법을 제공하며, 열 손가락에 두 손을 더하여 십이진법이 이루어진다.

콘라트 헤르만(Conrad Hermann)은 황금 비율에 관한 차이징(Adolf

---

1) Gustav Karsten, "Maß und Gewicht in alten und neuen Systemen", in *Sammlung gemeinver-ständlicher wissenschaftlicher Vorträge*, hrsg. von Virchow und Holzendorff, Bd. 6, Berlin, 1871, 25쪽.

Zeising)의 저작을 비판하면서 우리의 수 체계 탄생에 관해 언급하고 있다. 이에 따르면 수 자체로부터 오는 직접적인 필연성은 없으며, 10은 전체 숫자체계의 완벽한 통일 또는 질서를 제공하는 기본수이며, 수를 세는 것은 처음에는 인간의 주관적인 정돈 법칙에 불과하다.[2]

이렇게 본다면 셈법이 주관의 임의적인 발명에 지나지 않아 이것은 동일한 오류에 빠져 있었던 언어의 탄생처럼 다른 방식으로 될 수도 있었다고 오인할 수도 있을 것이다. 하지만 논문의 저자는 다음과 같이 덧붙인다. "이렇게 적응한 직접적인 계기는 우리 손가락 수에 있다. 경험에 따르면 모든 민족이 손가락을 셈의 자연적 수단 또는 기관으로 사용했고, 숫자는 이것과 결합해 있었다." 이러한 관점은 저 의문에 확고한 답변을 제공한다. 이 관점은 정확히 표현하면 인간의 주관적인 정돈 법칙이 아니라 보편적으로 타당한, 틀릴 수 없는 유기조직에 기초하고 있다. 유기조직인 손가락에 따라 10을 세는 것은 절대적인 자기생산인 셈이다. 헤르만이 다음처럼 말할 때 그의 권위는 더욱더 높아진다. "하지만 이 유기적 법칙의 기초는 단순히 내적이거나 주관적이지 않고, 외적이고 객관적이기도 하며, 10이란 숫자는 우리를 둘러싼 전체 현실의 내적인 구분을 위해 매우 중요하고 결정적인 의미를 가진다고 가정해도 된다."

도구와 장비의 원천인 손에 손이라는 척도 외에도 셈법의 기초준칙이 들어 있을 수 있다. 도구에 투사하는 동시에 손은 자신에게 자연적

---

2) Conrad Hermann, "Das Gesetz der ästhetischen Harmonie und die Regel des Goldenen Schnittes", *Philosophische Monatshefte* 7, Berlin, 1871/72, 18쪽.

으로 있는 척도와 숫자까지도 투사한다. 사물을 붙잡고 이들을 자기 위주로 다루는 기관으로서 손은 동시에 표상의 구별 및 정신적 파악을 본질적으로 지탱하는 기관이면서 손 조직의 무한한 풍부함으로부터 전체 문화세계를 제공한다. 엄지손가락이 세계사를 만들었다는 표현은 역설이 아니다. 왜냐하면 엄지손가락이 손, 즉 정신 명령의 실행자이기 때문이다.

수공업, 행위, 무역, 수 단위, 척도, 무게, 숫자, 계산 등이 손에서 유래한다. 손이 실행하는 모든 것이 넓은 의미에서 '행위'다. 이 관점을 허용한다면 손은 행위를 통해 고유하고 상징적 의미에서 윤리적 영역까지 뻗어 나간다. 자신의 형상에 따라 도구를 창조한 동일한 손이 도구를 경제적 도구로, 무기로 사용하고, 이를 '손에서 손으로' 이어지는 교환 속에서 주고받으며 이를 예술, 종교, 학문 목적으로 변형한다.

손은 홀로 존재하는 것이 아니라 지체로, 즉 내부로부터 자신을 생산하는 살아 있는 지체 전체의 기관이다. 이 지체 전체에서 작은 부분은 큰 부분을 통해 보존되며, 큰 부분은 작은 부분을 통해 드러난다. 이와 달리 외부로부터 조립된 기계는 조각 또는 **부분**을 가지며 **지체**를 가지지 않는다.[3]

이후에 유기조직의 모든 힘들이 동시적으로 투입되는 손 활동을 자세히 알아볼 것이다. 우리의 다음 고찰은 특별히 척도, 즉 중요한 의미에서 기준(Maßstab)으로서의 피트(Fuß)다.

---

3) 전통적으로 '지체'(Glied)는 유기체의 구성부분을 지칭하는 표현이고, 부분(Teil, Stück)은 기계의 구성부분을 가리킨다.

가장 중요한 척도인 피트

'피트'를 사라지게 한 새로운 국제 미터 규격을 암시하면서 카르스텐은 척도 단위들이 고대 시기부터 알려진 가치로부터 멀어지는 것을 결정적인 실수라고 부르면서 "우리가 신체사지, 예를 들어 발을 어느 정도 타고난 기준으로 사용할" 권리를 인정한다. 이에 나는 완전히 동의한다. 나는 이 관점을 완전히 확증하기 위해 "어느 정도"라는 표현에 놓인 '제한'을 '강조'로 대체할 수 있으며, 그래서 발은 **현실적이고 진실로** 우리에게 타고난 기준이라고 말하고 싶다.

피트와 현대 척도 및 무게체계와의 관계

기준으로서의 피트의 의미는 강력하다. 두 다리로 걷는 인간이 있는 한, 발 길이라는 기준은 사라지지 않는다. 피트는 그 자체로 자연과 역사를 지닌다. 이 역사에 따라 보자면 천문학적인 거리로부터 가져온 미터 척도는 영원히 젊다고 할 수 있는 피트 기준으로 환원되기 때문에 이것의 엄격한 학문적 위장에 불과할 정도다. 피트가 각 발전에서 얼마나 결정적으로 드러나는지는 "자연적 척도체계와 무게체계에 관한" 다음의 언급이 보여 준다. 근세 프랑스의 유명한 국민경제학자인 뒤 메닐-마리니는 자신의 『정치적 교리문답』(*Catechisme politique*)과 『고대 국민경제학의 역사』(*Geschichte der Volkswirtschaft der Alten*)에서 다음처럼 서술한다. "자연 척도와 무게체계는 철저히 프랑스가 아니라 고대 그리스인의 발명이다. 그리스의 암포라(Amphora)(26리터), 즉 부피척도는 그리스 피트(0.296미터)의 정육면체와 같다. 그리스 탈렌트, 무게단위와 (은으로 된) 화폐단위는 26리터의 무게, 또는 물 1암포라의 무게를 가진다. 그래서 당시 체계가 현대식 체계보다 무게와 화폐가 동일한 원칙에 기초를 두고 있으며, 동일한 이름을 지닌다는 점에서 장점을 지닌다."[4]

이에 따라 '자연적인' 척도체계와 무게체계는 우선 신체기관에 따른 규범이며, 지구 사분면에서 가져온 물리학적이고 천문학적인 규정에 따른 것이 아니다.

인간의 신체사지는 이미 봤듯이 다양하게 변하는 척도 규정, 즉 시간에 따라, 공간적 욕구에 따라 좋다고 여기는 여러 척도 규정들을 축소하는 용도로 존재할 뿐 아니라 국제적으로 공통적인 척도단위로 계속 사용되고 있다.

도구, 예를 들어 망치는 자연기관의 작은 복제다. 이에 반해 직접적으로 존재하는 척도는 신체 또는 그 사지의 차원들 중 하나에 불과하다. 손 또는 발이 **자연적으로** 대상에 적용되면, 이들은 측정하는 손 크기 또는 발 길이가 된다. 이 방식은 관, 막대기에 반복적으로 적용되면서 첫 번째 기준, 첫 번째 측정막대를 정하게 되는데, 이는 지속 및 합목적성에 비춰 '기준'으로서 조작하기 쉬운 형식을 갖추게 된다. 기준이 단순히 기관의 신체화된 차원이라면 도구는 기관 자체의 대체다. 도구의 도움으로 손은 유기적 원형을 기술적으로 복제하는 가운데 원천적으로는 형식적 동일성에서 멀어지게 되고 종종 형식 유사성을 전혀 인지할 수 없는 다른 도구를 제작하기도 한다. 하지만 그렇기 때문에 더욱더 이들 도구는 기관투사다. 왜냐하면 투사는 너무 유기조직을 충실하게 모방하는 데에 덜 관심을 가질수록 더 순수하고 정신적으로 투명하게 유기

---

4) Jules du Mesnil-Marigny, "The Economy of the Ancients", *Sonntagsblatt*, Nr. 11, 1873.

조직의 본질적인 관계와 비례를 직관적으로 보여 줄 수 있고, 그래야만 더 투사가 더 고차적이라고 할 수 있기 때문이다. 기준으로서 피트는 인간 발 모양에서 멀어져 발의 여러 차원 중 하나를 구체적으로 추상한 것이다. 기준으로서 도구가 되어 버린 자는 다른 도구를 제작하고, 기계나 집을 짓는 데 도움을 준다.

발걸음 측정과 도구를 통한 측정

도구는 다른 도구를 낳는다. 한편으로는 원시적인 손도구의 소수 형식들, 다른 한편으로는 과학적 영감을 받은 무한한 다수의 문화 장비들을 통해 우리는 상호적인 진보관계를 인식할 수 있다. 유기적 발전이론은 단계의 측면에서 보면 이 진보관계에 완전히 적용된다. 예를 들어 발 측정과 도구를 통한 측정 사이의 틈을 푀르스터(Wilhelm Förster)는 천문학적인 공간 및 시간계산과 관련하여 다음 사례를 통해 잘 보여 준다.

"아리스토파네스의 희극에서 누군가는 10피트 길이의 그림자를 식사에 초대했다. 이것이 인간 그림자에 일치하는 원주의 그림자 길이에 해당한다면, 이는 아테네 지역에서는 계절의 구별과 상관없이 일몰 전 한 시간 30분 전 정도였을 것이다."[5]

---

5) "가난한 사람들은 자신의 몸을 시계로 사용했다. 아리스토파네스의 『여인들의 민회』에는 프락사고라가 남편 블레피로스에게 하인들이 모든 일을 마쳤으니 그림자의 길이가 10피트가 되면 식탁으로 와서 식사를 하라고 이야기하는 장면이 나온다. 여기서 그의 몸은 시곗바늘 역할을 하는데 그림자가 정오까지는 줄어들고 정오에서 저녁까지는 점점 늘어나기 때문이다. 그림자의 길이는 상대의 맞은편에 서서 발걸음으로 재었다. 슈투트가르트 고등학교의 교사 구스타프 빌핑어는 1886년에 그림자 길이가 10피트가 되는 것은 한여름 아테네의 위도 기준으로 4시가 조금 지난 오후라는 것을 발견했다." 알렉산더 데만트, 『시간의 탄생』, 이덕임 옮김, 북라이프, 2018, 136~137쪽.

"이제 이 누군가가 시계를 꺼내는 것을 봤다면, 저기서 점심 식사에 초대된 이는 아마도 참을성 없이 자신의 그림자로부터 벗어나는 것을 봤을 것이다."(「시간척도와 천문학에서 그것의 지배에 관하여」)[6]

달력

하지만 저자는 시간 측정 도구의 발명사에서 가상적인 대립을 강조하는 부분을 서술하면서 공공 장소에 비친 원주의 그림자, 해시계, 모래시계, 물시계, 무게시계, 진자시계, 기둥시계, 시간측정시계를 설명한 후 발 길이에 따른 그늘로부터 벗어나 우리가 이미 유기적 힘의 투사라고 배운 지레, 나선, 진자 등 기계의 추가와 결합을 통해 측정 기술과 학문에서 확장이 어떻게 일어났는지를 보여 준다. 그에 따르면 우리는 달력에 따라 천문학적인 공간과 시간만을 측정하는 게 아니라 감각, 표상의 형성조차 측정하기 시작했다. 이는 인간의 근원 척도를 얼마나 경이롭게 변형한 것인가!

인간은 척도와 수를 통해 탐지하며, 사물을 지배한다. 원시적인 도구, 집게는 담고 고정하는 데 사용되며, 경우에 따라서 이를 위해 동물의 발톱을 사용하기도 했다. 하지만 손 안에 쥔 측정도구, 수를 세는 도구, 시간공간과 공간시간을 달력에 고정하기 위한 시계를 통해 인간은 자신의 최고의 과제에 도달한다. 이 과제란 측정하는 자(Messender)라는 산

---

6) Wilhelm Förster, "Über Zeitmaße und ihre Verwaltung durch die Astronomie", in *Sammlung gemeinverständlicher wissenschaftlicher Vorträge*, hrsg. von Virchow und Holzendorff, Bd. 1, Berlin, 1866, 21쪽.

스크리트 어근에 따라서 보자면 **측정자**(Ermesser)와 **사유가**(Denker)이다!

그래서 발은 자립성의 상징, 홀로 설 수 있음과 갈 수 있음의 기관이면서 측정 도구, 기준이 되며, 손의 손가락은 셈법을 통제한다. 이 셈법은 자체로 특수한 도구로서가 아니라 십진법적인 수치로서 다양한 목적의 도구 제작과 문자의 기호를 통해 표현된다.

V. 장비와 도구

가장 원시적인 망원경

지금까지 집중했던 영역인 신체 조직의 사지인 '손과 발'에서 이제는 중간지체인 감관을 고찰할 것이며, 이는 내부신경세계를 외부세계와 매개하는 두 세계의 경계에 놓여 있다. 이전 고찰에 이어 **시각**을 고찰할 것인데, 이것의 조절은 직접적으로 척도나 수의 지배 아래 이루어진다. 눈은 빛 기관이며, 모든 **광학 장비**의 원상이다.

첫 번째이자 가장 단순한 형식의 시각도구에 대해 프리드리히 폰 헬발트는 다음처럼 말한다. "점점 더 바빌론인, 이집트인, 그리스인은 하늘에 그려져 있다고 생각한 기하학적 형식에 따라 별들의 거리, 지상의 거리를 계산할 수 있었다. 우리가 박물관에서 그림을 종이로 만든 관을 통해 보는 것처럼 이미 수천 년 전에 감각지각은 눈이나 긴 관을 통해 별을 관찰할 수 있었다."(「선사시대의 인간」)[1]

이 관은 다른 가리개가 없을 때 눈앞에 필수적으로 만든 관 모양의 손을 기계적으로 확장한 것에 다름 아니다. 손 가리개 자체도 눈에 있는 자연 덮개 장치의 강화이다. 둥글게 만 손을 확장하는 관은 가장 원시적인 **망원경**이며, 이것의 완성은 유리의 발명 및 이것의 가공 기술 발전을 통해 이루어진다.

렌즈, 돋보기, 눈 수정체의 무의식적 복제

이 당시 고대에는 이미 우연히 구형 모양의 유리 조각이 작은 물체를 크게 보이게 한다는 것을 지각했다. 칠너(J. Zöllner)는 자신의 물리학의 역사에 관한 책에서 세네카가 물이 담긴 유리구가 크게 보이게 하는 속성을 지닌다는 것을 알았다고 언급한다.[2] 고대 그리스 석공의 정교한 작업은 확대하는 유리의 도움을 받았을 것이다. 하지만 발굴된 '렌즈'는 오로지 볼록렌즈로만 쓰였다. 왜냐하면 화덕신(베스타)의 여사제는 신성한 불을 오로지 이 렌즈에 태양을 비춤으로써 다시 붙일 수 있었기 때문이다. 아랍인 알하젠(Alhazen[이븐 알하이삼])은 11세기 중반에 원 모양의 렌즈를 확대 글라스로 사용한 첫 번째 인물이다. "그것의 사용은 대상 자체, 예를 들어 책의 문자를 확대하는 데에만 쓰였다."

안경 유리 가공 기술은 13세기에 렌즈를 완성했다. 볼록렌즈는 동시에 확대경이며, 조작이 쉬운 형태가 바로 '돋보기'다. 이 첫 번째 현미경은 처음에는 벼룩확대경(vitra pulicaria)이라고 불렸는데, 이는 시간 보

---

1) Friedrich von Hellwald, "Der vorgeschichtliche Mensch", in *Archiv der Anthropologie* 7, Braunschweig, 1874, XV쪽.

2) Julius Zöllner, *Das neue Buch der Erfindungen*, Bd. 2, Leipzig, 1864, 274쪽.

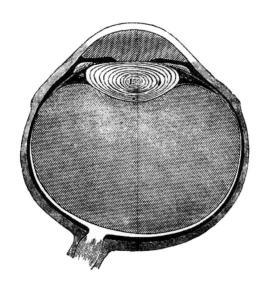

그림 16. 볼록렌즈의 눈

내기용 물건이었기 때문이었고, 그 후 도구로서 종합 현미경으로 완성
되었고, 이는 예거의 표현에 따르면 "유기적 세계에 관한 우리 지식을
완성시킨다".[3]

　　단순한 돋보기에서 태양 현미경 또는 산수소가스 현미경으로까지
의 변화 속에서 렌즈는 도구의 상수이자 그 중심이다. 안구(Augafpel)의
소위 결정체 구형을 무의식적으로 따라 만든 유리 조각은 잘 알려진 과
일과의 보편적인 형식 유사성 덕분에 그 이름을 얻었다(그림 16).[4] 시각
기관이 기계 작동에 투사되고, 이것이 다시 눈의 해부학적 구조와 연관

3) Gustav Jäger, *Die Wunder der Unsichtbaren Welt enthüllt durch das Mikroskop*, Berlin, 1868.
4) 독일어로 안구를 'Augafpel'이라 부르는데, 이는 눈(Augen)과 사과(Apfel)의 합성어다.

되면서 시각기관의 생리학적 수수께끼가 풀릴 수 있었다. 유기적 시각도구를 무의식적으로 본떠 만든 도구로부터 이름을 따서 의식적으로 눈 속에 있는 빛 굴절이 이루어지는 중심을 '**수정체**'(*Kristallinse*)라고 불렀다.

이는 **망원경**도 마찬가지다. 망원경은 미델뷔르흐 안경세공사 한스 리페르셰이(Hans Lippershey)가 발명하고 허셜(William Herschel)에 의해 천체망원경으로 확장됐다. 이것의 가장 본질적인 부분은 렌즈이며, 이는 형식과 조합 면에서 제각기 달라도 빛 굴절 개념에서 항상 동일하다.

카메라 옵스큐라, 다게레오 타입

전체 해부학 및 생리학 용어집이 말해 주듯이, '렌즈'라는 명칭은 본질적으로는 유기조직 바깥에 있고, 이 조직이 투사된 대상에서 유래한 이름들로 구성되어 있다. 그렇지 않다면 눈의 구조가 카메라 옵스큐라의 구조와 "완전히 유비적"이라는 것을 어떻게 이해할 수 있는가? 눈앞의 대상이 망막 위에서 뒤집힌 상이 "카메라 옵스큐라의 뒤판의 상과 완전히 동일한 방식으로" 발생하며, 눈이 "다게레오 타입 과정을 완벽하게 수행하는" 기관이라는 것을 어떻게 이해할 수 있겠는가?[5]

---

5) Johannes Müller, *Grundriss der Physik*, 1881, § 154; Ludimar Hermann, *Grundriss der Physiologie des Menschen*, 3. Aufl., Berlin, 1870, 322쪽; Carl Gustav Carus, *Physis: Zur Geschichte des leiblichen Lebens*, Stuttgart, 1851, 402, 410쪽.
다게레오 타입은 1837년 루이 자크 망데 다게르(Louis-Jacques-Mandé Daguerre, 1787~1851)가 은판을 이용하여 최초로 성공한 사진술이다.

시력 보조를 위한 기구는 시각 과정 연구를 위한 도구로 사용됨

기관투사의 관점에서 보면 이 표현들을 거꾸로 뒤집어 카메라 옵스큐라의 구조가 눈의 구조와 완전히 유비적이라고 설명해야만 한다. 즉 그 구조는 기관을 무의식적으로 투사한 기계적 복제이며, 이것의 도움으로 학문은 사후적으로 시각과정을 밝혀낼 수 있었다. 이는 카루스도 주목하는 바이다. "다게레오 타입이 알려지기 전까지 눈(망막 위 상의 생성)의 그러한 요구에 대해 우리는 아무것도 몰랐다. 왜냐하면 이 타입의 발견이 우리에게 이에 관한 개념을 제공하기 때문이다. 그것의 엄청난 다양함과 자유로움, 그리고 빠르기로 빛이 실체에 작용할 수 있다."

『자연학』(*Physis*)의 저자 카루스는 "시력 강화를 위한 인위적 장비들(망원경, 현미경, 안경)이 눈에 완전한 방식으로 주어져 있는 광학 법칙이 적용된 결과를 보여 준다"고 인정한다. 그는 시각기관의 **색지움** 현상이 기관의 굴절 매체를 통해 이뤄진다고 고찰하고는, 이를 통해 광학 장비가 원천적이고 무의식적으로 눈을 따라 만들었다는 반박할 수 없는 증거를 제시하고 있다.[6] 왜냐하면 광학 장비가 눈에서 완성되어 있다는 것은 그에게는 부차적인 인식에 해당하기 때문이다. 하지만 그가 제시한 문제 상황은 우리에게 매우 중요하다. 왜냐하면 기관투사 개념이 완전히 증명되며, 그래서 지금까지 주목하지 않았던 학문적 원칙에 대한 마지막 의심조차 사라지기 때문이다.

---

6) 광학 유리가 한 장으로만 있을 때에는 빛의 분산 때문에 색수차(chromatic aberration)가 발생한다. 이 색수차를 지우기 위해 여러 장의 광학 유리를 조합하는데, 이를 색지움(achromatism)이라고 하며, 이 색지움이 적용된 렌즈를 색지움 렌즈(achromatic lens)라 한다.

기관투사의 중요한 사례로서의 색수차 제거

우리는 『자연학』의 한 부분을 글자 그대로 인용하고자 한다. 이 부분에서는 한 장의 유리렌즈를 통해 볼 때 고찰하는 대상의 가장자리에 형성되는 거짓된 변색[색수차]이 성가시게 생성되는데, 이를 어떻게 제거할 것인가가 중요한 문제다. 말하자면 눈 속에도 시각을 위한 가장 중요한 장치인 렌즈가 존재하기 때문에 동일한 성가신 가장자리 변색이 필연적으로 눈에서도 생겨날 것이라고 기대할 수 있다. 이제 광학은 한 프리즘이 통과되어 색들이 생성될 때 한 프리즘에 두 번째 프리즘을 겹쳐 두면 [거짓된] 색들이 곧바로 제거되며, 그래서 우리의 시각이 이 두 개의 프리즘을 통과한다는 사실을 말해 주고 있다. 그래서 망원경에서 색깔 생성을 저지하기 위해 그것의 대상을 두 가지 서로 다른 유리(크라운 유리와 플린트 유리)로 조합하면 완벽한 결과를 보게 된다는 생각에 이르게 됐다(그림 17).

"여기서 긴 우회로를 통해 기술이 나중에야 도달한 것을 무의식적으로 형성된 신체 속 조직은 벌써 오래전에 완벽하게 실현했다. 이 조직은 렌즈

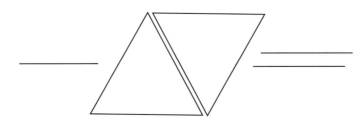

그림 17. 색지움 장치

에다 첫 번째 프리즘이 생성하는 색을 지우는 두 번째 프리즘으로서 커다랗지만 유체인 수정체를 정확하게 덧붙이고 있다."[7]

"나는 색지움(거짓된 색의 제거)을 실현하는 우리 눈의 중요한 장치를 가장 멋진 사례로 친다. 이를 통해 우리의 의식적인 학문에 어떻게 항상 동일한 법칙이 존재할 수 있는지를 명확하게 보여 줄 수 있다. 우리의 자연은 이 법칙을 인식하기 이전부터 자신의 사실 속에서 무의식적인 방식으로 이미 이를 완벽하고 지속적으로 따르고 있다."[8]

보청기, 청진기

빛기관인 눈에 있는 투사의 놀라운 사실이 소리기관인 귀에도 있다. 눈과 귀는 지성의 중요한 기관이다. 이들의 깊고 내적인 근친성은 이미 "소리 색", "색깔 톤"이라는 언어 표현에서 드러나고 있다. 광학 기술에서 음향 기술로의 직접적인 이행은 이와 직접적으로 일치한다.

눈처럼 귀에 오므린 손이 자연적인 첫 번째 강화 도구다. 고대의 별 관찰자의 시각 관처럼 관 모양의, 깔때기처럼 끝나는 청각의 연장은 한편으로는 보청기로서 저시력자를 위한 안경처럼 저청력자 보조를 위해 존재하며, 다른 한편으로 의사 진단을 위한 청진기로서 이는 건강한 귀를 강화시킨다. 외적인 청각의 연장, 귓바퀴의 연장은 동일한 방식으로 팔과 손을 연장하는 손도구처럼 원천적으로는 의식적인 목적을 위해 제작되지만, 이때 이 제작은 감관 속 생리학적인 과정과 자신의 제작 목

---

7) Carl Gustav Carus, *Physis: Zur Geschichte des leiblichen Lebens*, 428쪽. 표현을 수정함.
8) 앞의 책, 429쪽.

적 사이에 있는 유비를 알지 못한 채 이루어진다.

모노코드와 현악기

음향학의 진보 속에는 광학 영역처럼 동일한 점진적인 도구 발명들이 이루어진다. 광학에서 렌즈와 그 조합 및 다게레오 타입이 있다면 음향학에서는 모노코드와 그 다양화, 건반악기가 있다.

『소리감각론』

이 무의식적으로 생겨난 악기들은 학문에 의해 해당 감관작용의 투사라고 인식되고 유기적 과정을 통해 재해명되기 오래전부터 존재해 왔다. 기계 장치의 의미는 생리학적 과정의 다양성과 범위에 대한 통찰을 통해 중요하게 된다. 우리 감관 속에 있는 이 과정에 대한 탐구는 헬름홀츠에 따르면 세 가지 부분으로 나뉘는데, "물리학적인 부분으로서, 감각을 자극하는 요인, 즉 귀의 소리가 감각하는 신경에까지 도달하는 과정을 다루고, 생리학적인 부분으로서, 이는 다양한 감각에 일치하는 신경 자극을 탐구한다. 마지막으로 심리학적인 부분, 즉 법칙들을 탐구하는데, 이 법칙들에 따라 이 감각으로부터 나오는 특정한 외적 대상의 표상들, 즉 지각들이 발생하게 된다"(『소리감각론』).[9]

헬름홀츠는 8년에서 10년 동안 『생리학적 광학 핸드북』(*Handbuch der physiologischen Optik*), 『소리감각론』을 완성한 후 이 영역에서 이루어지

---

9) Hermann von Helmholtz, *Die Lehre von Tonempfindungen als physiologische Grundlage für die Theorie der Musik*, Braunschweig, 1863, 6쪽.

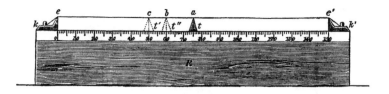

그림 18. 모노코드

이동 가능한 줄받침(t)의 설정을 위한 기준이 표시된 공명상자 R. 도구의 유일한 현 ee′는
예리한 각으로 굽은 대 k와 k′ 위에 수평으로 팽팽하게 걸쳐 있다.

는 과정에 관한 연구의 잠정적인 결론에 이르렀다.

그의 관점에 따르면 '음악도구'[즉 악기]는 동시에 최상의 의미에
서 '도구', 즉 정신작동의 유기적 기초를 통찰하기 위한 도구 중 하나다.
음악은 음향학으로 뒤바뀌고, 학문은 기술을 통해 설명되고 변화하게
된다.

고대는 모노코드에서 소리를 위한 바탕을 발견했다. 단순한 장비는
공명하는 나무상자 위에 팽팽한 현으로 이루어져 있고, 이는 특정한 전
체 수적 관계에서 줄받침의 단계로 구분되어 있다. 현의 소리 차이는 서
로 다른 음높이의 조건이다(그림 18).

피타고라스가 정리한 음의 수적 비례는 주기적 소리파동과 진동숫
자를 모르기 전까지는 깊은 신비로 여겨졌다. "새로운 물리학이 현의 길
이에서 진동숫자로 넘어가면서" 헬름홀츠는 옛 피타고라스 문제를 풀
었고, 모든 악기의 소리가 이 해결로 해명됐다.

모노코드는 점차적인 완성 과정을 거쳐 건반으로 나아가는 현악기
계열의 시작점이다. 올해도 했지만, 이전 전시회에서 악기들의 완전한
전시를 볼 수 있었고, 그 첫 번째 부문이 현악기였던 사우스켄싱턴 박물

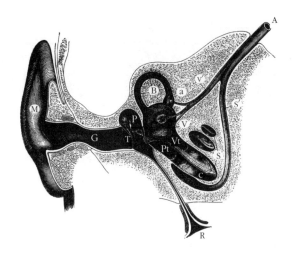

그림 19. 인간의 오른쪽 청각기관의 도식적인 절단면

M 외부 귀, G 외이도, T 고막, P 고실(鼓室), R 유스타키오관(管), V, B, S 뼈로 된 미로, V 내이강(內耳腔), B 팽대부(彭大部) a를 지닌 세반고리관, S 달팽이관, 이는 나선판을 통해 전정관(Vt)과 고실관(Pt)으로 나뉜다, A 시신경 줄기로 내이강으로 들어가면서 두 가지(V´와 S´)로 나뉜다. S´ 달팽이관 신경, 밑에서부터 달팽이관으로 들어와서 뼈로 이루어진 나선판을 통해 코르티기관 c에 이른다. 이 기관은 막 모양의 나선판의 상부(또는 전정)관 영역 위에 위치한다.

관(South Kensington Museum)은 상승하는 진보 과정에 따라 현재 완성의 절정에 이르고 있는 악기의 전체적인 개관을 보여 줬다. 현대적인 '그랜드 피아노'는 헬름홀츠가 귀의 가장 내밀한 속에 숨겨진 2천 년 된 비밀을 찾아낼 수 있게 했다.

코르티기관, 귀의 축소판 하프

이미 알폰소 코르티(Alfonso Corti)는 달팽이관 속에서 극미한 조직을 발견했다. 이 조직은 서로 다른 길이와 팽창력을 지닌 수천의 섬유질 또는 섬유막대로 구성되어 있다. 이 조직은 발견자 이름을 따서 코르티기관이라 한다. 이는 헬름홀츠의 연구에 따르면 "하프나 피아노에서 알고 있는 일종의 규칙적으로 단계적인 현"을 형성한다. "이 신경을 지닌 축소판 피아노는 사실상 우리 귀에 있는 **달팽이관이다.**"(그림 19)

"천 개의 서로 다른 음으로 조율된 코르티 막대들은 피아노 현과 일치하고 이 막대기 각각은 청각 신경과 연결되어 있다. 각 신경은 해당 막대기가 진동할 때마다 매번 기계적으로 자극되어 특정한 단순 음을 감각하게 한다."[10]

"피아노 현이 해당하는 음이 이 현에 **작용할** 때에만 진동하는 것처럼 코르티 막대들도 소리파동이 미로의 강을 건너 이들에 도달했을 때에만 진동한다. 이때 막대의 진동수는 각 개별 막대에 대응하는 **특정** 음에 속한다."[11]

기관투사 관점에서 본 고대 화음 상징학의 진리

『생리학 대중강연』에서 체르마크는 귀와 청각에 대해 다루는데, 위 인용문과 그림 18과 19는 여기서 가져온 것이다. 그의 책은 명확한 서술 덕분에 『소리감각론』이 쉽지 않은 이들에게 매우 추천할 만하다. 물론 헬름홀츠의 코르티기관 서술은 체르마크와 어느 정도 다르긴 하다. 고대의 무의식적 개념의 어둠 속에 감춰진 진리가 오늘날 과학의 현미경을 통해 드러나고 있다. 모노코드는 발전의 출발점이 된 건반이며, 『소

---

10) Johann Nepomuk Czermák, *Populäre physiologische Vorträge: gehalten im Akademischen Rosensaale zu Jena in den Jahren 1867-1868-1869*, Wien, 1869, 68쪽.
11) 앞의 책.

리감각론』에서 제기하는 고대의 화음론에 대한 열쇠다. 『고대 밀교(密敎)적 화음론 개요』에서 리하르트 하젠클레버는 다음 관점을 통해 이 대상의 새로운 측면을 밝혔다. "화음체계의 자연적 기초는 내적 필연성에 힘입어 수천 년 동안 모든 시대와 장소의 민족에게 항상 하나이자 동일할 수 있었다."[12] 그리고 그는 생각을 중단케 만드는 의심스러운 신비학의 장애를 피하면서, 깊은 신비가 항상 위대한 진리를 담고 있으며 이 진리의 개념이 숨은 형식 속에 감춰져 있다 해도 인간의 그칠 줄 모르는 지식욕에 자신을 드러낸다는 인식에 기여했다.

피타고라스 학파의 화음론은 자연법칙의 불변성 때문에 "정확한 자연연구, 특히 물리학적 소리 이론을 대부분 더 높이 평가하게 되면서 설명의 실마리를 발견했다". 보편 예술론으로 확장되면서 화음론은 우주론적으로 전체에 작용하는 것이면서 물리적이고 윤리적인 세계질서를 인식하기 위한 예비학이다. 왜냐하면 자신의 자연이 투입되는[즉 기관투사가 이루어지는] 곳이면 어디서나 인간은 자기 사유의 고통과 노동에 대한 보답으로 항상 자기 자신을 얻기 때문이다. 그래서 하젠클레버의 다음과 같은 중요한 물음의 깊은 의미가 밝혀진다. "피타고라스는 자신의 모노코드가 안겨 준 저 가장 단순한 결과에, 그리고 음 체계 구성을 위해 이와 연관된 결론에 머물러 있었나? 또는 그는 연구정신을 위해 음의 비밀스러운 영역을 점점 더 해명해 마침내 실재 현상의 원인을 순수 물리적 조건을 뛰어넘는 고차의 원칙으로부터 파악할 수 있는 그러한 경계에 도달했어야 했나?"

---

12) Richard Hasenclever, *Die Grundzüge der esoterischen Harmonik des Altertums*, Köln, 1870.

투사하는 기관과 투사된 기관 사이에 무의식적으로 일어난 조화는 알레고리적인 유사성을 배제한다

이 물음이 모노코드에 어떤 의미를 부여할지는 명확하다. 하지만 소리 도구의 **도구적** 특성으로부터 아직 모든 결론이 도출된 것은 아니다. 과거에는 투사하는 기관과 투사된 도구가 서로 일치한다고 예감했지만 이러한 추정에도 이 막연하고 일반적인 '유사함'을 감히 넘어서려고 하지 않았다. 하천을 경치의 눈이라고 부르는 것처럼 동일한 은유적 의미로 팔 관절이 마치 지레와 같다고 말한다. 물론 여기서 포기할 수 없는 동일성이 문제가 되고 있지만, 비교의 한쪽 측면이 다른 측면의 복제이고 달리 나타날 가능성이 없다는 점은 생각하지 못한다. 형상적인 것은 보통 실질적인 복제, 모방에 속한다. 노는 뻗은 팔과 손의 순수한 모방(Nachformung)이다. '유사함' 또는 '유비'의 문제로 가볍게 접근하는 것은 중지해야 한다. 즉 형상의 측면에서 여러 유사성을 발견할 수 있고 이에 대한 여러 설명들 가운데 임의로 하나를 선택하는 것이 아니라 오로지 유일한 유사성 또는 본질 동일성이 존재한다는 것을 인정해야만 한다는 것이 여기서 중요하다. 내적인 관계, 즉 기계 지레와 뼈와 근육으로 된 유기적 지레도구 사이, 눈의 렌즈와 수정체 사이, 다게레오 타입과 눈동자 사이, 진자와 왔다 갔다 하는 팔 사이, 나사와 돌리는 손 움직임 사이, 현악기와 코르티기관 사이에 존재하는 내적인 관계 말고 세계 어디에 신체적 유기체가 아닌 다른 원상과 기계 장치 간의 동일한 일치가 존재하는가? 여기에 열거하지 않은 것들도 외관상 [그 일치가] 뚜렷하며, 이들 중 다수는 시간이 지나면 명백해질 것이다. 피타고라스와 헬름홀츠, 모노코드와 '귓속 건반' 사이에는 수천 년이 놓여 있다. 신체와 신체 실존의 우주적 조건들, 즉 자연력들의 일반적인 일치, 즉 눈과 빛의 진동, 귀와 소리진동, 폐와 기압, 소화기관과 영양, 신경과 전기 등 간의 일치 속에서 전체 사지의 움직임과 기관 기능은, 이것이 물질적 측면에서 감각화되는 것처럼, 신체 조직에 일치하는 수많은 기술작품(Werke der Technik)의 무한한 다양성 속에서 반복되고 있다.

하지만 이 물질적 세계뿐만 아니라 우리 고찰의 추론이 가고자 하는 곳인 정신의 세계에서도 유비를 발견할 수 있는데, 이 정신의 세계는 카루스의 표현을 빌린다면 "통일적인 사지구조를 지닌 정신적인 유기체를 의식하게 한다". 이 유비의 논리적 계기들은 딱딱한 질료의 운동들처럼 감각적으로 파악할 수는 없지만, 자기의식의 더 높은 정도의 에너지에서는 목적론적으로 더 투명하게 드러나게 된다.

그래서 '흡사', '마치', '어느 정도' 등으로 임의로 도입된 비유를 통한 상상의 유희가 [바로] 기관투사[를 지시한다]는 사실을 수용해야만 한다. 왜냐하면 이 사실의 기초 위에서 『소리감각론』이 청각의 '미로'에서 탐구가 길을 잃지 않게 하는 실마리를 발견했기 때문이다.

해부학 및 생리학 용어, 기술 작품의 짝: 기술의 기계작품은 유기체의 모방이다
분트는 청각 장비라는 절에서 헨젠(Victor Hensen)에 따르면 코르티기관이 막대나 굽은 면이 아니라 각 부분의 서로 다른 넓이에 따라 요소막들이 서로 다른 음에 조율되어 있다는 점을 언급했다. 헬름홀츠는 자신의 책의 세 번째 판본에서 이 가설을 수용했다. 하지만 그는 코르티기관이 비교적 딱딱한 조직으로서 요소막들의 진동을 좁은 영역의 신경조직으로 전이시킨다고 믿는다. 그럼에도 건반으로부터 문제를 해결하려는 천재적인 생각은 그대로 유지된다.

『소리감각론』의 명성은 원칙적으로 반박할 수가 없을 정도다. 이 견해를 지지하는 많은 이들이 보여 주는 보증은 다음과 같이 기관투사에 대한 반박을 미리 차단한다.

"사실상 건반으로부터 들리는 소리는 공명화음과 유사한 현상이다. 코르티 섬유질을 공명을 통해 동시적으로 진동하는 **귓속 하프**라고 할 수는 없을까? 공명은 소리분석 및 소리종합을 위한 수단을 제공한다."[13]

청신경 중 일부는 놀랍도록 정교한 장치, **달팽이관**, 즉 **완벽한 건반**에 연결되어 있다. 이 건반은 수천의 건반을 포함하며, 음 및 이 음이 조합된 소리의 인식을 위해 사용된다."[14]

"코르티 섬유조직은 피아노의 건반처럼 진동하는데, 이 조직의 규칙적인 질서를 보면 각 건반, 각 섬유막대가 어느 정도 일정한 높이의 음으로 정해져 있다고 생각할 수밖에 없다."[15]

"청신경은 이 진동을 고유한, **형식적으로 조율된 섬유질**을 통해 받아들인다. 그래서 특정한 음에 대해서는 항상 특정한 섬유질이 자극되며, 이 자극현상에 따라 소리감각의 특수성이 정해진다."[16]

"귀 구조가 보여 주는 수수께끼 중 가장 최근에 밝혀진 것은 적어도 가설로는 풀린 것처럼 보인다. 헬름홀츠의 견해에 대한 증거로 헨젠의 발견(1869)을 언급할 수 있다. 그래서 몇몇 종류의 갑각류에서 청신

---

13) F. J. Pisco, *Die Akustik der Neuzeit*.

14) William T. Preyer, *Die fünf Sinne des Menschen*, Leipzig, 1870, 31쪽.

15) Ludimar Hermann, *Grundriss der Physiologie des Menschen*, 3. Aufl., Berlin, 1870, 384쪽.

16) Julius Zöllner, *Das neue Buch der Erfindungen* II, Leipzig, 1864, 400쪽.

경과 결합해 있는 털들이 호른의 소리에 반응하여 움직이며, 다른 음은 각기 다른 털을 진동시킨다."[17]

"코르티 섬유막대들은 나선판이 좁혀짐에 따라 밑에서 위로, 점점 더 길이가 줄어들면서 **하프나 피아노**처럼 규칙적으로 조율된 현을 형성한다."[18]

이를 통해 우리는 유기조직의 기능이 [이 제작에서] 어떠한 기능을 하는지에 대해 거의 아무것도 모를지라도 인간 손으로 여러 부분들을 조합해 제작한 기계체가 유기조직과 일치한다는 점을 새롭게 확인했다. 유일하게 존재하는 이 동일성을 보면 인간에게 과거의 무의식적인 원상이었던 것이 후대의 복제를 통해 그 우위를 빛내면서 드러낸다는 것이 사실임을 알 수 있다. **고막**(Trommelfell), **고실**(Paukenhöhle), **유스타키오관**(Tromptete)이라는 명칭이 이미 오래전부터 악기와 그 부분에서 유래한 것처럼,[19] 예를 들어 귀의 달팽이관이 바이올린의 머리를 연상시키는 것처럼,[20] 헬름홀츠의 위대한 발견 이후 '귓속 하프' 또는 '귓속 건반'이라고 자연스럽게 말하고 그래서 이 잠정적인 표상을 일반인들 또한 사용하는 것이 더 이상 이상하지는 않다. 언어가 신적인 예지력으로 인위적인 도구로부터 가져온 이름을 정확하게 유기적 활동의 속성 및 과정에 얼마나 자주 적용했는지를 우리는 반복적으로 이야기하고 있다. 해부학 및 생리학 용어는 기술적 용어와 짝을 이루고, 기술의 소재 작품

---

17) F. J. Pisco, *Die Akustik der Neuzeit*.

18) Johann Nepomuk Czermák, *Populäre physiologische Vorträge*, 51쪽.

19) Trommel은 북을, Pauken은 북의 일종으로 팀파니를, Tromptete는 트럼펫을 가리킨다.

20) 여기서 독일어 표현으로 달팽이관(Schnecke)은 바이올린의 머리 명칭(Schnecke)과 같다.

은 기관의 복제품이다.

　지금까지 이야기한 도구들을 상기해 보면 이들의 점진적인 완성의 출발점과 도착점을 고찰했다. 이 두 점 사이에는 대개는 결코 다 살펴볼 수 없을 정도로 다양한 형식들이 있다. 우리가 이들을 조금이라도 고찰하려 한다면, 이는 이 책의 한계를 훨씬 뛰어넘을 것이다. 이것을 그만둔다 해도 지금까지 거론된 사례들처럼 이 많은 수의 형식들에 대응하는 유기적 원상을 모조리 증명할 수 있을 만큼 충분하게 확증된 생리학적 자료가 부족하다. 또한 사지 전체의 본성으로부터, 그리고 도구 탄생의 본질로부터 둘 간의 내적인 근친성에 대한 반박할 수 없는 증거를 이미 제시하는 중요한 사실들을 밝힌 상태에서 세부 내용을 거론하는 것은 불필요하기도 하다. 유기적 자기활동의 개념은 이 활동이 차이들을 진실로 드러내고 있음을 보여 준다. 즉 귀는 오직 소리진동을, 눈은 오직 빛 진동을 표상능력에 전해주며, 다양한 표상들은 손 움직임으로 나아가고, 손 움직임은 도구나 기구들을 제작한다. 즉 손 움직임은 이들을 자신과 일치시키고, 이들에 자신을 투사한다.

　그래서 우리는 자연탐구로부터 밝혀진 놀라운 사실들을 기관투사에 적용하는 것을 결코 의심하지 않고 확신하며, 그래서 이들의 증거력은 개별 경우를 넘어선다고 할 수 있다. 왜냐하면 화석 뼈 한 조각으로 미지의 고대 동물의 전체 골격을 구성할 수 있는 것처럼 유기 영역에서 개별 경우는 항상 예언적으로 그 확실성을 모든 중요한 경우에서도 동일하게 가지기 때문이다. 한 경우가 전체를 본질적으로 구성케 해서, 이것이 개별 사례와 조화를 이루게 된다!

　어느 정도 세계사가 흘러야 인간의 탐구와 노력은 귓속 건반을 발견할 수 있게 된다. 불과 몇십 년 전에도 카루스는 헤이즐넛 반쪽 크기보다 더 작은 미로의 매우 연약한 조직 속에서 백만 단위의 모든 소리진동이 어떻게 한순간에 일어나는지를, 그래서 우리가 이로부터 신경을 통해 소리를 어떻게 듣게 되는지를 이해하는 것은 불가능하다고 여겼다. 망막의 다게레오 타입 층처럼 완두콩 크기 단위로 축소시킨 전체가 그 구성요소와 함께 어떻게 작동할 수 있는지를 우리가 이해하는 것은 항상 불가능할 것이다.

하지만 이러한 지식의 진보는 이미 어느 정도 이루어졌으며, 오늘날 불가능하다고 여기는 발견들은 귓속에 있는 신성한 전체 비밀을 탐구하는 열망에 과제로 남겨져 있다!

소리진동과 연약한 신경 다발 사이에 있는 매우 세밀한 접촉과 관련한 발견들을 통해 우주적 움직임이 정신적 움직임으로, 자극 크기가 감각 크기 및 표상으로, 소재가 사유로 번역될 것이라고 감히 말할 수 있다.

지금까지의 유기적 생명에 대한 지식의 진보는 먼 미래에나 해결 가능한 거대한 과제와 비교해 보면 매우 사소하게 보일지 모른다. 하지만 이 진보는 지금까지의 탐구의 지지대로서, 이제 다룰 내용과 관련해 전망을 보여 주는 만큼 중요하다고 할 수 있다. 중요한 것은 다음의 인식이다. 단단한 뼈와 연약한 부분을 포함한 **모든** 유기 조직의 사명은 이런 혹은 저런 방식으로 바깥으로 자신을 투사하여 인간의 인공물 속에서 학문적인 연구장비로서 회고적으로 자기인식, 인식 일반에 사용될 수 있게 하는 것이다. 여기서 '인공물'이란 단어는 가장 일반적이고 숭고한, 최고의 기술을 포함하는 의미로 사용했다.

발성기관은 오르간의 중심부분으로 투사됨

학문적 탐구의 이 회고적 방식은 이제 **발성기관**에서도 두드러진다. 이 기관은 생리학적으로는 원천적으로 호흡기관으로부터 형성된 청각기관과 직접적인 연관 속에 있기 때문에 이제 우리의 탐구대상이다.

다게레오 타입과 건반을 통해 눈과 귀의 기능이 밝혀진 것처럼 악기 가운데 오르간은 탐구를 돕는 발성기관의 기계적 복제이며, 이는 매우 충실하고 정확해서 이를 그 기관과 비교하는 것은 매우 정확한 초상화가 관찰자에게 감탄의 동의를 의미하는 미소를 요구하는 것과 같다.

폐, 기도, 입구멍과 콧구멍으로 끝나는 목구멍을 지닌 후두를 포함하는 흉부는 잘 알려진 바와 같이 발성기관이다. 이 기관의 투사를 우리는 이들에 일치하는 오르간의 중요 부분들, 즉 **풀무, 바람상자,** 연결관을 지닌 **파이프** 속에서 인식한다. 생리학은 발성기관 기능을 명확히 보여주기 위해 오르간과의 비교를 필요로 하며 악기에서 가져온 표현들을 유기조직을 위해 사용한다.

언어 활동

카루스는 다음처럼 말한다. "놀라운 방식으로 가장 포괄적이고 숭고한 악기는 오르간이며, 이는 생동적이고 유동적인 관계를 통해 **하나의 파이프관** 각각이 다양한 크기를 지니면서 자체로는 움직이지 않는 오르간 파이프들의 자리를 대표한다는 차이점을 가지긴 하지만 임의적으로 좁아지고 커지는 성문(Stimmritze, 聲門)을 지닌 공기 관과 비교할 수 있으며, 이 성문을 영국인은 진짜로 바람파이프(Windpipe)라고 부른다."[21] 체르마크는 목소리와 언어, 발성도구와 언어도구의 해부학과 생리학에 관한 장에서 이 점을 지적하고 있다. 그는 "폐를 포함하는 전체적으로 폐쇄되어 움직이는 흉부, 즉 풀무의 정확한 속성"을 언급하면서 "바람 상자, 즉 공기 관과 두 기관지"를 언급하면서, "말하자면 연결관을 지닌 유일한 파이프와 같은" 후두와 그 출구에 관해 이야기한다.[22]

여기서 누군가는 이 유사성이 우연적이라고 이야기할 수도 있다. 하지만 사실 유기적 질서[와의 유사성이 필연적이며], 이 점이 필연적으로 그 명칭을 통해 확증되고 있다고 할 수 있다.

기관투사를 인정하기 위해서는 체르마크의 『심장과 신경계가 심장에 미치는 영향』이 도움이 된다.[23]

심장작동을 펌프 기계작동을 통해 설명함

그는 외부 형태와 내부 구조에 대한 해부학적 고찰을 먼저 이야기하면서 **펌프 장치**로서의 심장의 메커니즘, 즉 심장이 어떻게 네 개의 심방을 계속적으로 수축하고 이완함으로써, 그리고 **판막** 작용을 통해 피를 신체 혈관체계 속에서 특정 방향으로 순환시키는지를 설명한다. 그리고 종종 반복적으로, 의도적으로 사용하는 '**심장펌프**'라는 단어 선택을 통해 그는 타고난 도구와 인위적 도구 사이에 있는 명확한 일치를 보여 주려고 한다.[24]

---

21) Carl Gustav Carus, *Physis*, 290쪽.

22) Johann Nepomuk Czermák, *Populäre physiologische Vorträge*, 100쪽 이하.

23) Johann Nepomuk Czermák, *Ueber das Herz und den Einfluß des Nervensystems auf dasselbe: Vortrag mit bildlichen Darstellungen und Experimenten, gehalten am 24. Februar 1871 im Gewandhaussaale zu Leipzig*, Leipzig, 1871.

24) 앞의 책, 15쪽.

이러한 혼합어는 어느 정도 우리의 전체 고찰을 축약해 준다. 기관과 기계가 지금까지 고찰했듯이 투사과정에서 나타나는 상호관계의 다양함과 더불어 여기서 하나의 개념으로 연결됐다! 우리는 언어 측면에서 이루어진 이 조용한 일치를 환영하면서도 이것의 약점 또한 다룰 것이다.

눈요기(Augenweide), 듣기 좋은 것(Ohrenschmaus), 사랑하는 사람(Herzblatt)[25] 등과 같은 은유적 표현의 정당성을 여기서는 따지지 않기로 하자. 대신 기계를 지칭하는 혼합을 위에서 본 "펌프장치로서의 심장기계" 표현에 맞게 살펴보도록 하자. 여기서 '심장펌프'란 단어는 그 고유 의미에서 이해해야 한다. 이 표현은 부정확한 표현을 학문 용어로 수용한 대표적 사례처럼 보인다. 이는 유기체와 기계를 하나로 묶고, 그래서 이미 [유기체와 기계 간의] 개념의 혼동을 낳고 있다. 기관은 결코 기계의 부분이 아니며, 손도구도 결코 유기체의 지체가 아니며, 기계적 유기체는 '유기적 톱니바퀴', '나무로 된 철'과 같이 모순적인 표현이다. 우리는 종종 기계라 부르는 것을 고찰할 필요를 지적할 것이며, 여기서는 다음과 같은 잠정적인 암시로 마치기로 한다. 앞의 혼합 개념은 투사 과정이라는 본질적인 관계로부터 설명할 수 있다. 여기서 유기체 표상은 원상으로서 필연적으로 기계적 복제에로 넘어가고, 반대로 유기적 과정을 설명하기 위해 기계를 사용할 때에는 실험의 열정으로 기계를 바로 유기체에 적용하게 된다. 그렇기 때문에 형상적인 상호 유사성 설명 외

---

25) Augenweide는 눈(Augen)과 목장(Weide), Ohrenschmaus는 귀(Ohren)와 푸짐한 음식(Schmaus), Herzblatt는 심장(Herz)과 잎(Blatt)의 합성어다.

에 불필요한 혼동이 생길 수 있게 된다.

단순한 도구이든, 조합된 도구이든, 도구 자체가 고찰되지 않은 상황에서는 이 혼동을 막거나 개선하는 것이 중요했다. 이때엔 '마차의 유기체'라든지 '사유과정의 기계적 과정'에 대해 이야기해선 안 되었다.[26] 그 후 손 노동이 복잡한 기계와 장비로 대체된 이래 '기계적'과 '유기적'이란 개념의 혼동이 제거되고, 거대 산업과 세계 교류를 위해 필요한 기계 제작은 과학 기술로부터 다음 사항을 요구하기 시작했다. 정확히 고찰하지 않고 이에 관해 잘 알지 못할 경우 동력 전달을 지각하지 못하게 해 증기기관과 전신장치가 마치 스스로 움직이는 것처럼 볼 수 있게 해야 한다는 요구다.[27]

이 가상의 마력 아래 관찰자는 자기와 근친적인 것을, 즉 상상적인 것이 아니라 기계에서 진짜로 자기에게 다가오는 악마적인 것과 마주하고 있다고 느끼게 된다. 이는 인간이 유기적 생명에서 추상하여 기계 법칙의 형식으로 구현한 관계 속에서 드러나는 정신의 반사물이 아닌가? 이 법칙은 세계 유기체 속에 있는 관계의 영원한 흐름에 비하면 임시변통적인 표상에 불과하며, 우주적 연관에서 추상을 통해 떨어져 나온 생명체의 관계들이며, 이 연관 바깥에서 기호나 숫자, 공식으로 파악되어 넓은 의미의 도구인 사유도구로 사용된다.

물리 법칙은 완전히 기계에 적용될 수 있지만 우리가 기계를 통해

---

26) '마차의 유기체'나 '사유과정의 기계적 과정'은 유기체와 기계체를 혼동하여 이를 섞어 쓴 사례이다. 마차는 기계이기에 유기체라고 하면 안 된다. 사유과정은 유기체의 정신적 작용인데, 이를 기계의 용어로 지칭해선 안 된다.
27) 자동기계, 즉 스스로 움직이는 유기체처럼 스스로 움직이는 기계에 대한 요구를 가리킨다.

접근하는 한에서만 파악할 수 있는 유기체에는 적용될 수 없다. 그 외에도 기계론적인 세계관이 해결했다고 헛되이 자랑하는 생명의 거대한 비밀이란 게 있다. 기계체와 유기체란 개념의 의도적인 교환은 위의 내용에 비춰 보면 기껏해야 언어적 도움 요청에 지나지 않으며, 여기서는 이 두 개념의 차이에 대해 항상 분명한 의식을 전제해야만 한다. 하지만 우리는 말하고 유기적으로 조직화된 인간을 휘브너(Hübner)의 톱니바퀴 및 버튼 자동기계 속에 집어넣고 싶은 의도를 억제해야 한다.

이 물음에 단번에 대답하고 이 불필요한 물음을 제거하기 위해, 그리고 절대적인 자기생산의 무의식적인 사건과 유기적 조직의 의식적인 복제설계 사이에 존재하는 차이를 확정하기 위해 다음의 논의가 필요하다.[28]

잡지 『새로운 잡지』(Das neue Blatt, 1873, Br. 35)에 따르면 기사 괴츠 폰 베를리힝겐(Götz von Berlichingen)의 잘 알려진 철로 만든 손은 약스트하우젠(Jagsthausen)의 무기 대장장이가 제작한 것으로 오늘날에도 이 지역 성에서 볼 수 있다. "이것의 각 손가락은 단추를 누르면 노리쇠뭉치의 부분들과 유사하게 용수철을 통해 열리고 펴진다. 닫으면 칼을 집게처럼 강하게 잡게 된다. 엄지와 손목은 특수하게 기계적으로 작동한다." 여기서 기계공은 틀림없이 한 모델을 염두에 두고 있다. 실제 손 외에도

---

28) 말하자면 도구는 무의식적인 설계 작업에 해당한다. 인간이 도구를 설계하지만, 왜 이 설계를 이렇게 하는지 인간은 알지 못한다. 하지만 도구 설계는 카프에 따르면 인간의 유기체적 기관의 모양새 또는 그 구조를 그대로 복제하는 것이다. 이에 반해 "유기적 조직의 의식적인 복제설계"란 인간이 손 모양을 '의식적으로' 따라 설계한다는 것이다. 즉 무의식적인 기관투사로 이루어져야 할 과정을 의식적으로 하겠다는 것이다.

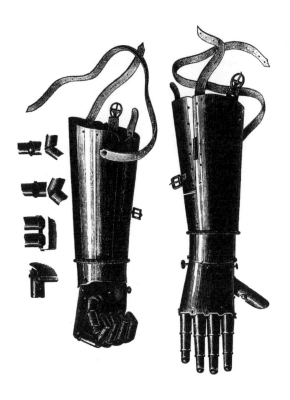

그림 20. 기사 괴츠 폰 베를리힝겐의 철로 만든 손

관절 연결을 위해 건장한 손 골격을 표본으로 사용했을 것이다. 그는 이를 모방하여 부분들을 그 형식과 관계에 따라 조심스럽게 연결했을 것이다. 그는 개별 부분들을 당시 위대한 숙련성을 가지고 조립하여 철 부속들의 조립에 적절한 압력과 유연성 장치를 갖추고 결점을 제거할 수 있었다(그림 20, 21). 이 범주에 소위 '인공 사지'가 속한다. 이것과 **기계적 형틀**의 차이는 무엇인가? 겉으로 보면 이는 그 모델과 종종 헷갈릴 정도로 똑같다. 하지만 이를 통해 어떤 중요한 것이 이루어졌는가? 없는 사

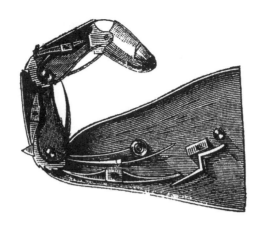

그림 21. 철로 만든 손의 손가락

지를 보충하는 것으로 이는 제한된 정도로만 개별 목적에 사용된다. 이 목적은 보편적인 인간 복지의 존속과는 아무런 상관이 없다.

철로 만든 손과 철 망치는 본질적으로 무엇이 다른가! 철 망치가 축소되지 않은 생명활동의 연장이라면, 철로 만든 손은 의도적으로, 철저히 세밀하게 모방한 모델이다. 전자는 자연적 힘과 세기의 강화를, 후자는 약함으로부터 걱정 어린 도피를 담고 있다. 전자가 도구를 재생산하는 결과를 낳는다면, 후자는 불구를 위한 개별적인 형태다. 전자가 우선 문화수단의 창조에 일조한다면, 후자는 소유자에게만 가치 있는 대상이고, 다른 이들에게는 희귀물일 뿐이다! 인공 사지, 즉 밀랍 진열장 세공품의 엄청난 기예로 이루어진 자동기계가 더 이상 후속물을 생산하지 못하는 인공물이라는 점과 비교할 때 '도구 생산'(Werkzeugung)의 도구(Werkzeug)로서의 유기 조직의 유비물은 얼마나 인상적인가! 손 망치는 변형된 손이며, 철로 만든 손은 손 형틀이다. 후자는 그 생산을 위해 전자를 필요로 하며, 전자는 새로운 망치를 제련하고 새로운 망치 작품을 만들고 세계사를 형성한다.

손도구가 '조작성'이라는 개념 속에 유기적인 흔적(Mitgift)을 포함한다면, 그리고 작업자가 노동 속에서 활발하게 움직이는 자기 손과 조화를 이루는 것이 조작성이라면, 이는 자신이 선호하는 도구에 대한 신뢰를 높이고, 그것의 필요성에 대한 감정을 낳을 것이다! 이것이 수공업의 관용어가 되어 버린 황금 바닥에 관한 이해다.[29] 관심을 기울이지 않은 많은 것들을 물신숭배로 경배했을지라도 왜 자연인간이 자신이 높은 가치를 두는 장비들을 결코 경배하지 않았는지를 설명하기 위해 카스파리는 이 물신숭배가 습관을 통해 제지되었다는 견해를 밝히고 있다.[30] 이 습관은 "인간이 최고도로 찬사를 보내는 자신의 사지를 가장 내밀하게 지니는 것처럼 이 대상에 붙어 있게 된다."[31]

우리가 주목하는 범례인 망치를 원상에 붙어 있는 흔적의 관점에서 산업 및 제조 기술활동의 대표자로 파악하지 못한다면, 우리는 인간

---

29) "수공업은 황금 바닥을 지닌다"는 중세시대로부터 전해져 온 관용표현 중 하나다. 수공업은 길드 조직에 의해 독점되어 이루어졌다. 사람들은 전문기술로 생산한 질 좋은 상품을 얻을 수 있었다. 길드에 속한 수공업자는 경쟁을 하지 않아도 됐고, 사회적으로 안정된 위치를 차지했다. 앞의 관용표현은 이러한 물질적인 안정을 의미한다.

30) 지금 카프가 이야기하고 있는 것은 사람들이 철로 만든 손의 '기술'에는 경탄하면서 철 망치와 같은 단순한 도구의 '기술'에는 경탄하지 않는 것을 지적하고 있다. 원래는 철 망치와 같은 것이 경탄할 만한 것이다. 하지만 카스파리는 습관을 통해 철 망치에 대한 경배의 습관을 제지했다고 주장하고 있다.

31) Otto Caspari, *Die Urgeschichte der Menschheit mit Rücksicht auf die natürliche Entwickelung des frühesten Geisteslebens* I, Leipzig, 1873, 309쪽.

운명(Menschengeschick)의 설립자인 원시도구를 올바로 평가하고 있지 못한 것이다. 이런 도구를 매우 의미심장하게 바라보고 얼마나 많은 놀라운 작품들이 예로부터 사용되었는지를 편견 없이 확인하는 자는 '일상적인 사물'에 감명을 받을 것이다. 처음에는 오로지 호기심의 대상이었지만 권태와 불쾌의 대상이 된 춤추고 종알거리는 인형이 있는 인위적인 톱니바퀴 시계작품과는 완전히 다른 방식으로 이 사물은 지속적으로 그를 사로잡는다.[32]

유기적 투사의 산물들은 이미 봤듯이 처음에는 거칠며 감각적으로 단순했고, 고된 손 노동을 도왔다. 점점 더 우리는 이들이 정신적 활동 목적을 위해 다양한 조합과 섬세한 작동을 통해 학문적 도구와 장비의 형식으로 발전하는 것을 봤다. 이 지점에서 외적인 모양 복제보다는 유기체의 내적인 관계 표현이 우선시되기 시작한다.[33] 건반은 대장장이 망치와 비교해 얼마나 많은 정신적인 첨가가 이루어졌는가? 둘은 기술 실현 욕구의 산물로서 특정한 유기적 형식과 움직임을 상기시킨다. 건반은 관념적 영역을 지시하면서 예술 도구로서만 사용되는 반면, 망치는 손도구일 뿐이지만, 수공업의 작업자이면서 모든 가능한 기술적 장비의 전제이다.

---

32) 철로 만든 손과 같이 시계작품 또한 카프는 여기서 무의식적인 기관투사의 작품이 아니라고 파악하고 있다. 하지만 이러한 카프의 견해가 그의 이론에 적합한지는 의문이다. 현재 우리는 생체시계를 발견했다고 믿는다. 이런 점에서 본다면 시계작품 또한 우리 몸의 생체시계의 무의식적인 복제품이라고 할 수 있을 것이다.

33) 카프는 도구의 발전에서 투사의 작동방식의 변화를 여기서 지적하고 있다. 즉 첫 번째 도구에서 기관투사는 기관의 모양새를 그대로 대상에 옮긴다. 하지만 도구가 육체 노동의 강화보다는 정신적 노동의 강화를 위해 생산될 때 기관투사의 방식 또한 변화하게 된다. 이제 기관투사는 모양새가 아니라 내적인 구조를 바깥으로 복제한다.

이 관점에 따르면 예를 들어 유기체에 있는 [왼손과 오른손과 같은] 대우 관계가 기계로 실현되어 자침(磁針)이 되었다는 것인데, 이는 관념적인 관계의 투사가 어떤 형식들을 두루 거쳤는지를 잠정적으로 암시해 줄 것이다. 과정을 두루 거친 후에 등장하는 것은 궁극적으로 정신의 유기체이며, 이는 신체적 유기체의 총체적인 복제가 될 것이다. 훔볼트가 그러한 종류의 도구를 **새로운 기관**(neue Organe)이라고 불렀는데, 여기서야 우리는 기관투사가 완벽하게 증명됐다는 것을 알 수 있을 것이다. "(지금 고찰하고 있는 도구인) **새로운 기관**의 창조는 인간의 정신적 힘뿐 아니라 종종 물리적 힘 또한 확장한다. 독립적인 전기는 빛보다 더 빨리 그리고 더 멀리 생각과 의지를 실어 나른다. 요소적 자연 속이나 유기조직의 연약한 세포들 속에서 작용하는 힘들을 감관으로는 인식할 수 없지만, 이 힘들은 이제 인식되고 사용되고 더 고차의 활동으로 일깨워지고 언젠가는 다양한 수단이 될 것이며, 그래서 개별 자연 영역의 지배와 세계 전체의 생생한 인식에 도움을 줄 것이다."[34]

---

34) Alexander von Humboldt, *Kosmos: Entwurf einer physischen Weltbeschreibung*, Bd. 2, Stuttgart, 1869, 400쪽.

VI. 골격의 내적 구조

골격의 질서, 일정한 구조에 대해 지금까지 알려지지 않은 원상

이제부터 우리는 유기적 생명 영역을 다룬다. 이는 글자 그대로 생명의 골격화(Verknöcherung)라고 할 수 있다. 죽었다고 한 것의 부활, 즉 골격에 생기가 돌게 된 사건은 최신 연구에서 가장 눈에 띄는 사실이다. 이는 짧게 전하는 소식 형태로만 공개됐기에 대중에 너무 적게만 알려졌다. 이것이 기관투사의 가장 중요한 증거라는 것에 더해 우리는 여기서 더 상세한 내용을 기대할 것이고, 이것과 연관된 내용이 충분히 근거를 가진다고 여길 것이다.

그 자체로 생리학을 위해 중요하며, 특별히 우리 목적에 중요한 대상은 다음과 같다.

생리학과 수학이 지금까지 전혀 알려지지 않던 구조의 일반 규칙의 원상을 동물 신체의 골격 질서 속에서 발견했는데, 이 규칙이 다리의 높은 철골구조, 특히 철도에 적용되었다는 것은 결정적인 사실이다.

공통 과제 연구에서 거의 동시에 동일한 결과를 얻은 과학계 3인의 발견자들은 첫 번째 흔적을 발견한 이후 매우 빠른 속도로 위대한 진리를 잇달아 발견했다.

지금까지 추적한 기관투사의 정당성이 불신의 벽에 부딪혔다면, 이 모든 의심은 귀납적 방법의 결과를 통해 사라질 것이다. 이 방법은 운 좋은 상황과 천재적인 방식을 통해 촉진되었다. 나는 이 경우 매우 중요한 한 가지 발견 과정을 이야기해도 될 것이다. 왜냐하면 보편적으로 인간의 관심을 끌 만한 매력적인 개별 사례들을 일일이 들먹이지 않아도 사태의 과정은 잘 알려져 있듯이 항상 이 사태에 대한 판단을 제공하기 때문이다.

이 발견 과정의 서술

여기에 참여한 학자들은 취리히 연방 공대 쿨만(K. Culmann) 교수, 취리히 대학 해부학과 헤르만 폰 마이어 교수(G. Hermann von Meyer), 의사이자 베를린 대학 사강사인 율리우스 볼프(Julius Wolff)다. 셋 중 누구에게 가장 큰 명성이 돌아갈지는, 크기의 척도가 통용되지 않는 정신 영역이란 점을 고려한다면, 쓸데없는 질문이다.

쿨만은 1866년 완간된 『도표 정역학』[1]의 저자이고, 마이어는 1867년에 라이헤르트와 두보이스레이몬트 기록소에서 『해면뼈 구조』[2]

---

1) Karl Culmann, *Die graphische Statik*, Zürich, 1866. 반권은 이미 1864년에 간행됨.
2) Georg Hermann von Meyer, *Die Architektur der Spongiosa*, Reicherts und Du Bois-Reymonds Archiv, 1867.

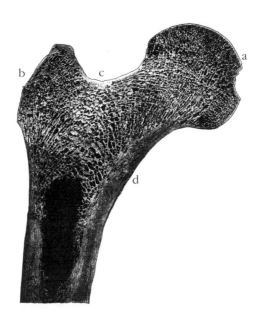

그림 22. 오른쪽 대퇴골 위쪽 끝의 무늬목 잎 모양의 정면 종단면
a. 대퇴골두, b. 대전자, c. 대퇴경부, d. 대퇴골간, a, b, c, d 사이는 해면뼈 구조

를 발간했고, 볼프는 이 책 때문에 1870년에 피르호의 『병리학적 해부학과 생리학 자료집』에 논문 「골격의 내적 구조와 이것이 골격 성장에 대해 가지는 의미에 관해」를 발표했다.[3] 나중에 1873년에 마이어는 신작 『인간 골격의 정역학과 역학』[4]에서 『해면뼈 구조』를 해당 학문과의 연관에서 다시 실었는데, 여기에 볼프의 견해에 대한 주석을 첨가했다.

---

3) Julius Wolff, "Über die innere Architektur der Knochen und ihre Bedeutung für die Frage vom Knochenwachstum", *Archiv für pathologische Anatomie und Physiologie und für klinische Medicin*, Bd. 50, Heft 3, Berlin, 1870, 389~450쪽.

4) Meyer, *Die Statik und Mechanik des menschlichen Knochengerüstes*, Leipzig, 1873.

잡지 『자연연구자』[5]가 '골격 구조'라는 표제 아래 대상에 대한 짧은 논의를 담았다는 점, 그리고 이와 긴밀한 연관 아래 '다리 구조'에 관한 서술을 담았다는 점은 여기서 말해 둘 필요가 있다. 이 학문적 결과는 아직 일반에게 널리 알려지지 않은 것 같다. 어떤 뼈의 구조적 질서가 『도표 정역학』의 이론적 입장과 일치한다는 쿨만의 증명을 마이어가 언급하긴 한다. 하지만 그는 골격의 정역학적이고 기계학적인 관계가 해면뼈의 구조와 연관이 있다는 점을 일반적인 수준에서만 언급하지, 이를 상세히 파고들지는 않는다(그림 22).

명확성을 위해, 우리는 그 발견이 어떻게 전개되었는지에 대한 볼프의 설명을 인용하겠다. "취리히 자연과학연구회의 쿨만 교수가 마이어의 표본을 검사할 기회를 가졌다는 것은 **과학에 엄청난 행운**이다. 이러한 운이 없었다면, 마이어의 귀중한 발견은 오랫동안 자연의 우아하지만 무의미한 장난 중 하나로 여겨졌을지도 모른다."

해면뼈 및 인간 대퇴골 위쪽 끝 구조, 이는 (골격과 유사한) 크레인의 이론적 누름 및 당김 과정과 일치함

"쿨만은 견본을 보고 곧바로 다음과 같이 언급했다. 인간 신체의 여러 곳에 있는 해면뼈의 섬유막대들은 수학자가 해당 뼈와 유사한 형식을 지니면서, 이 뼈와 유사한 힘의 영향을 받는 신체에 대한 도표 정역학에서 발전시킨 동일한 선 모양으로 구조화되어 있다. 그는 이제 크레인(즉 짐을 들어올리거나 들기 위해 굽어진 특정한 들보)을 서술했는데, 이를 인

---

5) *Der Naturforscher*, Nr. 36-37, 1870.

그림 23. 골격과 유사한 크레인
이론적인 당기기와 누름선, A-E 당김선, a-e 누름선. 대전자는 삭제된 것으로 생각함.

간 대퇴골 위쪽 끝 모양대로 그렸고, 여기서 그는 인간 신체의 무게 부담을 가성했다. 이 크레인에서 그는 자신의 학생들에게 이른바 당김과 누름 방향을 그리게 했다(그림 23). 어떤 결과가 나왔는가! 이 선들은 모든 부분에서 대퇴골 위쪽 끝에서 자연적으로 뼈 섬유막대가 뻗어 있는 방향들과 일치한다."[6]

볼프는 1869년 10월 취리히에 머물 때 마이어의 견본을 볼 기회를 얻었고, 사실상 해면뼈 골격이 그때까지 믿어 왔던 것처럼 뼈 섬유막대

---

6) Wolff, "Ueber die innere Architectur der Knochen und ihre Bedeutung für die Frage vom Knochenwachstum", *Archiv für pathologische anatomie und Physiologie und für klinische Medicin*, 401쪽.

와 빈 공간의 무규칙적인 혼돈이 아니라 실제로 잘 의도된 구조를 지닌다는 확신에 이르렀다. 그때부터 그는 범위를 확장하여 쿨만과 서로 학문적인 교류를 시도하면서 골격의 구조적 관계를 연구했다. 그는 인간 대퇴골 오른쪽 끝 부분을 한정하여 서술하면서 이 사례를 집중적으로 설명했다.

마이어의 견본들이 뼈를 두 개의 종단면으로 잘라 얻은 반면, 볼프는 베를린에서 부채살을 얻기 위해 상아를 종이처럼 얇게 자르는 기계를 이용할 수 있었다. 작은 통나무 위에 아교로 붙여 강력하게 고정된 뼈는 매우 빠르게 상하운동을 하는 세밀한 얇은 톱에 수평방향으로 천천히 이동됐다. 뼈는 소위 무늬목 잎 모양으로 잘렸다. 단면들을 세척하고 강한 대비를 위해 검은색 천 위에 놓고 훌륭하고 깨끗이 사진 촬영을 할 수 있었다. 볼프는 자신의 논문에 이런 종류의 사진을 첨가했다. 쿨만의 대퇴골 견본의 스케치와 자신의 도식적인 사진을 나란히 놓으니 "뼈와 유사한 크레인의 이론적인 당김과 누름 과정과 뼈 섬유막대의 질서 사이에는 **완벽한 일치**"가 드러났다.[7]

나아가 볼프는 "크레인처럼 대퇴골에 중량이 가해지면 구부러지게 되며, 대전자(Trochanter major)의 모든 부분들이 잡아당겨지며, 모든 부분들은 내부의 반대편을 누르게 된다. 그래서 전자를 당김 방향, 후자를 누름 방향이라고 부른다"라고 했다(그림 24).[8]

"하지만 잡아당김과 누름은 사물을 구부리는 외부 힘의 유일한 결

---

7) 앞의 논문, 412쪽.
8) 앞의 논문, 413쪽. 표현을 수정함.

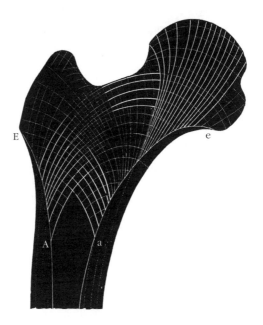

그림 24. 그림 22의 도해
A-E 당김 방향, a-e 누름 방향

과가 아니다. 여기서 각 횡단면 부분은 이웃한 횡단면 부분에 반발하
며, 각 종단면 부분은 이웃한 종단면 부분에 반발한다. 이것을 일으키
는 힘이 전단력(剪斷力)이며, 이에 따라 부딪히는 각 면에는 긴장, 즉 전
단이 발생하며, 이는 반대 방향으로 작용하는 이웃한 면에 반발력을 작
용한다."[9]

---

9) 앞의 논문, 404쪽. 크기가 같지만 반대되는 방향으로 움직이는 두 힘이 어떤 물체를 사이에 두
　고, 예를 들어 한 힘은 왼쪽에서 오른쪽으로, 다른 한 힘은 반대 방향으로 작용하게 되면 물체는
　비틀어지는데, 이 비틀리는 힘이 바로 '전단력'이다.

파울리의 다리지지대는 누르기와 당기기 이론에 기초함, 골격도 이에 기초를 두고 있음

볼프 논문에서 거의 30쪽에 달하는 위 내용의 증명으로부터 나는 궁극적으로 매우 중요한 결론만을 짧게 거론하고자 한다. "쿨만에 따르면 '사물은 전단력을 제거하기 위해 중량의 당김과 누름에 최대한 반발하며, 그래서 부러지지 않은 채 굳건히 커다란 부담을 지탱할 수 있다. 동일한 방식으로 다리의 모든 흔들림과 출렁거림을 최대한 막는 가장 합목적적 형식을 통해 다리지지대의 물질적 비용을 최소로 줄였다.'"[10]

"위의 문장에서 중요한 것은 단순한 이론이 아니라 이미 실천적으로 실현된 사물이다. 파울리의 다리지지대는 골격과 마찬가지로 당김과 누름 이론에 기초를 두고 있다. 뼈의 소위 대퇴골간은 압축된 해면뼈다. 여기서 이것의 개별 층은 해면뼈의 섬유막대의 직접적 연장이자 지지대다. (…) 골격의 골간과 해면뼈 영역을 구별할 수는 있지만 골격의 두 영역의 옛 구분은 이제 허용되지 않는다."[11]

엔지니어가 다리를 건설하는 것처럼 자연은 골격을 형성함

이제 볼프는 공학자가 그의 다리를 설계한 것처럼 자연이 골격을 설계했고, 공학자가 할 수 있는 것보다 자연이 이를 더 완성하고 위대하게 했다고 덧붙인다. 그는 자연을 통한 증명의 위력을 결정적으로 인정한다는 것, 즉 처음부터 그가 골격구조에 놀란 이유가 그것이 수학적으로 미리

---

10) 앞의 논문, 408쪽. 표현을 수정함.
11) 같은 곳.

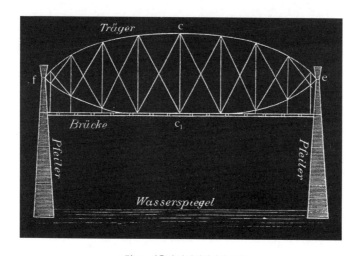

그림 25. 파울리 다리지지대의 도해

fce와 fc_1e는 실천적으로 실현된 당김과 누름 지지대이고, 내적인 당김과 누름은 뼈대 구조를 통해 대체되었다. 다리는 e와 f에 있는 중립적 축에 있는 기둥에 걸려 있다.

정해지고, 현실에서 사후적으로 입증됐다는 사실 때문이라고 중대한 고백을 하는데, 이 지점에서만 우리는 그에 찬성할 수 있다(그림 25).

골격은 살아 있는 조직으로 간주해야 함

논문 마지막 부분에서 볼프는 골격의 내적 구조로부터 골격 성장에 관한 물음의 결론을 다룬다. 이미 존재하는 뼈 요소에 새로운 요소를 부가하는 것을 비판하면서 그는 기계적 수동성(병치이론)이라는 옛 교리를 무너뜨리고 유기체에 적합한 자신의 관점으로부터 유기적 (세포 사이의) 물질교환 개선(섭취) 이론을 주장한다. 이를 통해 그는 살아 있는 조직에 부여되는 권리를 골격구조에 허용했다. 그는 "이는 모든 골격 일반에 타당한 법칙이며, 골격은 자신의 기능에 일치하는 구조를 지닌다"는 점을 논리적으로 매우 명확하게 설명해야만 했다. 그는 골격의 외적 형식으로부터 이 골격이 누름 또는 굽힘 압력을 받고 있는지, 그리고 해면뼈 요소 속에 어떤 구조가 있어야만 하는지를 추론했고 또는 거꾸로 해면뼈의 구조로부터 골격의 어떤 부위에 부하가 걸리는지를 해명했다. 이런 방향으로 추진한 그의 실천적 연구는 그의 첫 번째 추정을 확증했다.

이에 "해면뼈 영역의 기적"은 드러났다. 로젠크란츠는 그의 『심리학』에서 딱딱한 골격이 진리를 드러내야 한다고 말했다.[12] 괴테의 표현 "뼈 속에 있지 않은 것은 피부 속에도 없다"가 완전히 신뢰받기 전까지 그는 시간이 지날수록 수많은 새로운 미지의 것을 말해야만 할 것이다.[13] 이미 오래전부터 우리는 두개골이 "그 결(Textur)과 형태를 통해 소리의 훌륭한 전달자로서 증명됐고, 그래서 소리진동을 수용하는 데 기여한다"[14]는 점에서 청각을 촉진한다는 것을 알고 있다. 예를 들어 "어류는 골격관을 통해서만 듣는 동물"이다.[15]

자연연구가 일련의 결과물을 내놓으면서 이 문제를 해결했다. 연구는 임의의 골격으로부터 시작했다. 이것의 형식과 특성은 처음에는 전체 골격구조의 표상을 일깨우며, 해면뼈의 구조, 골격에서 부하를 받는 부위, 근육조직, 기관 기능, 영양 특성, 생리적 과정으로 이어지고, 일련의 지체를 그 연속적 계열 속에서 형성한다.

---

12) Karl Rosenkranz, *Psychologie: Oder, die Wissenschaft vom subjektiven Geist*, Königsberg 1843.

13) Wolfgang von Goethe, "Typus".

14) C. G. Carus, *Physis*, 437쪽.

15) L. Hermann, *Grundriss der Physiologie des Menschen*, 3. Aufl., 384쪽.

기관투사의 발견 관계

이제 우리는 특히 해면뼈 구조의 발견으로 얻은 최고의 기관투사 증거가 기관투사의 두 가지 방향과 어떤 관계를 맺는지를 설명해야만 한다.

기관투사는 한편으로는 일정한 소재를 통해 신체를 무의식적으로 복제하는 방향을 가지며, 다른 한편으로 유기체 이해, 더 나아가 무의식적으로 이루어진 내면과 외면의 통일을 가능한 최대로 인식하기 위해 기계를 사후적으로 이용하는 방향을 지닌다. 여기서 우리는 골격 구조에 관한 논문이 한 측면, 즉 후자의 측면만을 주장한 것임을 알 수 있다.

골격의 스폰지 조직, 즉 해면뼈는 예로부터 주목받아 왔다. 이는 돌도끼로 골수를 빼내기 위해 뼈를 종단면으로 쪼갠 원시의 인간에게나 현대의 해부학자에게 알려져 있다. 작은 지지대와 판으로 이루어진 골조구조는 상세한 연구의 대상은 아니었지만 항상 존재했다. 이것이 전부다.

골격구조의 일반적인 목적은 누구에게나 명백해 보였고, 다른 설명을 필요로 하지 않았다. 하지만 자연이 그 목적을 달성하는 수단은 뼈가 그 유기적 질서 속에서 파악되지 않았던 것처럼 오랫동안 상세한 연구에서 비껴 있었다. 골격의 성장은 비유기적 물질의 변화와 마찬가지로 새로운 뼈 물질의 부가를 통해 확장되는 것으로 간주했고, 나무나 돌처럼 수천 년 동안 뼈 외의 신체 부분의 소멸을 견뎌 온 일종의 지지대와 지주로 여겼다. 하지만 유기체 개념의 점진적인 해명과 심화 덕분에, 그리고 유기적 구성 부분, 즉 지체의 목적이 지체의 유일한 사명이라는 것, 다시 말해 볼프의 표현에 따르면 **골격의 구조 방식이 그것의 유일하게 가능한 구조**라는 것을 점점 명확하게 통찰한 덕분에 소위 죽은 골격을 다른 눈으로 바라보기 시작했다.

기계적 이론 대신 세포로부터 유기적 성장에 대한 증거를 찾았다. 뼈 섬유막대는 근육 가닥이나 섬유 가닥처럼 형성되고, 형식과 분류는 전체와의 상호적인 연관 속에서 이뤄지며, 해면뼈는 골간의 가지치기의 증거가 되며, 이 가지들이 특정 방향으로 뻗은 것은 하중에 대한 반발로 인식된 골격의 목적과 일치한다.

그동안 기술은 골짜기와 하천을 건널 수 있게 하는 기계적 장치들을 현실화했고, 수학법칙에 따라 계산된 이들 형식들은 완전히 동일한 목적을 지녔다. 상황의 도움으로 적당한 사람들이 적당한 곳에서 모였고, 바스티안(Adolf Bastian)이 "우리가 사유하는 것이 아니라 그것이 우리 안에서 사유한다"고 말한 것처럼 갑자기 천재적인 발견이 "이루어졌고" 새롭게 빛나는 빛이 학문에 나타났다!

자연연구의 기계론적인 규율화

이는 자연탐구의 기계적 규율화이며, 이는 다른 많은 생리학의 발견처럼 성공했다. 존재하는 기계 장치는 원천적으로 기관투사를 통해 그 형식이 생성되었지만, 이 원천에 대한 지식이 없어도 이 장치는 연구자에게 도움이 된다. 하지만 연구자는 장치를 경이로운 유기적 구조를 해명하기 위한 수단이자 도구로서 무의식적으로 이것과 비교해야만 한다. 그래서 볼프는 다음처럼 천명한다. "자연은 말하자면 수학 문제를 풀었고, 당김과 누름 방향을 기적적으로 확증했다." 기계학은 이처럼 유기체 해명을 위한 횃불이다. 이것이 볼프 발견의 관점이며, 이는 위에서 언급한 바와 같이 기관투사의 한 측면, 즉 유기체 자체에 대한 증명이다.

하지만 이 측면이 어떻게 다른 측면의 전제 없이 사유 가능할 수 있는가? 다른 측면은 이 책의 연구과제로서 [이 책 이전에는] 지금까지 다뤄지지 않았다. 하지만 자기를 투사하는 기관과 투사된 기술적 복제 사이의 본질적 일치를 세밀하고 사실적으로 증명하게 되면 이 측면이 해결된다.

학문은 유기체 속 모든 작용인에 대해 기계 속에서 그 유비를 찾으려 함

기계와 장비를 통한 경험의 도움으로 유기적 상태를 추적하고 밝히는 것을 비난할 것이 아니라 엄격한 귀납법을 준수해야만 한다. 도구, 장비, 기계들은 존재하며, 이들의 생성 방식은 나중의 이해 대상이다. 도구와 기계의 각 부분들은 직접적으로 연구할 수 있으며, 수학적 계산에 의해 효력을 미치는 이들의 힘은 눈에 띄며, 손으로 통제할 수 있다. 반대로 생리학적 과정은 직접적으로 이해할 수 없으며 기계 장비의 도움으로 실험을 통해서만 파악해야 한다. 기계들이 이러한 목적을 위해 존재하며, 여기서 이들 기계의 특징이 유기 조직과 근친적이라는 것을 이해해야만 한다. 이 인식 수단의 가치와 의미는 이 수단 사용의 성과와 필연적으로 비례한다. 그래서 막스 하인체 같은 전문가는 "우선 기계적 작용을 사유하거나 적어도 **모든 작용인의 유비를 기계 속에서 찾아야 하며**" 기계학의 표현 방식 속에서만 새로운 생리학적인 발견이 보고될 수 있다고 적절하게 언급했다.[16]

---

16) Max Heinze, "Die mechanische und die teleologische Weltanschauung", *Grenzboten*, Nr. 42, 1874.

학문이 자신의 통찰을 얻는 길이야말로 공공적으로 자신을 알릴 수 있는 데 가장 적합한 길이다.

그래서 생리학은 생명체를 기계 관찰과 그 사용에서 얻은 직관형식을 통해 서술한다. 생명체를 기계적으로 접근하는 시도가 없었다면 중요하고 유용한 발견들이 전혀 가능하지 않았기 때문에, 이 방식을 사용하는 생리학은 정당하다고 할 수밖에 없다. 확실히 목적론적인 진리는 매우 느리게만 자신이 유래한 알 껍질에서 빠져나올 수 있다. 이는 오늘날에도 천문학자가 일반적으로 코페르니쿠스식이 아니라 프톨레마이오스식으로 표현하는 것과 같다. 그래서 생명체에 대한 기계론적 관점은 오로지 언어적인 표현 속에 남아 있다. 이 표현은 그 감각적 표현형식으로서 관념적 관계의 이해를 위한 도구라 할 수 있다.

기계 장비와 특정 유기조직의 관계는 미리 결정되어 있다. 그래서 돋보기와 눈은 하나를 다른 하나에서 발견하며, 이는 진동하는 현과 귀, 펌프장치와 심장, 파이프와 후두, 다리지지대와 대퇴골, 손도구와 손에서도 마찬가지다. 한번 인식되면 이 관계는 기술적으로 다양하게 원천적 관계에 의식적으로 적용할 수 있다. 그래서 오목렌즈가 안경을 완성하며, 다른 많은 기관, 후두, 귀, 입, 코 등도 동일한 결과를 지닌다고 할 수 있다. 무의식적인 본능적 발견과 의식적인 의도적 노력 및 발명은 상호적이다. 정교한 장치가 숙련된 사유의 결과라고 생각할 때마다 우리는 좀 더 주의 깊게 관찰해야 하면서 항상 이 요소들의 구성이 무의식의 영역에서 온 것이며, 무의식적으로 손으로 제작된 원천적인 작품으로 환원된다는 것을 확신하게 될 것이다. 그래서 기술의 의식적 창조가 전면으로 밝게 빛날지 몰라도 이는 무의식의 심층으로부터 온 반사 빛이며, 이는 원시도구에서 발전한 의식에 불과하다.

현실적 경험의 개념과 가치

그래서 한번 내딛은 현실적인 경험의 길에서 우리는 항상 내부로부터 다음과 같은 거부할 수 없는 결론에 내몰린다. 인간으로부터 온 모든 것은 흩어진 인간적 자연(Menschennatur)이며, 이 자연은 흩어진 것들이 욕구체계로 외부적으로 구성하면서 이들의 통일을 신체적 본질에서 재발견할 때에야 비로소 참된 의식으로 나아간다.

욕구체계, 기관투사를 통해 도구나 장비로 발전하고 혼이 불어넣어진 소재, 이를 통한 지구 표면 위에서의 인위적인 변화는 외부세계로서, 이는 낯선 동물에 존재하는 자연세계와 달리 장점을 지닌다. 즉 인간은 그 속에서 자기 자신을 재발견하고, 자신을 알게 되고 파악하게 되며, 자기의식적이 된다.

왜냐하면 외부로부터 온 자극을 이해하기 위해 인위적인 기관인 도구를 창조할 능력을 가지지 못했다면, 인간은 외부세계를 영원히 파악하지 못하는 동물과 똑같이 자연, 우주를 대했을 것이기 때문이다. 자연은 모든 유기체 실존의 첫 번째 조건이다. 하지만 자연은 인간의 기술 충동에 의해 창조된 외부세계와 비교하면 인간 완성의 첫 번째 계기라 할 수 없다.

유스투스 로트(Justus Roth)와 에밀 두 보이스-레이몬트(Emil Du Bois-Reymond)가 자연연구를 위해 도입한 "현실주의 원칙"이란 표현은 잠트(P. Samt)의 자세한 규정을 통해 "경험적 현실주의 원칙" 또는 "현실적인 경험의 원칙"으로 그 타당성을 획득했다. 그는 설명하기를, "항상 현실적인 경험이 대전제이며, 사실로서의 현실적인 것이 그 반대가 증명되기 전까지는 **과거와 미래를 위해** 전제된다고 이 원칙은 요구한다".[17]

　　우리는 이런 증명이 기관투사를 위해 매우 중요하다고 생각한다. 그것의 효력이 과거나 현재에 증명되었다면 그것은 또한 미래에도 타당할 것이며, 더 많은 사실들이 첨가된다면 이 효력은 더 강화될 것이다.

17) Paul Samt, *Die naturwissenschaftliche Methode in der Psychiatrie*, Berlin, 1874, 108쪽 이하.

VII. 증기기관과 궤도

기계의 기계

이제부터 우리는 보편적으로 다양하게 존재하는 기술의 개별 작품 영역을 떠나 거대한 문화수단을 고찰하고자 한다. 이는 철도, 전신 등 현재 세계의 부분들을 이으며 전체 지구를 감싸안는, '장비'라는 표현을 넘어서는 **체계**로 등장했다. 이제 우선 체계로서의 철도를 논의하기 전에 그것의 한 요소인 **증기기관**을 먼저 고찰해야만 한다. 왜냐하면 증기기관에 타당한 모든 것은 그것의 특수한 형식인 기관차에도 타당하기 때문이다.

가장 뛰어난 기계인 증기기관은 거대 산업의 영역에서 **기계의 기계**이다. 이는 우리가 기계학적 개별 형태 영역에서 손도구를 다른 모든 도구의 도구라고 한 것과 유사하다. 수공업 지반으로부터 산업이 점차 풍력과 수력의 도움으로 엄청난 확장을 거듭한 끝에 인간은 거대한 재료 덩어리를 장악하고 지금까지 직접적으로 자기 노동에 사용한 체력의 중요한 부분을 자연력을 통제하고 사용하는 데에 쓸 수 있게 되었다. 하지만 바람과 물은 간헐적으로 존재하며, 이들 사용은 시간과 공간에 영향을 많이 받으며 배 운항도 여기서 예외는 아니다. 인간은 날씨, 계절의 영향을 많이 받기 때문에 자연을 자기 목적에 맞게 댐, 수문, 톱니바퀴 장치를 통해 사전에 통제한다 해도, 자연의 방향과 다르게 할 수 없기 때문에 자연의 지배 아래 놓일 수밖에 없다.

제임스 와트(James Watt)는 지금으로부터 100년 전에 증기기관을 완성했다. 옛 요소들, 흙, 물, 공기, 불을 폐쇄된 틀에 넣으니 이들을 자유자재로 다룰 수 있게 됐다. 새로운 모터가 개발되고 기이한 발명이 세계 전체에서 시작됐다. 이것으로부터 거대 산업이 유래한다.

동력인 증기의 지배로 새로운 노동 개념이 생겨났다고 설명할 수 있다. 대규모 노동은 대규모 노동자를 필요로 한다. 이들이 한 지역에 집중적으로 모임으로써 많은 관점에서 [이전과] 차이를 느끼게 된다. 지속적인 함께 있음의 감정 속에서 '노동자'는 곧 다른 직업에 비해 무시당한다고 믿거나 다른 모든 노동하는 이들과 다르게 특수한 신분으로 우대받아야 한다고 믿게 된다.

증기기관과 인간 유기체를 비교함으로써 힘 보존을 감각적으로 명확히 함

여기서는 이 [노동 방식과 관련한] 현상을 더 자세히 밝힐 수 없다. 전체 문화와 긴밀하게 접촉하고 있는 이 현상을 언급하는 이유는 이것이 힘의 보존 개념과 유비적으로 조립된 첫 번째 기계[증기기관]가 가지는 세계사적 의미를 간접적으로 증명하기 때문이다. 이 기계가 미래에 미칠 영향은 현재는 완전히 가늠할 수가 없다.

모든 세계에 알려지고, 경탄을 받고 사용되고 있는 증기기관은 참된 '세계의 기계'이다. 이는 집, 마당, 숲, 들에서 물과 땅과 관련해 이루어지는 인간 활동을 보조하며, 수레를 끄는 동물을 대체하며, 케이블을 놓거나 책을 인쇄하는 데 도움을 주고, 그 활용의 보편성 덕분에 힘 보존 법칙을 감각적으로 보여 준다. 그 가치는 신체적 유기체와 비교하면 다양한 작업에서 발휘된다. 무엇보다 오토 리프만은 말하기를, "실제로 여러 눈에 띄는 유비들이 존재한다. 여기 저기에 결합된, 관절 등을 통해 서로 움직이는 부분들로 이뤄진 복잡한 체계가 존재한다. 이는 역학적 작업을 실행할 수 있다. 기관차는 산화 과정의 화학적 작용에서 생기는 열을 움직임, 운동체계로 뒤바꾸기 위해 동물처럼 영양 공급을 필요로 한다. 동물처럼 그것은 쓰레기, 연소물을 배출한다. 모두 기계 부분 또는 기관을 사용한다. 영양 재료 또는 재료 공급이 중지되거나 본질적인 기계 부분, 기관이 파괴되면 모든 기능이 정지되고 죽음의 상태가 된다."[1]

헬름홀츠는 강연 「자연력의 상호작용에 관하여」에서 이를 비교한다.[2] "유기적 존재의 움직임과 노동은 어떠한가? 이전 세기의 자동기계 설계자들에게 기계나 동물은 시계처럼 보였다. 시계는 성장할 수 없으며, 그 동력을 스스로 창조할 수도 없다. 시계 설계자들은 영양 공급을 동력 생산과 아직 결합할 줄 몰랐다. 하지만 우리가 증기기관에서 동력의 원천을 알게 된 이후 이것이 인간에도 유사한지 물어야 한다. 사실상 생

1) Otto Liebmann, "Platonismus und Darwinismus", *Philosophische Monatshefte* 9, 1874, 456쪽; Otto Liebmann, *Zur Analysis der Wirklichkeit*, 297쪽 이하 참조.
2) Helmholtz, "Über die Wechselwirkung der Naturkräfte und die darauf bezüglichen neuesten Ermittelungen der Physik", *Populäre wissenschaftliche Vorträge*, Bd. 1-3, Braunschweig, 1876, 34쪽.

명의 지속은 영양 수단의 지속적인 수용과 결합해 있으며, 이 수단은 연소물질로서, 완전한 소화를 통해 혈액으로 공급된 이후 폐에서 느린 연소 과정으로 이어지고 결국 공기 산소와 결합하는데, 이 결합은 불 속 연소에서도 일어난다. (…) 동물 신체는 열과 힘을 어떻게 얻는지에 따라서가 아니라 얻은 동력을 사용하는 목적, 방법을 통해서만 증기기관과 구별된다."

로베르트 마이어는 매우 유사하게 영양에 관한 강연을 했다. 동물의 영양과 식물의 영양이 어떻게 다른지 보여 준 후 그는 다음처럼 이야기했다. "동물은 임의적인 운동을 하는 능력을 통해 본질적으로 식물과 구별된다. 하지만 이 역학적 운동에 필요한 재료는 식물 영역에서 왔고 그 전에는 태양이 이 영역에 원료를 공급했다. 그래서 동물은 선행하는 태양 빛을 운동과 열로 전환한다. 내가 이야기하고 있는 이 관점에서 지체의 무한한 다양성을 지닌 동물 유기체는 증기기관과 비교할 수 있다. 증기기관 또한 그 작동, 일의 산출을 위해 열을 소모하며, 이 열은 식물 세계가 저장한 태양 빛이다. 그리고 인간 또한 신체적 관점에서 동물과 많은 공통점을 가지기에 우리는 동물과 인간의 영양섭취를 종종 비교해야만 한다."[3]

열의 역학적 등가물을 발견한 마이어, 그리고 이 이론을 힘 보존 법칙으로 발전시킨 헬름홀츠의 특별한 권위는 우리 논의에 더 큰 정당성을 제공할 수 있다. 이를 통해 **표준기계를 모든 기계의 표준 원상[즉 유기체적 신체]과 비교하는 것**이 적절하다는 것을 상당히 보증할 수 있다. 하

---

3) Robert Mayer, "Über die Ernährung", *Naturwissenschaftliche Vorträge*, Stuttgart, 1871, 66~67쪽.

지만 우리는 비교가 완벽할 때에만 이를 언급할 것이며, 이 비교는 모든 공통점을 제시한 후 보편적이고 특징적인 구별을 강조할 때에야 완벽해진다. 이 구별을 통해서야 비로소 발견한 일치는 의미와 지시체를 얻게 된다. 이 점에서 어떻게 유기체 개념을 역학적 개념과 혼합해서 발생하는 모든 혼동으로부터 위에서 언급한 보증인을 통해 구해 낼 것인지를 특수한 관심으로 쫓을 수 있게 된다. 왜냐하면 마이어는 비교가 유사성에 의존하며, 유사성이 아직은 동일성이 아니라는 점을 분명히 덧붙이기 때문이다. "동물은 결코 단순한 기계가 아니며, 식물보다 상위에 있다. 왜냐하면 그것은 의지를 지니기 때문이다." 헬름홀츠는 인간 노동과 기계 작동 사이의 구별을 더 명확히 강조한다. "기계와 자연력의 작용에 대해 이야기할 때 이 비교에서 우리는 당연히 인간 노동에서 지성의 작용에 들어 있는 것을 빼야만 한다. 기계 작동에서 지성의 작용으로부터 오는 것은 당연히 설계자의 정신에 속하며, 작동하는 도구에 속하는 것으로 여길 수 없다. (…) 노동 개념을 기계의 작동을 표시하는 걸로 사용했는데, 이는 기계 작동을 인간 및 동물의 활동과 비교하고, 이 활동이 대체로 기계 작동을 규정했기 때문이다. (…) 시계의 톱니바퀴는 자신에 부여되지 않은 어떠한 힘도 산출하지 않으며, 부여된 힘을 오랜 시간 동안 균등하게 나눌 뿐이다."[4]

기계와 인간 유기체를 비교하면서 리프만은 눈에 들어오는 유사성을 차이와 평행하게 놓는다. "하지만! 하지만! 기계는 외적으로, 임의로 만든 인공물이며, 유기체는 내적인, 숨겨진 법칙에 따라 원천으로부터

---

4) Helmholtz, *Gesammelte Vorträge*, 142쪽; Helmholtz, *Wechselwirkung der Naturkräfte*, 8, 13쪽.

성장한다. 기계의 지배자(ἡγεμονικόν, 헤게모니콘)는 기계에 속하지 않으며, 기계 속에 있지 않다. 난방 기사와 기관사는 기계 위에 앉아 이를 조종한다. 이는 마부가 말을 조종하는 것과 같다. 살아 있는 유기체의 지배자인 **지성과 의지**는 유기체에 속하며, 유기체와 함께 탄생했고, 그것의 구성 부분이다. 물리적 기능과 상관없이 기계의 부분들은 단번에 투입되고, 기계가 외적으로 수리되기 전까지 그 물질적 구성부분에 있어 동일적으로 머문다. 반면 유기체의 기관은 형식적으로 동일하지만 그 소재는 계속 변화하며 스스로 자기 자신을 재생하거나 수리한다."[5]

인간의 기계화와 기계의 인간화 등 격을 낮추는 기계론적 세계상

위의 설명은 인간의 기계화와 기계의 인간화 등 격을 낮추는 기계학적 세계상을 근본적으로 거부하고 있다. **기계의 작동[노동] 개념이 인간과의 비교를 통해 도출된다**는 헬름홀츠의 표현은 직접적인 결론을 포함하고 있는데, 기계 자체도, 이것이 인간 노동을 대체할 수 있으려면 그에 맞게, 즉 유기체의 노동을 대체한다면, 유기체에 맞게 구성되어 있어야 한다는 것이다. 기계의 작동능력 또는 그 쓸모는 이를 사용하는 인간과의 관계, 그리고 특정 기관이 기계의 도움 없이도 달성하는 목적과 관련이 있다.

개별 도구의 경우 그 작동능력을 통해 기관의 형태가 다소간 드러나기 마련이다. 복잡한 기계의 경우 첫 번째 속성[작동능력]이 더 드러나는 반면 두 번째 속성[기관과의 유사성]은 잘 보이지 않는다. 전체로서

---

5) Otto Liebmann, "Platonismus und Darwinismus", *Philosophische Monatshefte* 9, 1874.

의 증기기관의 형식과 인간의 신체 형태는 겉보기로는 거의 혹은 전혀 공통점을 지니지 않지만, 이 기계를 구성하는 다양한 부분들은 개별 기관과 동일할 수 있다. 기계의 많은 부분들은 원천적으로는 고립된 도구들로서 증기기관에서 외적으로 기계의 전체 작동을 위해 통합되어 있다. 이는 인간의 경우 동물적 지체들이 내적으로 최고도로 생명 통일체로 통합되어 있는 것과 같다.

기계적 완성의 실현은 유기적 발전이론과 일치한다

그렇게 유기적인 발전이론은 원시인의 손 망치로부터 모든 도구, 장비, 단순한 구조의 기계를 거쳐 복잡한 기계에 이르는 **기계적인 완성실현**과 일치한다. 이 복잡한 기계 가운데 **견본기계**(Mustermaschine)가 있는데, 왜냐하면 이는 과학에 의해 도구로 인정되고, 일종의 물리학적 장비로서 유기체의 생명과정과 자연력 간의 상호작용을 이해하는 데 도움을 주기 때문이다. "기관차의 발명은, 정확히 말하자면, 인간이 불을 붙이고 이를 유지하는 기술과 친숙해진 시기까지 거슬러 올라간다. 바퀴의 발명은 이미 더 나아간 진보다. 점차 기계 장치들을 알게 되면서 금속과 그 제련기술을 성공적으로 발견하게 되고, 다른 자연 동력을 대체하던 자연 동력을 사용하게 된다. 그러다가 증기에 동력이 있다는 것을 발견하게 되고 여러 실험 실패 끝에 이를 올바르게 이용할 줄 알게 되었고, 끝내 남아 있는 마지막 발견이 한 사람에 의해 이루어질 수 있었다."[6]

---

6) William Dwight Whitney, *Die Sprachwissenschaft: W. D. Whitney's Vorlesungen über die Principien der vergleichenden Sprachforschung für das deutsche Publikum, bearbeitet und erweitert von Julius*

발명에서 무의식과 의식의 상호적인 작용

위대한 발명들은 '처음에는 무의식적이던 목적'을 향한 계속된 추구의 결과물이다. 증기기관 발명의 긴 세계사적 단계들을 예비한 자들은 자신의 개별 목적에 의식적으로 만족하면서 무의식적으로는 기관차에서 드러난 위대한 문화이념에 봉사했다. 발견과 발명이 번갈아 이어지는 것처럼 **의식과 무의식은 끊임없이 서로를 밀어내고 서로에게 작용한다.** 하지만 이념이 실현되기 전에는 의식적인 추구의 불안이 지배권을 가진다. 개별 발명의 계열 속에서 수많은 껍질이 벗겨진 후에야 이념은 아직도 남아 있는 마지막 발명을 통해 자신을 드러내며 결국 개인의 지속적인 연구와 인식의 용기와 합치하게 된다. 제임스 와트는 자신이 찾는 것을 분명히 명료하게 알았고 그래서 많은 이들이 목표에 점점 다가가려고 행한 시도들이 무의식적으로 예비한 기초 위에서 때가 찾아와 자신이 원하는 바를 발명하는 데 성공했다. 하지만 그 또한 자신의 발견이 스티븐슨을 통해 얼마나 새로운 완성의 단계로 나아갈지를 알지 못했다.

궤도가 증기기관에 복속됨, 기관차와 철도

궤도와 증기기관은 오랫동안 서로 무관하게 함께 존재했다. 스티븐슨은 증기기관에 전진운동을 부여했고, 궤도를 **기관차**와 결합시킴으로써 **철도**의 창조자가 되었다. 궤도와 증기기관이 서로 무관하게 존재하는 한, 궤도는 옛 광산에 일반적이던 개 썰매줄의 개선 그 이상도 아니었으

Jolly, München, 1874, 601쪽. Franz Reuleaux, *Kurzgefasste Geschichte der Dampfmaschine*, Braunschweig, 1864 참조.

며, 증기기관은 풍력과 수력의 대체물에 다름 아니었다. 이 둘의 합치인 **철도망**과 물과 바다를 넘는 그것의 연장인 증기선을 통해 이들은 이미 현재 보편적인 의사소통의 담지자로서 전 지구적 인간 현재의 매개자이다.

철도체계의 유기적 원상으로서 혈관계

궤도와 증기선을 하나의 전체로 통합하게 되면서 인간의 생존수단을 순환시키게 된 교통망은 유기체 속 혈관망의 복제이다. 이러한 관점에서 보면 혈액순환에 대한 학문적 서술은 그 유기적 과정을 설명하기 위해 인간 삶의 필요를 충족시키는 증기력의 엄청난 물류 역학으로부터 도움을 받아야 하며, 만약 이 장점을 포기하려 한다면, 이는 매우 이상할 것이다. 하지만 우리는 반대되는 내용을 이야기하는 많은 표현들을 접한다. 즉 신경계와 전신(電信)을 이미 정당하게 비교할 때처럼 이 경우 기관투사를 인정하지 않을 수 없다.

이런 관점에서 오이트만(Dr. Oidtmann)이 공적인 강연에서 종종 혈액순환을 설명하기 위해 사용한 비교는 정당하다. 쾰른 신문의 보도에 따르면 "그는 두 개의 궤도, 변경궤도와 연결궤도, 정지선과 출발하는 기차, 정지하는 기차 등의 그림으로 대중에게 혈액순환의 복잡한 과정을 명확하게 보여 줬다". 여기서 이 "그림"은 우리가 수차례 거부한, 무제한적인 변종을 허용하는 알레고리적 감각형상이 아니라 투사의 복제로서, 이 복제는 절대적으로 하나만 존재한다.[7] 그래서 페로트(F. Perrot)는 물과 육지에 존재하는 교통장치들을 열거한 후에 이에 일치하는 결론을 내린다. "수많은 교통수단들은 서로 독립적으로 존재하는 것이 아니라 서로 교차하고 서로를 제한하고 속하는 하나의 전체를 형성하며, 혈액순환이 인체에 대해 가지는 것처럼 이 전체는 국가와 동일한 관계를 가진다."[8] 마찬가지로 펄스(M. Perls)는 "거대한 철도를 혈관의 순환 체계"와 나란히 놓는다.[9]

여기서 증기기관과 궤도를 기관차의 기본조건으로서 많이 다뤘는데, 우리는 이를 이후에 국가의 여타 기능과의 연관하에서 다시 한번 다룰 것이다.

매우 강력한 산업의 지렛대 창조에서 무의식의 지배력은 매우 커다란 것처럼 보인다. 제임스 와트와 로버트 스티븐슨은 자기 신체가 그들 기계의 역학적 장치에 법칙과 규칙을 제공하도록 의도한 것이다. 하지만 결과적으로 한 명의 작업이 다른 이의 작업과 조화를 이룬 것은 매우 적절했으며, 인간에 대한 지식 분야에서 매우 저명한 대표자이자 해석자는 유기적 원상과 역학적 복제의 근친성을 위의 사례의 도움을 통해 발견하게 될 것이다. 그렇지 않다면 학문은 왜 기계 장치 및 역학에서 가져온 개념들을 계속 이용하겠는가? 무의식이 개별 기술적 실천을 위한 기계설계 배후에서 역할을 한다는 점을 우리가 잊지 않는다면 활동적인 기관의 역할이 기계적 형식에서 더 크게 느껴질 수밖에 없다. 왜

---

7) 알레고리는 문자적으로는 어떤 원본을 '다르게 표현한 것' 일반을 가리킨다. 알레고리는 원본을 지시하되, 이를 다르게 표현함으로써 지시한다. 다르게 표현할 수 있는 가능성은 무제한적이다. 반면 기관투사의 복제물은 원본을 충실히 반영해야 한다. 원본과 알레고리가 '1 : 다'의 관계라면 원본과 복제의 관계는 '1 : 1'이라 할 수 있다.

8) Franz Perrot, *Vortrag über die notwendigen Schritte zur Hebung des deutschen Verkehrswesens*.

9) Max Perls, *Vortrag über die pathologische Anatomie*, 10쪽.[Max Perls, *Über die Bedeutung der pathologischen Anatomie und der pathologischen Institute*, Berlin, 1873.]

냐하면 증기기관은 고차의 기계 진보가 기관 형식의 무의식적인 복제라기보다는 기능 상(像)의 투사, 즉 생명체의 투사, 유기체로서의 활동적인 정신의 투사라는 점을 밝혀 주기 때문이다.

증기기관에서 놀라운 것은 기름 먹인 금속 돌림판을 통해 유기적 관절 결합을 복제하는 것처럼 개별 기술, 예를 들어 나사, 팔, 망치, 지레, 피스톤 등이 아니다. 오히려 기계의 발전 과정, 즉 연료를 열과 운동으로 바꾸는 것이며, 이는 기계의 자동적인 작업이라는 악마적 가상을 불러일으킨다. 여기서 손으로 철 거대물을 세워 폭풍, 바람, 파도에 맞선 인간이 스스로 감탄하게 된 자신의 유래를 상기해야 한다. 여기서 이를 바라보는 시선은 모든 인간학의 진리인 포이어바흐의 표현, 즉 "인간의 대상은 다름 아니라 자신의 대상적 본질이다"를 명확히 밝혀 주는 데 기여하게 된다.[10]

---

10) Ludwig Feuerbach, *Das Wesen des Christenthums*, 6쪽.

VIII. 전신

학문의 측면에서 전신체계와 신경계의 평행론

어떤 과정이 다른 과정에 직접적으로 연결되는 사태를 "뒤를 쫓는다"라고 표현한다면, 전신이 철도의 뒤, 선로의 뒤를 쫓는다고 말할 수 있다.

이를 신경계의 기능과 비교하는 것은 매우 타당하다. 이 비교를 일반적으로 사용하는 것은 이를 통해 유기체 내 전기흐름을 가시화할 수 있기 때문이다. 신경이나 전깃줄의 표상은 일상에서는 거의 동일한 것으로 인식된다. 그래서 전신 케이블 다발처럼 자신의 유기적 원상을 그렇게 정확하게 재현하는 기계 장치도 없으며, 반대로 신경만큼이나 그 내적 특성이 전신 케이블처럼 이 기관을 무의식적으로 따라 만든 구조 속에서 이처럼 명확하게 드러나는 것은 없다. 기관투사는 여기서 위대한 승리를 자축한다. 무의식적으로 유기적 범례에 따라 제작하기, 원본과 복제를 유비의 논리적 강제에 따라 발견하기, 의식 속에 떠오르는 기관과 인위적 도구의 일치를 동일성의 정도에 따라 사유하기, 즉 기관투사 과정의 이 세 가지 계기는 전신체계에서 가장 명확하게 드러나 있다. 우리는 여기서 이에 대해 가장 자신감 넘치는 목소리를 제시할 것이다.

신경은 케이블 장치다

피르호는 『척수에 관하여』란 강연에서 다음처럼 말한다. "그러한 줄(신경섬유다발)을 끊으면, 절단면의 개별 흰색 다발들이 앞으로 튀어나와 있는 걸 보게 된다. 이 작은 단면의 모습은 해저 전신 케이블의 넓은 단면이 큼지막하게 보여 주는 것과 **정확히** 일치한다. 이 단면에서 덮인 절연층을 제거하고 개별 선들을 풀 수 있는 것처럼 신경 단면으로부터 풀어 신경섬유의 개별 다발, 그리고 이 다발로부터 개별 신경섬유를 풀 수 있다. 사실상 둘의 모습은 완벽하게 일치한다. 전신 케이블을 마치 인간의 신경이라고 부를 수 있는 것처럼 신경은 동물 신체의 케이블 장치이다."[1]

이 문장은 매우 명료하게 표현하고 있다! 여기서 의심스러운 "마치" 또는 "어느 정도"란 표현은 입에서 나온 정언적인 "사실상"이라는 표현을 통해, 그리고 다른 해석, 다른 유보를 허용하지 않는 다음과 같은 설명을 통해 사라지게 된다. 신경은 동물 신체의 케이블 장치이며, 전신 케이블은 인간의 신경이다! 덧붙이자면 신경은 그래야만 하는데, 왜냐하면 기관투사의 특징이 무의식적인 과정이기 때문이다. 또는 전기 흐름을 통해 소식을 멀리 보내는 데 성공한 사람들은 첫 번째 시도 전에 신경을 분해하고, 이를 그대로 따라 설계하고 신체의 신경계와 동일한 전기 줄 배열을 땅 위에 설치한다는 의식적인 의도를 가지고 이를 실행

---

1) Rudolf Virchow, *Über das Rückenmark*, Berlin, 1871, 10쪽.

그림 26. 1865년도 심해 케이블

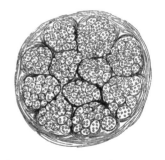

그림 27. 신경 단면

했겠는가?(그림 26, 27)

　　전신 케이블에서 이루어지는 경험이 어떻게 신경활동에서 반복되는지를 설명하면서 피르호는 다음처럼 말한다. "자극을 통해 신경에 일어난 변화의 본성에 대해 아무것도 알지 못한다 해도, 우리가 신경흐름을 알지 못한다 해도, 전신장치와의 유사성이 눈에 들어올 것이다. 하지만 우리는 우선 두 보이스-레이몬트의 연구를 통해 사실상 신경흐름이 전기적이라는 것을 알고 있으며, 그래서 직접적으로 인간의 전체 운동 장치와 활동은 전신 설계 및 작용과 평행적이라고 말할 수 있다."

"**운동신경**은 신경흐름의 담지자라는 속성만을 가진다. 이는 척수로부터 근육 방향으로 **원심적으로** 움직이고 근육에 도달하면 이를 스스로 운동하도록 야기한다. 흐름 자체는 **전신선의 전기흐름처럼** 결코 직접 볼 수가 없다. 활동적인 신경은 정지한 것처럼 보인다. 그것은 장소도 형태도 변화하지 않는다."

"**감각신경**은 다른 부분과 특수하게 결합해 있지 않고 **주변으로만** 흐른다는 점에서 구별된다. 그 신경섬유는 점점 더 나뉘지만 조직 사이사이를 지나가고 그들 다수는 그 자체로 끝이 난다. (…) 이런 종결지점의 자극은 이것과 연결된 신경섬유로 이어지고 이를 통해 뒤의 뿌리를 통해 척수로 전이되는 **구심적** 흐름이 생겨난다."[2]

"이제 척수의 하얀 다발들이 뇌까지 이동해 그 속으로 들어가게 되는데, 이는 전선장치로서, 이는 뇌와 연결되고, 뇌를 통해 주변부 신경과 연결된다. 뇌는 의지와 의식의 본거지이기 때문에 척수는 임의적인 운동, 의식적인 감각과 관련하여 뇌와 다른 모든 신체 부분 사이의 매개지체이다."

인용된 내용이 신경관과 전신선의 '완벽한' 평행을 유일하게 인정한 것이라면 이 부분은 우리가 증명하고자 하는 것을 위한 충분 조건이 될 것이다. 한편으로 대상을 가능한 한 더 명료하게 하기 위해, 다른 한

---

2) 앞의 책, 13~15쪽.

편으로 이 관점이 현재보다 더 많은 호응을 얻고 있음을 보여 주기 위해 다른 권위자를 인용하는 것이 좋을 것이다.

카루스는 다음처럼 말한다. "순수 물리적 장치들 가운데 신경계와 신경에서 요구하는 개념에 가장 유사하게 일치하는 것이 바로 **전신**이다. (…) 이 장치에서 우리는 **비밀스러운 조직, 신경계의 완벽한 복제**를 가지게 된다. (…) 전신 사례는 여기서 빛을 발한다. 왜냐하면 전신의 전선은 이것과 연결된 갈바니 실험장치의 결과이며,[3] 갈바니 전기를 발견하지 못했다고 한다면 아무런 의미도 없었을 것이기 때문이다."[4] 카루스는 신경섬유에서 전선만이 재현되어 있으며, 신경계의 중심 기관 속에서는 자극전달자가 혈류의 도움으로 이동한다고 설명한 후에 다음처럼 말한다. "그러므로 신경섬유를 갈바니 전신의 전선과 비교할 수 있다면, 이제 신경세포들 중 큰 것을 **신경절 방울**이라 부르는데, 이 세포들은 전선의 전기를 자극하는 **갈바니 배터리와 완전히 동일**하다."『자연학』의 저자는 이런 방식으로 다양한 지점에서 신경활동을 설명하기 위해 전신 유비를 사용하고 있다.[5]

마이어 또한 심장과 장의 자율운동을 지배하는 뇌와 척수의 신경절 없는 딱딱한 신경섬유를 '전신선'과 비교한다. 체르마크와 유사하게 심장 자율운동과 관련해 비교한다. "신경절 또는 신경세포 속에 끊임없

---

3) 루이지 알로이시오 갈바니(Luigi Aloisio Galvani, 1737~1798)는 이탈리아의 해부학자, 생리학자로 1780년에 해부한 개구리의 다리가 해부도에 닿자 경련이 일어난 것을 관찰한 후 이를 생체 전기 때문에 일어났다고 해석했다. 이후 알레산드로 볼타(Alessandro Volta, 1745~1827)와 논쟁이 일어났으나, 이 논쟁을 통해 볼타는 1800년에 처음으로 전지를 만드는 데 성공했다.

4) Carl Gustav Carus, *Physis: Zur Geschichte des leiblichen Lebens*, Stuttgart, 1851, 312, 316쪽.

5) 앞의 책, 312, 316, 319, 332쪽.

는 영양과정을 통해 신경에 고유한 자극상태가 일어나며, 이는 전선을 지닌 전신처럼 동력으로서 신경다발 내에서 심장근육섬유질까지 뻗어 나가며 이를 수축시킨다."[6]

분트는 신경의 가장 말단 기관인 신경섬유와 [동일하게] 비교하면서 신경의 특수한 자극가능성의 세부를 보여 주는데, 여기서도 비교는 완전히 적용된다. "신경섬유는 종종 사유하는 비유에 따라 전신선과 비교된다. 이 전선에선 항상 동일한 종류의 전기가 흐르며, 전선 끝을 다양한 장치와 연결하면 종을 울리고, 폭탄 심지에 불을 붙이고 자석을 움직이고 빛을 내는 등 다양한 결과가 나타난다."[7]

필리프 슈필러는 『자연과학의 관점에서 본 신』의 한 부분에서 소극적으로 "어느 정도"라는 표현을 쓰면서 신경과 전신선을 비교하고 있다.[8] 반면 다른 책에서는 가차 없이 대상을 그 올바른 투사 이름으로 명명하면서 신경 진동에 관해 이야기한다.[9] 이 진동은 "시신경 관을 따라" 해당 영역의 뇌 세포로 이어진다. 하지만 시각을 위한 모든 정보가 망막에서 뇌로 이어지는 시신경을 통해 전달된다는 것은 두 지점 사이를 잇는 전신선이 전선 전체 다발을 포함하고 있고 전선이 배터리를 통해 운동으로 이어진다는 것처럼 놀라운 것이다. 슈필러는 계속 이야기한다. "이제 외적인 자극이 충분히 생생하면, 감각신경을 통해 '이미 지불

6) Johann Czermák, *Das Herz und der Einfluß des Nervensystems auf dasselbe*, Leipzig, 1871, 21쪽.

7) Wilhelm Wundt, *Grundzüge der physiologischen Psychologie*, Leipzig, 1874, 346쪽.

8) Philipp Spiller, *Gott im Lichte der Naturwissenschaften: Studien über Gott, Welt, Unsterblichkeit*, Berlin, 1873, 6쪽.

9) Philipp Spiller, *Das Naturerkennen, nach seinen angeblichen und wirklichen Gränzen*, Berlin, 1873.

된 회신봉투입니다'는 소식이 본진에 전해지고 뇌 지점에 있는 전신담
당자는 건강한 유기체의 경우 극도로 정확하고 확실하게 다이얼장치의
다이얼만 돌리고, 이것의 움직임 신경은 이제 저장된 동력을 통해 외부
세계로부터 자극된 또는 요구된 움직임을 지레법칙을 이용해 일으키는
근육에 회신을 전달한다."[10]

혁신의 비밀, 그것의 역학적 원상을 통해 해명됨

그래서 전신과 같은 발명은 경이로운 인상을 남긴다. 왜냐하면 전선에
전달된 동력은 신경 자극, 즉 우리 의지 및 감각과 동일하기 때문이다.
이 동력은 동일한 방식으로 사유나 사유의 전달형식에 사용된다. 언어
가 영혼 상태를 상세히 설명하기 위해 전신 기술을 얼마나 능숙하게 이
용하는지에 대해 파울 잠트는 위에서 인용한 『정신의학』에서 다양한 사
례를 제시한다.[11]

　첫 번째 전신선이 있기 전에 갈바니 전기의 정확한 실험 지식이 선
행해야만 했다. 전기를 생산하는 갈바니 배터리와 위에서 언급했듯 신
경전달물질이 끊임없이 방출되는 신경절 방울 간의 유비는 상호적인
경로의 동일성과 관련해서 증명할 수 있는 것과 동일한 속성의 기관투
사 행위를 전제한다.

---

10) 앞의 책, 47, 51, 55쪽.
　이미 반송료가 지불된 회신봉투에 우리는 내용물만 넣고 그대로 보낼 수 있다. 이 대목은 외부
　자극을 통한 정보가 신경계를 통해 뇌로 전달되고, 뇌가 다시금 명령 정보를 신경계를 통해 내
　려보내 일정한 육체적 움직임을 일으키는 과정을 그리고 있다.
11) Paul Samt, *Die naturwissenschaftliche Methode in der Psychiatrie*, Berlin, 1874, 20쪽 이하.

갈바니 장치와 그것의 완성

이미 1780년에 갈바니는 서로 다른 두 금속의 접촉이 전기를 일으킨다는 것을 발견했다. 이어 볼타(Alessandro Volta)는 1800년에 전기를 보존하는 장치를 제작했다. 외르스테드(Hans Christian Ørsted)는 1819년에 지침이 갈바니 전기를 통해 방향을 바꾼다는 것을 관찰했다. 그 후 슈바이거(Johann Schweigger)는 배율기를 발명했다. 1832년에는 패러데이(Michael Faraday)가 전자기 유도를 발견했고 마침내 1837년에 슈타인하일(Carl August von Steinheil)이 전신 장치를 처음으로 제작했다. 동일 목적을 향해 끊임없이 달려온 학문의 이 모든 탐구는 기계 장비의 모든 단계들에 대응한다. 이 장비들은 기관투사의 상징이며, 유기적 원상의 무의식적인 모방을 부지불식간에 담고 있다.

물론 갈바니는 처음부터 자신의 발견이 생리학적으로 근육 및 신경활동, 더 나아가 자신이 펼친 경로에서 이루어질 앞으로의 진보를 통해 평가될 수 있다고 추측했다. 하지만 두 보이스-레이몬트가 비로소 신경과 근육의 전기적 측면을 직접적으로 해명할 수 있었다.

모리츠 마이어는 다음처럼 말한다. "갈바니는 최초로 근육 및 신경 전기의 존재를 강력한 배율기를 통한 지침의 변화를 통해 증명하고, 근육 및 신경 전기의 법칙과 이 둘이 근육과 신경의 활동을 통해 겪는 변화를 정확하게 규격화하고 개구리 전기를 다양한 신경, 근육, 다른 조직 속에 존재하면서 다양한 방향을 지닌 개별 전기의 결과로 파악하는 데 성공했다.[12] 두 보이스-레이몬트의 『동물 전기에 관한 연구』는 인간의

---

12) Moritz Meyer, *Die Elektrizität in ihrer Anwendung auf praktische Medizin*, Berlin, 1868, 35쪽.

자기 발견 노력에 이바지한 학문의 위대한 업적 중 하나이다.[13]

이제 전신체계는 생리학에 의해 신경의 전기적 양상에 대한 증거수단으로 수용되고 있다. 그래서 여기에는 기관투사에 대한 직접적이고 암묵적인 인정이 이루어지고 있다. 이를 사실적으로 보증해야 기계장치를 유기체 영역 설명을 위해 이용하는 것이 정당화된다. 그렇기 때문에 우리 관점에 거의 일치하지만 아직 완전한 일치를 위해서는 마지막 작은 발걸음이 부족한 다음과 같은 목소리를 반겨야 할 것이다. 알프레드 도베는 다음처럼 말한다. "우리는 자연의 역학을 다시 발견할 때에야 비로소 이를 이해하게 된다. 그래서 우리가 카메라를 설계해야 눈을, 전신을 설계해야 신경을 이해하게 된다."[14] 여기서 "자연의 역학"이란 표현을 살아 있는 유기체의 의미로 이해해야 한다는 점은 더 이상 설명할 필요가 없다. 하지만 "다시 발견한다"는 것은 기관투사에 필수적인 무의식적인 발견을 말하는 것인가?

이 물음은 자연연구자의 측면에서 기관투사의 고유한 특성인 무의식의 위력을 인정하는 것을 요구하는데, 이에 대해서는 존 틴덜이 가장 명확하게 답변했다. "패러데이만큼 중대한 의미를 지니는 일련의 과학적 발견을 한 사람은 없다. 대부분은 어떻게 비개념적인 본능을 통해 발견했는지에 놀라게 된다. 패러데이 자신도 관념연합을 가지고 있었는데, 이는 이후에 결코 명확하게 표현할 수 없는 데로 그를 이끌었다."[15]

---

13) Emil du Bois-Reymond, *Untersuchungen über die tierische Elektrizität*, Berlin, 1848-1860.

14) Alfred Dove, "Bekenntnis oder Bescheidung?", *Im neuen Reich* 2, 1872, Nr. 2.

15) John Tyndall, *Faraday und seine Entdeckungen. Eine Gedenkschrift*, übersetzt von Helmholtz, 1870, VI쪽.

기계가 감각적으로 만질 수 있는 것으로부터 멀어지는, 즉 사용된 세밀한 소재에 따라 정신의 투명한 형식이 되는 지점에 있는 전신

지금까지 우리는 기관투사 시에 결여를 채우려는 의도가 무의식적인 형식 발견과 결합해 있다는 것, 원천적으로는 무의식적으로 유기적 원상을 유비적으로 따라 만든 기계 장치의 완성과정 속에서 의식이 점점 더 드러난다는 점, 어느 특정 완성 지점이 도달하게 되면 이때부터는 의식이 유일한 요소로 등장한다는 것을 여러 차례 언급할 기회를 가졌다. 완성된 개별 기계나 장비에서 힘겨운 고민의 결과물인 개선품, 그리고 그로 인한 새로운 도구들이 이러한 과정에 속하는가? 이들 새로운 도구의 제작은 분광기처럼 우주공간에서 먼 거리를 통과하는 것을 목적으로 가지든지, 안경처럼 살아 있는 육체 속에 있는 세밀한 것의 연구를 목적으로 가진다. 이 제작은 지치지 않는 반복된 시도와 예지와 숙련의 값비싼 비용을 통해서만 성공할 수 있다. 하지만! 분명한 의도로 이루어진 물리학과 생리학의 발명 뒤에는 메타물리학적인 것, 메타생리학적인 것, 즉 무의식의 형이상학이 작동하고 있는 건 아닌가?

도구의 기본형식의 생성과 그 변화에서 우리는 무의식이 참여하고 있음을 봤다. 의식적인 인공물이 최상의 방식으로 작동하는 것이 결국 무의식적으로는 사유적 존재로서의 전체 인간을 점진적으로 계시하기 위함이라는 것을 우리가 알게 될 때 무의식은 참여하기를 그칠까?

유기적 원상과 기계적 복제의 내적 근친성에 관한 인식의 진보는 자기의식의 진보다

우리 고찰은 도구 개념이 자신의 내용 자체를 완성하는 기계, 원료를 가공해 만든 이 기계를 넘어 도구에 대한 일상적인 이해를 확장하기 시작하는 지점, 이 개념이 덜 감각적인 형태로까지 뻗어, 마침내 최상이자 보편적인 의미로서의 수단과 도구의 개념으로 승화되어 자신의 소재를 직접적으로 정신의 작업소에서 공급받는 데까지 이르는 지점으로 점점 더 다가가고 있다.

이 기관투사 영역으로 가는 길을 전신이 마련했다. 왜냐하면 한번은 외적으로 전선으로 이어지고, 한번은 내적으로 신경자극에 관여하는 동일한 동력이 기계적 전달과 유기적 전달이라는 항상적인 구별을 유지하면서도 여기나 저기나 정보전달(Gedankenmitteilung)에 복무하고 있기 때문이다.

회고

이제부터 기구에 관해 이야기한 모든 것을 짧게 요약해 보자.

'도구'와 '기관'이라는 언어 사용에 대한 이해로부터 손의 본질적인 특성을 도출했다. 손은 인간의 자연적이고 영원히 완성된 표준도구로서 첫 번째 인위적인 도구 제작을 실현할 뿐 아니라 이를 위한 원상을 제공했다. 손은 자신을 보조하고 자신의 힘과 숙련도를 높이는 도구를 자신이 사용하고자 하는 형태로 제작했다. 이 조작성 때문에 이는 손도구다. 손은 바깥에 있는 뇌라 할 수 있고, 이 손이 들고 있는 손도구는 문화의 건립자다. 왜냐하면 이는 손과 뇌의 관계에 참여하기 때문이다. 이 관계의 의미에 관해서는 에두아르트 라이히가 다음처럼 짧게 평가하고 있다. "가장 발전한 뇌와 가장 발전한 움켜쥐는 도구는 참된 문명을 건설할 수 있는 인간종에서 통일된다. 두 기관의 상호적 관계는 모든 능력,

모든 지식, 모든 지혜의 원천이다."[16)

원시 도구의 두 측면, 즉 그 목적과 형식에 따라 보자면, 목적은 인간이 의식적으로 자신의 결점을 제거하고, 자신의 장점을 세우기 위함이다. 이 목적을 위해 사용할 재료에 형식을 부여하게 되는데, 이는 무의식적으로 이루어진다. 유기적 조직, 그 활동 및 관계와 기계 장치는 원상과 복제물의 관계를 맺고 있으며, 기계는 유기체의 발견 및 그 이해를 위한 수단으로만 사용된다는 것, 이 무의식적인 과정이야말로 유기적 투사의 고유 본질로 인식되었다. 손이 재료를 가공함으로써 수많은 사물들을 제작했는데, 이는 자연적 외부세계와는 다른 두 번째 외부세계이며, 인간은 자신이 이것에 맞서 있음을 본다. 하지만 인간 스스로 노력해 제작한 장치들, 자신의 손도구는 자연사물보다 자기 자신과 더 가깝다. 인간은 도구를 통해서야 비로소 자연에 대한 지식과 동물적 향유를 뛰어넘어 자연을 사용하기에 이른다.

원시 손도구가 수많은 가재도구, 농업도구, 사냥도구, 전쟁도구로 변형되면서 그것의 기초적인 흔적은 언제나 인식될 수 있다. 의심스러운 경우에 어근은 민속학에 문화의 시작과 관련된 정보와 결정에 해당하는 것을 제공했다. 팔과 손 이외에 발 등도 유기적 원상으로서, 우리는 그 운동의 측면에 따라 도구와 기계에 전이된 근육 움직임을 고찰했다. 중요한 사지들이 크기, 수, 시간의 기준으로 사용되는 것을 보여 줌으로써 생리학이 기계학적 용어를 받아들이는 것의 근거를 제시했다.

---

16) Eduard Reich, *Der Mensch und die Seele: Studien zur physiologischen und philosophischen Anthropologie und zur Physik des täglichen Lebens*, Berlin, 1872, 178쪽.

이후 우리 논의는 감각기관으로 나아갔고, 시각과 청각의 기계학의 영역에 대한 고찰을 통해 상징과 비유로 가득한 상상의 유희로 이루어진 모든 비난들이 사실의 무게 앞에 침묵할 수밖에 없음을 알게 됐다.

목소리 기관과 심장활동 간의 눈에 띄는 일치를 보여 줌으로써 우리는 이 사실을 강화하는 증거를 제시했다. 그 후 수많은 기계적 다양성에 대해 유기체 개념을 반복적으로 확고히 했다. 여기서 인간은 자신이 발견한 기구와 법칙을 이용해야만 비로소 자신의 신체적인 자기를 떠올릴 수 있다고 논의했다.

그 후 볼프가 골격의 내적 구조에 관한 논문에서 위대한 발견 과정을 상세히 서술한 내용을 기초로 현실적인 경험의 원칙이 유기적 투사를 완전히 증명하고 있음을 우리는 확인했다.

그 다음에 도구와 기계 생성에 관한 이상적 관점에서 보면 정신적 도구와 비교 가능한 기계적 세계상은 그것이 유기적 세계를 연구할 수 있는 방향을 열고 이를 개념적으로 도울 수 있다는 점에서 자신에게 알맞은 지위를 얻게 된다.

여기까지 우리 논의는 대상들에 대한 이전의 지배적인 관점으로부터 전체 신체에 두루 퍼진 신경계와 혈관계 조직을 기계적으로 복제하는 것으로 나아갔다. 증기기관이 힘의 보존 개념 및 운동과 관련해 유기적 생명의 충실한 복제라는 점에서 기계 설계의 최고점에 이르렀다면, 전신은 언어기호나 정보 전달이라는 특성에서, 그리고 거친 재료를 더 이상 필요로 하지 않는다는 점에서 정신의 투명한 형식 영역에로 가장 근접한 것이라 할 수 있다. 이 점은 '보편적 전신학'이라는 표제 아래 『철학적 지질학』(*Philosophische Erdkunde*) 669~677쪽에서 설명하고 있다.

지금까지 개별적으로 드러난 접촉면의 연관을 재고해 보면 기관투사에서 무의식 이론이 담당하는 부분에 대한 이해가 이루어져야 한다. 그 다음 장에서는 **이론적 기구학**(Kinematik)을 통해 새롭게 정초된 기계학의 관점에서 인공물의 생성과 발전에 관한 이전 탐구를 이론적으로 더 다듬어야 할 것이다. 무엇보다 이 기구학 속에 있는 무의식 영역의 흔적으로부터 인간은 이전에는 자기 속에 있던 세계였던 자기 바깥의 세계[즉 제2의 외부세계]와 자기 신체 사이의 상호관계를 감지하게 된다.

　　원상과 모사 사이의 근친성이 인도하는 대로 따르면서 자신이 창조한 외부세계를 자기 자신을 기준으로 측정하면서 인간에게는 더 고차의 자기의식이 등장하게 된다.

IX. 무의식

기관투사는 무의식에 참여함

여기서 다시 한번 자기의식으로 나아가기 위해 무의식의 다리를 건너야 하기 때문에 기관투사가 현재 보편적으로 확장된 무의식 개념에 본질적으로 참여하는 부분을 상세히 규정하는 것이 유익할 것이다. 문제는 결코 쉽지 않다. 왜냐하면 알려져 있듯이 이 대상에 대한 개념 규정은 종종 매우 갈리기 때문이다. 지금은 두 명의 사상가가 있으며, 이들은 무의식을 동일하게 이해한다. 이는 현대 전체 문헌에서 높은 파도를 몰고 오고 있는 **무의식의 철학**에 관한 생생하고 종종 신선한 논쟁에서 보는 바와 같다.

각자는 자신의 관점만을, 즉 다른 이가 동시에 디딜 수 없는 위치에서 있을 뿐만 아니라 무엇보다 자기 사유의 관점만을 지닌다. 따라서 사물들은 다양한 인간의 관점에 따라 다르게 드러나기 마련이다.

무의식과 자기의식

우리가 의식하지 못하는 많은 일이 우리 안에서 일어난다는 사실은 아무도 부인하지 못할 것이다. 이에 관해 예로부터 생각하고 쓴 글들이 산발적으로만 존재했는데, 카루스가 이를 처음으로 심층적인 연구 끝에 확고한 학문적인 연관 속에 정리했다. 그의 저작은 『영혼학』이라는 표제하에 영혼의 발전사의 형식으로 이루어져 있다.[1] 카루스 자신도 자기 작품을 "오랫동안 생각하고, 수없이 고민하고 계속 새롭게 논구한 저작, 다년간 연구의 압축적인 결실"이라고 부른다. "여기서 그는 순수한 연구를 통해 성숙시킨 것을 가장 단순한 방식으로, 가능한 한 생성되는 순서로, 그리고 경직된 방법의 족쇄에서 벗어나, 많이 숙고한 직관에 충실한 결론으로 하나의 성전으로 세우는 것처럼 노력해서 썼다."

그렇게 강한 '학문적 양심'이라는 자부심으로 태어난 책은 3장에 걸쳐 영혼의 무의식적 생활, 영혼의 의식적 생활, 그리고 영혼의 무의식과 의식에서 사라지는 것과 영원한 것을 다루고 있다.

인간 유기체의 첫 번째 형성과정의 본질, 이념의 무의식적 지배를 통해 이루어지는 유기체의 분절화, 유 내에서 이루어지는 개인의 다양화 과정에서 본질적인 무의식, 또한 유에 대한 의식 속에서 아직도 무의식의 영역에 속하는 것, 무의식적 영혼생활에서 병든 상태, 이 모든 것이 첫 번째 장의 내용이다. 이어지는 장은 동물 영혼의 성장, 아이의 영혼과 정신의 성장, 무의식적 영혼생활과 의식적 영혼생활의 상호작용, 무의식적 영혼생활로 의식적 영혼생활이 회귀함, 영혼생활의 성장, 인

---

1) Carl Gustav Carus, *Psyche: Zur Entwicklungsgeschichte der Seele*, Pforzheim, 1846.

격과 성격으로의 영혼의 성장, 영혼생활의 다양한 측면들, 즉 감정, 인식, 의지, 그리고 마지막으로 넘어가기 전에 비교적 짧지만 중요한 내용을 담고 있는 영혼의 건강과 병에 대한 설명으로 끝을 맺는다.

　풍부한 내용을 통해 이 저작은 무의식에 대한 이후의 연구를 위한 기초를 놓고 있다. 그러므로 지금까지 전체 관련 문헌에서 이전의 연구를 올바르게 수용하고 있는 이 책이 적절하게 평가받지 못한 것은 매우 이상한 일이다. 그래서 횔너가 요구하는 "정신적 작업의 의식적 연속성"이 약화된 것처럼 보인다. 아랍의 격언에 따르면 다음과 같다! 창시자에게 공로를 돌려라. 후임자가 이를 개선해야만 한다고 해도.

『무의식의 철학』과 『영혼학』

이를 개선했던 후임자 에두아르트 폰 하르트만은 『무의식의 철학』의 저자다.[2] 이 저자는 『영혼학』을 무시했다. 하지만 무의식 개념과 관련해서 그의 전임자에 관해 다루는 장에서 그는 다음처럼 분명히 말했다. "새로운 자연과학에서 무의식 개념은 거의 수용되지 않았다. 유명한 생리학자 카루스는 여기서 예외다. 그의 『영혼학』과 『자연학』은 본질적으로 신체적 생과 정신적 생의 관계에서 무의식을 탐구한 것이다. 이 시도가 얼마나 성공했는지, 그리고 내가 그의 시도를 얼마큼 수용했는지에 대한 평가는 독자에게 맡긴다. 하지만 나는 무의식 개념을 이 책에서 무한하게 작은 모든 의식으로부터 벗어나 순수하고 명확하게 서술했다는 점을 덧붙인다." 『영혼학』의 도입부 문장인 "의식적 영혼생활의 본질

---

2) Eduard von Hartmann, *Philosophie des Unbewussten*, Berlin, 1876.

을 인식하기 위한 열쇠는 무의식 영역에 있다"를 하르트만은 자신의 책 2부인 '인간 정신 속 무의식'의 모토로 삼고 있다.

위의 두 저작을 비교한다면 『무의식의 철학』이 승자가 될 것이다. 여기에는 쓸데없는 말이 거의 없고, 많은 오해들을 제거하고 있다. 왜냐하면 『무의식의 철학』과 『영혼학』이 일치하는 부분에서 『영혼학』이 중요한 동반자였다면, 둘이 빗나가는 지점에서는 『무의식의 철학』의 장점이 더 분명하게 드러날 수 있기 때문이다.

카루스에 따르면 무의식은 우선 인간 영혼의 발전사의 원칙이다. 그는 심리학이라는 전통적인 명칭을 피한다. 왜냐하면 전문적인 실천으로부터 성장한 옛 심리학은 당시 심리-생리적 흐름에 가로막힌 상태에 있었기 때문이다. 반면 하르트만은 무의식을 세계에 대한 연구의 원칙으로 확장하고 고양시키면서 무의식을 예로부터의 모든 철학적 체계의 기초라고 규정한다.

카루스의 『영혼학』에서 무의식은 형이상학적인 계기로서 개별 철학 분과에 한정된 반면, 『무의식의 철학』에서 무의식은 모든 생의 무한정한 기초로서 새로운 세계상의 출발을 의미한다.[3] 이 새로운 세계상은 무의식의 범내신론(汎內神論, Panentheismus)[4]이라고 할 수 있다. 범내신론은 항상 모든 **무의식**의 대변자와 모든 **원천**의식의 지지자의 갈등에서 나오는 시도로서 영혼과 정신의 개념들의 관계에서 이원론과 일원론의 동요를 진정시키고, 철학하는 심층적인 자기를 거의 유일한 모든 철학

---

3) 카루스는 무의식을 자연이 아니라 영혼의 원칙으로, 하르트만은 자연과 영혼 둘 모두의 원칙으로 본다.

의 출발점으로 대변한다.

오랫동안 사용한 용어가 때때로 새로운 용어를 통해 사라지는 것은 이상한 일이 아니다. 진부한 내용만 증거로 제시하게 되면 옛 용어로는 더 이상 나아가지 못하기 때문이다.

경험적 연구의 한계를 확장하게 되면 옛 기준은 더 이상 통용될 수가 없게 된다. 그래서 어떤 사태에서 그때까지 거의 주목받지 못한 부분이 학문적 연구의 전면에 들어서게 된다. 이것이 이미 실현된 진보를 파악하는 데 도움을 주게 되는 경우가 종종 있다. 이는 무의식의 경우가 그렇다. 주목받는 부분으로서 무의식이 바로 영혼과 정신 개념의 기초다.

유기적 발전이론과 연관하여 『무의식의 철학』에 의해 촉발된 새로운 운동의 핵심은 영혼의 본질에 관한 옛 물음이다. 하지만 무의식에 대한 학문적인 전체 서술이 근본적인 순화 과정을 거쳐야 영혼(Psyche) 개념은 자신의 결점을 보충하게 되고, 이러한 자기 발전의 높은 단계에서 다양한 징조를 엿보이는 철학의 새로운 체계를 구성할 수 있게 된다.

무의식이 존재한다는 점, 그리고 우리 의식이 우리 안의 무의식적인 과정 이후에 드러난다는 점을 우리가 의식하는 한에서만 무의식 일

---

4) 이 용어는 카를 크리스티안 프리드리히 크라우제(Karl Christian Friedrich Krause)의 신조어다. 당시 스피노자의 "신은 자연이다"(Deus sive Natura)라는 문구는 신과 자연의 동일성을 의미하는 것으로 해석되었고, 그런 그의 입장을 범신론(Pantheismus)이라고 불렀다. 하지만 크라우제는 신이 자연과 동일할 뿐만 아니라 자연을 초월한다고 생각했다. 즉 신이 전체집합이라면 자연은 그 부분집합이다. 자연은 신 속에 있다. 하지만 그 반대는 불가능하다. 그래서 '모든 것이 신 속에 있음'을 표현하기 위해 크라우제는 그리스어로 '신 속에'를 뜻하는 en-theo(ἐν θεῷ)를 사용해 '범내신론'(Panentheismus)이라는 용어를 창조했다. 이 문맥에서 새로운 세계상이란 '신' 대신 '무의식'으로 이해하면 된다.

반에 관해 이야기할 수 있다. 그렇기 때문에 의식이라는 매개념은 자기의식과 무의식의 통일을 낳는데, 이때 정신은 자기를 의식하게 된 영혼이며, 영혼은 무의식 속에서 잠재하는 정신이라고 이해해야만 한다.

잘못된 의인화의 길

인간은 인간을 인간답게 만드는 것인 자기의식을 밑으로는 동물과, 위로는 절대자와 공통적으로 지닌다고 생각하고 자기 본질에서 빠져나올 수 있다는 착각에 빠지게 된다. 이는 언어적 또는 실질적으로 의인화하는 잘못된 길(anthropopathische Irrwege)이다. 반면 인간은 다른 모든 인간 속에서 자신과 동일한 의식을 발견하며, 다시 말해 오로지 자기 자신만을 발견한다. 이에 대해서는 스스로 판단과 추론을 그렇게 내린다. 다른 모든 인간은 자신의 동료 인간이지만, 어떠한 인간도 순수한 동물적 존재일 수 없다. 자기 본질을 동물 속에 투영하여, 동물의 영혼생활을 오로지 자기 고유 의식의 속성들로 떠올리는 것은 불가능하다.

자기정의로서의 정신

비인간적인 상태를 나타내는 표현이 있을 수 없는데, 왜냐하면 인간은 이 상태에 접근할 수가 없기 때문이다. 자연과의 비교가 주는 장점을 잃어버리지 않기 위해 인간이 자기 바깥에 있는 것을 자신의 속성과 유사하게 표현할 수 있다 해도 여기서 비유적 표현과 사물을 완전히 구별 없이 섞는 정도로까지 나아가선 안 된다. 인간 영혼, 정신은 자기정의(Selbst-definition)다. 부차적으로 이미 언급했지만, 이에 따라 소위 전체 동물심리학은 수정되어야 한다. 동물은 쾌와 불쾌를 느끼고, 본능적인 조합으로 감각인상들을 **알며** 이에 대한 회상을 가지지만, 표상의 전 단계인 감각(Empfindungen), 개념의 전 단계인 표상이 동물에게는 없다. 그렇기에 자기의식의 근원 소질이라고 생각해야 하는 의식이 과연 동물에게 있겠는가? 인간은 자신의 자기의식의 통합성을 희생해야만 비로소 비인간적인 '의식'의 특성에 관한 표상을 가질 수 있을 것이다.

기관투사는 지금까지 이 투사의 관점에서 주목하지 않았던 문화세계 영역에서 자기의식의 [발전] 과정을 따라가고 있다. 이 관점에서 보면 카루스의 『영혼학』을 반복적으로 거론하는 것은 긍정적이고 정당한 것이며, 『무의식의 철학』의 관점에서 보면 카루스의 저작의 결론은 더 높은 정도로 인정할 수 있다.

자기 신체의 앎은 인간에 관한 모든 사유의 기초다

얼마큼 기관투사가 무의식에 참여하는지에 따라 기관투사가 인정받을 수 있고, 그래서 무엇보다 이 투사를 통해 그리고 투사로부터 인간이 **자신을 자신 속에서 반성하려는** 본성적 충동을 인식할 수 있다.

인간적 자연은 전체 인간, 신체화된 영혼이며, 이것의 첫 번째 무의식적 자극은 잠재적으로 이미 의식과 정신이다. 물론 영혼과 정신, 무의식과 의식, 의식과 자기의식에 위계질서적인 높고 낮음의 개념을 적용해선 안 된다.

분트는 영혼과 정신을 동일한 주체라고 불렀다. 영혼은 외부 현존과의 관계를 통해 존재하는 일정한 경험 조건들을 지닌 경험의 주체다. 정신은 내적 경험의 주체로서, 이 주체에서는 신체적 존재와의 관계가 삭제되어 있다. "이 정의는 정신이 감성으로부터 실제로 독립적인지에 따라 이루어진다. 왜냐하면 현상의 이러저러한 측면들이 존재한다는 것을 부인하지 않으면서도 이 측면들을 무시할 수 있기 때문이다."[5]

근본적인 심리-생리학적 연구의 결과이기에 경시해선 안 되는 이 조심스러운 정의는 당연히 영혼과 정신의 본질규정인 무의식과 의식 개념을 포함한다. 무의식이 의식의 내용이 된다면 그런 정도로 의식은 또한 자기의식이다.

무의식에 인간을 전체 우주와 연결하는 무한한 끈이 놓여 있다면 모든 철학은 또한 무의식의 철학이며,[6] 그것의 궁극적 결과는 자기의식 속에서 의식된 무의식이다. 이제 무의식은 신체 또는 정신 속에서 드러나긴 하지만 자기의식은 단순히 정신활동의 주체에 관한 의식일 뿐만 아니라 주체를 본질적으로 구성하는 신체생활에 관한 의식이기도 하다.

기관투사가 자기의식의 과정에 침투하기 때문에, 피르호의 매우 명심해야 할 다음 언급으로 자기의식에 관한 논의를 마치고자 한다.

"교양 있는 인간은 자기 신체를 알아야 하는데, 왜냐하면 이 신체 지식이 교양에 속하기 때문이 아니라 오히려 이러한 자기 자신에 관한 표상이 결국 인간에 관한 다른 모든 사유의 기초가 되기 때문이다."[7]

발언자의 천재성을 알리기에 충분히 좋은 발언들이 있으며, 그렇지 않으면 이 발언자에 관해서는 아무것도 알려지지 않았을 것이다. 방금 인용한 피르호의 언급이 이에 속한다. 여기서 위대한 학문은 자신의

---

5) Wilhelm Wundt, *Grundzüge der physiologischen Psychologie*, Leipzig, 1874, 12쪽.

6) Friedrich Zange, *Über das Fundament der Ethik: Eine kritische Untersuchung über Kants und Schopenhauers Moralprinzip*, Leipzig, 1872, 170쪽.

7) Rudolf Virchow, *Vier Reden über Leben und Kranksein*, Berlin, 1862, 81쪽.

가장 중요한 과제를 천명했다. 말하자면 전문인과 일반인 사이에 있는 차이와 상관없이 이 교양이 천명되었으며, 이 교양은 "교양 있는 인간이 자신의 신체를 알아야 한다"는 윤리적 요구를 이 목표를 위한 필수 수단으로서 제시한다. 결국 자기 신체에 관한 지식에 기초한 교양이 최고라는 설명이다. 이는 교양이 "인간에 관한 다른 모든 사유의 기초"이며, 덧붙이지만, 자기의식을 위한 기초이기 때문이다.

X. 기계기술

인간이 자기 신체를 알아야 한다는 것은 자기 자신을 알아야 한다는 것이다. 이 자기인식이 어떻게 자기 손으로 만든 도구수단을 통해 이루어지는지를 밝히는 것이 우리의 전체 과제다. 왜냐하면 하나의 통일 속에 있는 풍부한 살아 있는 지체들이 외적으로 흩어진 수많은 분리된 조각들 속에 반사되어 드러난다는 점을 우리가 보여 줘야 하기 때문이다.

그러므로 전체와 다양한 개별의 내적인 상호관계의 발전사는 자기의식의 발전사이다. 부분적으로 우리는 이 문화세계를 기관투사에 기초를 두고 있는 신체적 확장의 점진적인 내면화에 따라 살펴봤고, 정보 전달이 기계를 기반으로 한 지금까지의 최고의 움직임에 도달한 곳인 전신에서 잠시 멈췄다. 동시에 여기서부터 미리 다른 영역으로 시선을 돌릴 것이다. 이 영역에서는 기계 형식의 공간적 지속뿐만 아니라 이 형태의 시간적 지속 또한 주목할 만하다. 정신적 기능의 현상수단으로서 이 형태는 사라짐과 나타남의 흐름 속에서 감각적인 것에 갇히지 않는다.

힘의 생산, 유지, 작용의 측면에서 신체 유기체와 일치하는 복제품이 바로 증기기관이었다. 그래서 피상적으로 고찰하게 되면 기계적 운동의 강제와 유기적 움직임의 자유를 구별하는 것이 잘못된 것이며, 그래서 기계와 인간의 표상이 엉클어지게 된다.

『이론적 기구학』 기초 위에서의 기계 개념

이제 전신을 통한 기계적 정보전달을 넘어 위에서 언급한 정신적 [정보]전달의 좀 더 직접적인 매개영역[즉 언어]으로 나아가기 전에 우리가 기계 개념을 명확하게 해 둘 필요가 있다.

왜냐하면 인간이 기계인지 아닌지에 대해 답변할 수 있기 위해서는 무엇보다 기계가 진짜로 무엇인지를 알아야만 하기 때문이다. 즉 기계 개념을 확고히 해야 한다. 그래야 그것을 우리 자신과 비교할 수 있게 된다.

이는 룔로가 『이론적 기구학』(Theoretische Kinematik)에서 기계 개념을 완벽하게 펼친 이후 가능해졌다. 이를 통해 기계학이 살아났고, 다른 학문과 연관되기 시작했다. 이 책의 전체 제목은 다음과 같다. 『이론적 기구학. 기계 이론의 기초』.[1]

기계 이론의 결과는 그 자체로 문화이념을 올바로 파악하는 데 있어 매우 중요하며, 특히 우리 연구의 진행에 본질적이다. 기계기술에 관

---

1) *Theoretische Kinematik. Grundzüge einer Theorie des Maschinenwesens von F. Reuleaux*, Professor, Direktor der Königl. Gewerb-Akademie zu Berlin, Mit einem Atlas und zahlreichen in den Text eingedruckten Holzschnitten, Braunschweig, 1875, XVI, 622쪽.

해 여기서 하게 될 고찰은 비판적 전달 형식으로 『아테네움』(*Athenäum*) 두 번째 판에서 잠정적으로 공개됐는데, 이는 여기서 기관투사 이론의 두 주요 영역의 연결고리가 된다.

현재 인간 활동의 모든 영역에서 새로운 세계상을 향해 있는 것들 중 릴로의 저작은 매우 중요한 의미를 지닌다. 왜냐하면 새로운 세계상은 새로운 철학으로서 이에 따르면 경험적 요소와 사변적 요소 간에 균형을 세워야 하기 때문이다.

한쪽의 사변적 체계학, 다른 한쪽의 아포리즘 형식의 경험주의는 오랫동안 적대적인 진영을 이뤘다. 사변이 초월적이 되면 될수록 영양을 공급해 줄 소재가 사라지는 것처럼 보였다면, 경험주의는 과도한 실재론의 무게 아래 자신의 수많은 성과들에 대한 통찰과 질서 있는 개관을 잃어버렸다. 사변에선 푸른 가지의 그늘들이 점점 더 사라지는 반면, 경험주의에선 큰소리를 내는 나무들 때문에 숲을 보지 못했다.

오랫동안 지배해 온 관념론적 원칙에 가한 경험과학 측면에서의 복수는 단순히 양적으로만 많은 결과를 가져왔다. 철학은 단번에 해결했다고 천명하고 유물론적 방향이 지배권을 획득했다. 이는 유물론이 정신에서 가져온 무기, 즉 언어와 연역으로 정신과 싸움을 벌이면서 이루어진 일이다. 하지만 유물론이 적대자와 맞서면서 적대자의 부인할 수 없는 진리를 알게 되고, 결과적으로 유물론은 자연철학에서 일어난 변화의 물결에 빠지게 됐다.

이런 상황에서 정치적·종교적·사회적 계기들, 예술의 창조, 자연 연구의 발견들을 정신적 진보의 주된 힘이라고 보게 되면서 예로부터 우리 전체 문화발전의 가장 필수적인 기초인 저 경험적 영역을 거의 완전히 간과했다.

자연 외부세계로부터 오는 감각적 자극과 충격은 인간에게 감각과 표상으로 이어지는데, 이를 통해 의식과 정신생활의 내부세계가 생겨난다. 그렇다면 유사한 발전이 동물 영역에서는 왜 일어나지 않는지 물음이 생긴다. 동물도 예민한 감관을 지니며, 동일한 외부세계를 대하고 있고, 그럼에도 이에 대해 변함없이 둔감하다.

이 물음은 이미 위에서 언급한 바와 같이 외부세계에 속할 수 있는 모든 것을 정확히 제시해야지만 대답할 수 있다. 일반적으로 외부세계는 인간을 둘러싸고 있고 자연적으로 존재하는 사물들이다. 이 자연적 세계 외에, 이 세계를 능가하는 또 다른 세계, 즉 인간의 뇌와 손으로 만든 기술적 장치들 전체가 빛나고 있지 않은가? 이들의 속성에 대해 국제 박람회가 거의 일치하는 그림을 제공하고 있고, 그 양은 도구, 무기, 건축, 벽, 예술작품, 저서, 기구들, 장비, 기계의 형식으로 지구 전체에 퍼져 있어 셀 수가 없을 정도다.

이 외부세계는 인간이 바깥으로 자기 자신을 연장하기 위해 창조했다. 이것이 없다면 인간은 자연의 이해와 사용도, 자기 자신의 본질에 대한 해명도 생각할 수 없을 것이다. 인간은 자연기관을 따라 만든 첫 번째 거친 도구로부터 시작해서 오늘날 다양하고 복잡한 기계작품인 외부세계를 의식하게 된다. 외부세계는 인간으로부터 나온 세계로서, 즉 처음에는 자기 내면이던 것이 외면으로 나와 인간에게 다가온다. 이런 의미에서 인간은 이를 다른 외부세계, 지구적이고 우주적인 자연과 구별한다. 후자의 자연 존재는 기껏해야 살아 있는 존재를 위한, 동물적 생존의 조건으로 존재할 수만 있다.

하지만 자연이 재료로서 인간의 기술충동과 만나게 되면 가공되어 인공물로 바뀌고 다른 외부세계가 되며, 이는 자연 옆 혹은 그것에 맞서 있는 기술장치들의 왕국으로서 산출과 산출됨의 교체 속에서 더 높은 정도로 문화과정을 성장시킨다.

인간 손이 만든 모든 인공물 가운데 기계가 돋보인다. 이는 뢸로 저서의 대상이다. 이 책은 연구 중점을 **기구학**에 둠으로써 기계 이론의 기초라는 제목을 달고 있는 새로운 학문을 정초했다.

지난 시기 동안 『베를린 담론』(*Berliner Verhandlungen*)의 '기구학 소식'란에 공개된 일련의 [뢸로의] 논문들이 이 저서 속에 실리면서 체계적 연관 속에서 확장됐다. 연속적인 형식으로 공개됐을 때 이미 많은 독일의 공대가 이 논문들을 수용했다. 이제 이들이 하나의 책으로 종합되어 학계에 더 많이 수용될 것이다.

이 저작은 "전문가의 연구뿐만 아니라 전문학과에 직접 속하지 않은 이들의 연구를 위해서도" 해당 이론의 이해를 쉽게 한다는 명목으로 전문 영역 바깥으로 나와 커다란 대중 앞에 등장함으로써 사유하는 독자의 판단에 호소하게 됐다. 이로써 지금까지 멀리만 있던 영역에서 멀고 낯설기만 했던 과정들을 친숙하게 함으로써 전체 정신적 영역이 새롭고 풍부하게 되었다.

지금까지의 기계에 대한 논의는 기계의 특징을 기술하는 **기계론**, 자연력으로부터 수용한 운동을 가장 적합한 방식으로 사용하는 기계의 특수한 설비를 기술하는 **기계 기술학**(die mechanische Technologie), **기계설계학** 또는 **설계론**을 포괄한다. 기구학 또는 **기계동력론**이 첨가되면서 이제부터 지금까지 파편적인 관점에서 논의되던 것이 분리 불가능한 전체로 통합된다.

　기계에 대한 연역적 접근방식을 통해 기계전문가가 수행하는 사유과정을 전문가 스스로가 이해하도록 하며, 무규정적인 다양하고 우연적인 의견 대신 특정한 학문적 관점을 제시하려는 것이 룔로의 의도다. 그렇다면 그가 이 책에서 제시한 새로운 것은 '**논리적이고 철학적인 영역**'에 해당한다. 그때까지 대상에 대한 결점투성이의 연구는 일반적으로 철학연구의 쇠락 탓이며, 이 쇠락의 결과로 실천적이고 이론적인 기계전문가 영역에서 철학이, 다른 영역에서는 학문적인 논리학이 낮게 평가되거나 조롱받았다. 그래서 넘쳐나는 기호와 공식에 제동을 걸고, **개별 경우에 대한 제각각의 연구**를 **보편법칙**을 통해 일깨워야만 했다. 그렇게 해야만 개별 기계에 대한 지금까지의 이론 대신 기계 일반에 대한 고유 이론, 즉 **기계학**이 정초될 수 있었다.

　각 전문학문의 핵심은 학문이 표현하는 최고의 생각이며, 이는 [기계라는] 사물의 규정을 담고 있다. 왜냐하면 학문의 개념은 이 사물의 개념에 기초를 두고 있고 이 규정을 통해 자신의 자립성을 지니기 때문이다. 사물의 이 **개념**은 사물을 사유하는 고찰의 고갈되지 않는 원천이다. 그래서 저자가 얻은 기계 개념으로부터 이 기계의 학문의 기초가 해명되며, 이는 기계학으로서 다른 모든 학문과 연관되어 있기 때문에, 서로 주고받는 관계를 통해 기계학은 다른 모든 학문들의 존속과 진보와 함께 발전하게 된다.

　이에 따라 여기서 "전문화 경향으로 완전히 사라질 뻔했지만, 기계학과 다른 모든 학문들의 연관을 다시 이으려는 시도"가 이루어지며, 이로 인해 인간의 심층적인 관심에 미치는 영향은 처음에는 결코 측정될 수조차 없다.

도구와 기계는 다시금 나무의 열매도 아니며, 신의 선물처럼 하늘에서 내려온 것도 아니다. "우리가 이들을 스스로 만들었기 때문에" 이들은 자기의 생산물로서, 한번은 무의식적으로 발견하고, 다른 한번은 의식적으로 발명하는 정신의 분명한 작품이다. 그러므로 이들 탄생지를 회고적으로 반성해 보면 이들은 유기적 활동에 대한 설명과 해명을 제공한다. 이들은 복제품으로서 원상으로부터 생성되었으며, 일반적으로는 인식론, 특수하게는 자기의식의 발전을 위한 중요한 계기로 평가해야 한다.

그러므로 철학의 과제는 외부세계, 즉 인간 손의 작품으로 구성된 외부세계에 대한 우리 사유의 지위에 관한 물음을 해결하는 것이기 때문에 기계의 탄생과 그 완성의 서술을 매우 조심스럽게 진행해야 한다. 이 서술은 피르호가 최근 인간학 모임에서 한 다음과 같은 개회사를 학문적으로 증명하는 것으로서 환영받아 마땅하다. 그는 "인간이 자연지배, 그리고 이것에 뒤이어 자기 자신에 대한 지배를 획득하는 숙련성이 양심의 발전과 인간종의 인륜적 교육에 본질적으로 기여한다"고 천명하고 있다.[2]

여기서 암시된 바와 같이 경험적인 대상들이 정신의 가장 고유한 목적과의 연관 속에서 파악된다면, 이들의 가능성과 이들에 관한 지식은 학문의 지위로 올라가게 된다.

---

2) 이는 다음에 기록되어 있다. Franz Reuleaux, "Das Maschinenwesen aus dem Gesichtspunkte der socialen Anthropologie und der Culturwissenschaft", *Athenaeum I*, Jena, 1875, 20~21쪽.

이것이 우리가 다루는 저작에서 얼마나 대단하게 일어나고 있는지는 이 책 전체의 목차와 서술에 대한 개관으로부터 밝힐 수 있다.

머리말(Vorwort)과 **서론**(Einleitung)은 책의 탄생, 대상의 질서에 대한 주요 생각, 종래의 관점과 도달할 이상 사이의 구별을 다룬다.

더 일반적인 이해를 위해 먼저 논리와 철학을 다루는 절들이 나온다. 다른 절의 내용은 전문 기술자들을 상세히 다룬다. 새로움과 익숙하지 않음을 혐오하는 기술자들은 처음으로 이 대상을 연역적으로 다루려 한다. 또한 자신들이 따르고 있고, 자신들을 지배하는 지도자가 무거운 권위를 가지고 그들이 연역적 방법을 사용하고 있음을 보증하길 원하며, 이것이 사실적으로 증명되기를 바랄 것이다.

기계에 관한 지식이 일반인에게는 없다고 생각하지 말고, 오히려 오늘날 학교가 모든 교양인에게 제공하는 바와 같이 독자가 도구 및 기계에 대한 아마추어적인 지식과 조작 능숙도를 가지고 어떤 어려움도 없이 전체의 연관과 그 이해에 파고들 수 있음을 인정해야만 한다. 이제 기계라는 문제에 좀 더 자세히 다가가서 오로지 기구학적 관점으로부터 가능한 한 순차적인 해결책을 따라가 보도록 하자.

대우요소, 기구학적 계열, 기계의 발전단계로서의 변속기

외부적인 감각적(sensiblen) 자연력, 즉 외부적인 동력과 기계부분 속에 잠재하는(latenten) 내부적인 자연력, 즉 반발 작용자 간의 차이를 기초로, 다시 말해 목적한 운동을 일으키기 위해 감각적인 힘과 잠재적인 힘이 함께 작용하는 것을 기초로 기계 개념이 구성된다. 자신에 속한 자연력에 따라 운동 일반을 연구하는 일반 역학과 달리 기계역학은 수단에

그림 28. 기계적 대우요소

의해 제한된 운동의 한정 영역만을 다루며, 특수한 학문으로서 전체 영역과 자신의 영역을 분리할 수 있다.

　이전에는 이론적 기계론이 기계 속 장소 변화를 주어진 것으로 수용했던 반면, 이제는 이 변화의 원인을 알려고 한다. "기구학은 기계의 특수한 장치에 관한 학문으로서 그에 관한 체계적인 지식을 다루며, 이를 통해 서로 반대되는 장소 변화 운동을 규정하려 한다." 기계의 기본 특징은 말하자면 단순히 요소들이 아니라 대우[짝]로 있는 사물 또는 대우요소(Elementenpaaren)로 이루어진 종합이라는 것이다. 이들로부터 하나가 다른 것을 감싸는 형식이 되며, 그래서 하나를 고정하면 다른 하나가 움직인다. 하지만 이는 대우에 고유한 유일한 방식으로만 이루어지며, 예를 들어 나사와 암나사에서 분명해진다. 한 요소의 움직임은 이에 속한 다른

그림 29. 기구학적 체인

요소와 **상대적으로** 이루어지며 공간적으로 고정된 점과 관련해서는 절대적으로 이루어진다(그림 28).

대우요소의 상호적 결합으로부터 **기구학적 체인**이 탄생하는데 이들의 **지체들**, 즉 서로 다른 대우요소로 결합된 요소들은 체인 속 상대적 움직임이 일어나자마자 **연결된 체인**(그림 29) 속에서 특정한 상대적 움직임을 실행하도록 되어 있다: "체인은 네 가지 동일한 짝 ab, cd, ef, gh로 이루어져 있고, 각각은 원통 모양의 마개와 이를 감싸는 덮개로 구성되어 있고, 각자는 다른 것에 평행으로 놓여 있다. 이 체인 속에서 각 지체는 옆 지체에 대해 원운동만을 한다. gf에 대한 ha의 원운동은 bc와 de의 장소이동을 부르며, 그래서 체인은 서로 연결되어 있다."

연결된 체인에서 한 지체가 고정되면, 이들의 상대적 운동은 절대적 운동이 되며 체인은 기구(Mechanismus) 또는 동력전달장치라 불린다. 〈그림 30〉에서 체인 지체 ah는 고정된 지지대에 물려 있고, 지체는 기구학적으로 지지대처럼 하나의 부분으로 이루어져 있다. "동력전달장치에서 이제 이루어지는 운동은 몇몇 지점을 통해 암시된다. 그것은 '축'

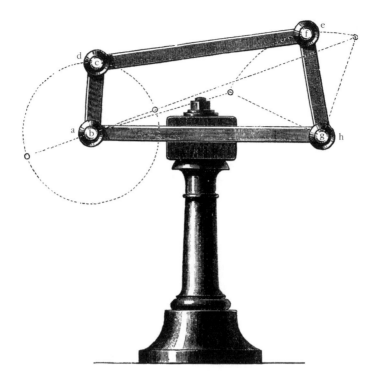

그림 30. 기구 또는 동력전달장치

과 '크랭크' 사이에 이루어지는 잘 알려진 운동이다."

　"기구학적 동력전달장치는 한 지체에 이 지체의 위치를 변화시키는 힘이 가해질 때 움직인다. 힘은 여기서 역학적 작용을 하며, 이는 특정 조건하에서 이루어진다. **그러므로 전체는 하나의 기계다.**"(그림 31)

　그래서 '기계' 개념은 일련의 발전단계를 거쳤다. 이런 기구학적 내용, 대우요소들, 연결된 체인, 기구로부터 기계는 귀납적으로 도출할 수 있고, 다시 연역적으로 부분들로 분해할 수 있다. 이제 기계는 종종 애매한 귀납을 통해서 보면 무의식적인 발견물이지만 "연역과 분석은 발

그림 31. 기계

명의 의식적 귀납과 종합에 도달하기 위한 수단이다".

　이를 통해 발명이 어떻게든 미리 정해져 있다고 말하는 것은 아니다. 오히려 현존하는 기구(Mechanismus)를 근본적으로 이해하고 배운 이는, 이 옛 기구에 대한 이해로부터 새로운 기구를 창조할 수 있다. 근본적인 이해는 점진적으로 그 요소로부터 그 개념의 실현에 이르기까지 기계의 탄생을 추구하고 항상 해당 대상이 겪는 발전 과정에 있게 된다.

마찰 점화기, 첫 번째 기계

대우요소와 기구학적 체인들의 원리들에 관해 다룰 앞으로의 장들이 상세히 보여 주듯이 이들의 개별 사례에 대한 정확한 앎이 필요하다. 먼저 전문가들만 아는 부분에 이어 독자들에게 **기계의 발전사**를 소개할 것

그림 32. 나무 마찰 점화기

이다. 이 발전사는 기계사와 완전히 구별되며, **발전 개념** 자체가 새로운 학문의 증명력을 높이는 마르지 않는 원천이다. 이를 통해 이번 장은 풍부한 창조적인 생각과 멀리 내다보는 눈들을 역사적으로 살펴볼 것이다. 발전 개념은 기계의 탄생부터 시작해 기계 발전사의 영역에서 인간의 정신 속에 들어왔다. 이 발전사의 시작은 아주 먼 민속학적 현상에까지 거슬러 올라간다. 그래서 이에 대한 내용은 지질학자와 언어학자만이 제공할 수 있다. 뢸로도 언어사 연구가인 가이거(L. Geiger)가 기계의 첫 시작을 **나무 마찰 점화기**(그림 32)에서 봤다는 점에서 그를 인정하고 있다. 이는 점화가 모든 문화의 시작이라는 사실과 일치한다.

그 다음은 거품기마냥 원운동을 하는, 나무 마찰 점화기를 두 개로 겹친 형태가 최초의 기계라는 이름에 걸맞은 최초의 장치일 것이다. 나

그림 33. 소용돌이 동력전달장치

중에 줄을 마찰나무에 여러 번 묶어 그 끝을 손으로 당겼다 밀어 그 매개로 막대기가 소용돌이 운동을 하게 되는 소용돌이 동력전달장치가 생겨난다. 이것이 번갈아 돌게 됨으로써 점차 지속적인 운동을 얻을 수 있다(그림 33).

지속적인 운동의 첫 번째 대표자는 **물로 돌아가는 물레방아**라고 할 수 있다. 이 원운동은 **수레바퀴와 물레**를 통해서도 볼 수 있다. 물레에서 일어나는 원운동은 돌려야 할 물건을 기계적으로 거치할 필요가 있다. 그래서 물레는 **선반**(Drehbank)을 준비했다.

소용돌이운동에서 지속적인 원운동으로 어렵게 이행한 것은 **줄 및 끈 동력전달장치**를 통해, 그리고 얇게 꼬아 만든 끈과 두 개의 막대에 감은 줄로부터 꼬지 않고 감은 형태, 그리고 이 고대 전성기의 장치로부터 오늘날의 매우 긴 끈과 철사 동력전달장치 등을 통해 보여 줄 수 있다.

손을 통한 원천적인 돌리기가 아직 사라지지 않았지만, 회전축운동을 위해 줄 동력장치를 이용하는 것은 **손회전바퀴**를 낳았다. 넓은 의미에서 회전에 **밧줄**도 속한다. 감은 줄을 가공하는 베틀은 실패처럼 기계가 아니라 고유한 기계 운동이 일어날 수 있게 하는 하나의 장치다. 이제 릴로의 연구는 물을 긷기 위해 설치된 시소, 인도의 피코타([Kuppilai] Picota)의 위 아래 운동을 다루고, 중국인들이 우물을 밧줄로 파기 위해 사용한 유사한 장치에 주목하게 된다. 이러한 일직선 운동에는 활이 속한다. 활, 석궁, 투석기는 유연한 시위로부터 뭔가를 날린다. 입으로 부는 총(Blasrohr)은 화약 추진 총의 전 단계 장치다.

릴로는 나사 일반의 생성과 관련해, 그리고 오른쪽 나사의 중요성 및 암나사 또는 목재나사와 관련해 **원천 나사와 원천 암나사**라는 대우 요소에 대해 그렇게 자세히 이야기하지는 않는다. 이런 애매함은 생리학적으로 설명할 수 있다. 말하자면 신체의 왼쪽 측면이 심장이 위치하는 방향으로서 오른쪽 측면보다 고된 또는 지속적인 왼쪽 운동으로부터 보호할 필요가 있기 때문에 이로부터 오른손의 우선성을 설명할 수 있다. 그래서 나사방향은 육체로부터 바깥으로 돌리는 운동의 연장으로서 오른쪽이 선호된다. 암나사의 경우 나사를 돌려 나무에 생겨난 나사자국이 불완전하지만 원천적인 암나사다. 이는 드릴 자국이 간접적으로 암수 나사로의 길을 열었다는 주장과 모순되지 않는다.

운동과 힘의 관계

운동과 힘의 관계에 대해 살펴보자면, 자연인간과 아이는 예를 들어 풍차날개, 물레방아, 쇄광기를 보면 동력발전보다는 그 운동에 더 관심을 가진다고 지적하고 있다. 이는 다양한 운동으로부터 서서히 간접적으로 도달가능한 동력의 생산으로 나아가지, 그 반대가 아니라는 증거가 될 수 있다. 그래서 지레가 아니라 마찰 점화기(Bow drill, Feuerquirl)가 첫 번째 기계라는 호칭을 가질 수 있다.

인간은 첫 번째 기계의 움직임에서 자신의 지체의 힘을 무의식적으로 함께 가하는 반면 점점 더 지성을 통해 힘을 운동으로부터 개념적으로 분리하게 된다. 그래서 기계의 움직임의 측면을 발전시켜 원시 인간은 근육 힘 대신에 자연력, 동물, 흐르는 물, 바람을 사용할 수 있게 된다. 근육의 감각적 힘의 축적 원칙은 이미 유연한 활을 쏠 때 힘을 축적하는 원칙과 동일하다. 이는 "나중에 구별 없이 기초적인 힘들에도 적용되어 오늘날까지 잘 응용되고 있고, 탁상시계, 노리쇠뭉치 같은 장치로부터 수많은 팽창 메커니즘을 통해 암스트롱의 수중 기중기의 압력축적기, 몽세니 터널의 드릴장치의 유속조절 장치에 이른다."

"증기의 동력이 나중에야 발견되고, 그 전에는 빠르게 점화되는 또는 폭발력 있는 소재의 동력이 발견되었다. 두 경우 모두에서 잠재적인 힘만 발견되었는데, 이 힘은 자연이 지구상 분해가능한 소재 속에 엄청난 정도로 축적해 놓은 것이다. 그래서 인간은 힘의 원천을 알게 됐다. 처음에는 이 힘의 크기를 가늠하지 못했다. 하지만 이 힘은 기계를 통해 자연에 대한 지배력을 강화했고, 인간 종의 역사에서 가장 커다란 변화를 가져왔다."

힘과 운동의 관계에 대한 명확한 서술을 통해 이 연구는 기계 완성의 기구학적 특징에 관한 물음이 결정되는 교차점에 이르게 되었다. 먼저 대우를 이루는 사물들이 기구학적 연결을 맺는 형식이 중요하다.

힘 마감과 대우 마감

대부분의 물레방아에서 개방적 구조의 베어링에 얹은 회전축이 수직으로 들리는 것은 바퀴 무게로 저지된다. 바퀴 무게의 힘은 덮개 형식이며, 이는 열린 부분을 마감함으로써 예상되는 방해하는 힘에 균형을 잡아 주는 힘이다. 그래서 이를 힘 마감(Kraftschluss)이라고 한다.

반면 예를 들어 나사와 암나사처럼 완벽한 덮개 형식을 지니는 대우요소에서는 이 짝에 고유한 운동방식으로서 감각적인 힘의 측면에서 방해하는 작용에 잠재적인 힘이 균형을 이룬다. 이 두 요소의 이러한 마감을 룈로는 대우 마감(Paarschluss)이라 부른다.[3]

힘 마감이 대우 마감과 연쇄 마감을 통해 해소되는 과정이 바로 기계 완성의 진보다

기계의 완성에서 진보는 "힘 마감을 줄이는 대신 대우 마감 및 기구학적인 체인 마감을 통해 이를 점점 더 대체하는 것"이다.

이제『이론적 기구학』이 대우 마감과 체인 마감을 통한 힘 마감의 소멸 과정을 이제까지 고찰한 기계 출발점에 대한 회고를 통해 증명한 후에 증기기관의 발명부터 시작되는 **현대** 기계 고찰로 넘어가고 동일한 과정을 이제부터 가속화된 기계 발전의 본질적 형식으로 고찰해야 함을 보여 준다.

---

3) 힘 마감의 경우 물레방아 바퀴의 무게 때문에 바퀴는 돌아가면서도 자리에서 이탈하지 않게 된다. 하지만 다른 변수가 생기게 되면 이탈할 가능성이 크다. 이에 반해 대우 마감의 경우 나사와 암나사는 서로 나사선으로 맞물려 있기 때문에 둘의 결합은 매우 안정적이라 할 수 있다.

여기서 무엇보다 마차, 터빈, 농업 기계, 톱니바퀴, 물가 크레인, 물레방아, 증기기관 등이 "힘 마감을 제한한 것은 본질적으로 기계가 자신의 과제를 더 잘 해결할 수 있게 만드는 수단이라는 점을 가장 잘 보여 준다". 첫 번째 시도에 대한 응급처치를 대우요소와 단순한 동력전달장치 속에 가져오려는 노력의 결과로 기계의 기여가 전체 과제에서 더 커다란 부분이 되었고, 그래서 새로운 기구의 발명으로 나아갔다. 다양한 힘 마감 장치는 경험주의자들이 발명한 기계에 있었다. 이 장치는 부분적으로는 능숙한 설계자의 손 아래 과도기 단계로 사라졌다. 여기서 불확실한 것을 확실한 것으로, 즉 힘 마감을 대우 마감으로 대체하는 끊임없는 개선이 옛 기계 시대의 근본 특징이었다. 반대로 현대 기계의 특징은 "곧바로 완전한 기계의 날카로운 소리를 내는 듯한 등장이다".

기계의 일반적인 발전에서 무의식

여기서 룈로가 기계의 내적 본질에 대한 서술에 이어 제시하는 고찰은 자기 학문에 대한 심층적인 통찰을 제공한다. 지금까지 예상치 못했던 역사의 최상의 과제와 이 학문 사이의 내적인 관계가 놀라운 통찰로 이어지게 된다. 이는 활기차게 서술되어 건조하고 차가운 대상이 예술과 일반 학문에 대한 깊은 통찰을 기초로 다뤄진다는 점을 보여 준다.

　이 책의 위대성은 짧게 표현하자면 기계의 형이상학을 표현했다는 점이다. 바퀴의 쩡그렁거림, 덜그덕거림, 삐걱임, 쿵쿵거림, 구르기, 두드리기, 베틀의 윙윙거림, 기관차의 경적 소리, 전신의 째깍거림을 통해 우리는 유기적 원상을 연상시키는 이 기구 속에서 인간 본질이 대상화되어 있다는 경고를 듣게 된다. 우리는 산업세계의 탄생 속에서도 무의식이 지배하고 있다는 저자의 이해에 경탄하게 된다. 이를 모르는 이는 저자의 다음과 같은 단호한 언급을 경험하게 된다.

"지금까지의 기계의 일반적인 발전은 어느 정도 **무의식적으로** 이루어졌고, 과거 제작방식의 이 무의식성은 특수한 표시를 남겼지만 예리한 이해에도 포착되지 않았다는 점을 우리가 간과하면 안 된다. 하지만 오늘날 현대 기계의 제작은 우선 위에서 언급한 매우 능숙한 기술자의 손으로 이루어진다. 이 점에서 이미 [제작과정에서] 충분하지는 않지만 많은 점이 분명해지고 의도적으로 기획된다! 여기서 우리는 예전의 결점 많은 장치들을 개선할 뿐 아니라 새로운 장치들을 새로 내놓는 것을 보게 된다."

이 구절처럼 룈로는 다른 많은 사례를 통해 다양한 기계 제작이 얼마나 무의식적 충동 또는 의식적 고민에 영향을 받았는지에 대한 증거를 제공하고 있다. 그래서 첫 번째 기계의 오랜 기간의 제작 방식과 관련해 다음처럼 적고 있다. "그러므로 인간의 능숙한 손에서 탄생한 첫 번째 기계에서 [인간의 의식적] 힘은 **무의식적으로** 작동한 지체의 노력을 넘어서지 않기 때문에 부차적인 역할을 수행한다." 나아가 "기계이론은 다양한 사유과정의 결과 연관에 대한 증거를 한 영역에서 제공한다. 이 영역에서 인간은 **무의식적으로** 자신이 빠져나올 수 없는 참된 법칙에 따라 진보를 이뤘고, 앞으로 나아가는 속도는 우회로를 거쳤다는 점에서 느릴 수밖에 없었다." 기계를 분석하면서 그는 다음처럼 쓴다. "이 분석은 기계의 전체 발명가 또는 개선자가 **무의식적으로**, 예감 없이 뒤따랐던 주도적인 생각을 드러낸다." 발명이 고차의 "영감"(Eingebung)의 결과로서 일종의 계시, "아이디어 집합소의 천재", "종종 가리어진 귀납",

"감정과 본능" 등으로 환원되는 곳에서는 항상 무의식이 지배한다. 무의식의 이런 지점들은 우리가 선택한 표현인 "기계의 형이상학"을 설명하는 데 도움이 된다. 이 지점들은 전문분과에 대한 연구를 통해 직접적으로 나오는 것이기 때문에 무의식의 **철학**을 들먹거리지 않는다 해도 이 철학과 일치하며, 이를 객관적으로 증명하고 있다고 평가할 수 있다.

힘 마감과 대우 마감 속에서 발견한 기계발전 원칙을 염두에 둔다면 우리는 일반적으로 힘 마감을 무의식적 발견의 측면, 대우 마감을 의식적 발명의 측면으로 간주할 수 있다. 뢸로가 강조한 주장에 따르면 기계에서 대우 마감과 힘 마감이라는 반대는 결코 사라질 수 없으며 기구 (Meschanismus) 개념이 이것에 기초를 두고 있다. 기구는 결코 인간의 뇌와 손의 힘의 통제 없이는 불가능하기 때문에 기계는 전체 역학적 공식으로 된 살아 있는 유기적 규칙의 복제다. 그래서 심리학과 생리학은 문화세계를 창조하는 원칙이 인간 자연 내부에 있음을 증명할 과제를 지니며, 위에서 언급한 외부세계 속 대립이 우리 내부세계의 현상 형식의 일원론적으로 매개된 구별로 환원된다는 통찰을 기초로 한다.[4] 문화세계 속에서 존재하는 기계적 생각이 자신의 원천 근거를 회고적으로 설명하려 할 때 인간 영혼의 본질, 즉 정신세계 일반으로 돌아가야 한다. 그래서 힘 마감과 대우 마감은 미래에 자신의 심리-생리학적 인정을 받을 것이다.

뢸로의 다음 논의를 위한 높은 전망대가 마련됐다. 그 자체로 서로

---

4) 즉 힘 마감과 대우 마감이 외부세계 속 대립이라면, 이 둘은 결국 우리 내부세계, 즉 무의식과 의식이라는 현상 형식의 구별로 환원된다.

독립적으로 작용하는 우주적 힘들과 관련해, 한 동력장치의 작용에 반대 작용하는 기계 속에 숨겨진 분자적 힘들과 관련해, 그리고 힘 마감이 우주적 자유의 잔여가 기계적 체계와 혼합한 형식이라는 점에 대한 상기를 통해 과도기 영역이 열리게 되는데, 이를 거쳐 관념적-기계적 체계가 우주적 체계로 넘어간다. 우주에는 소우주가 속한다는 점, 그리고 인간이 신체를 가지고 살아 있다면 관념적-기계적 체계라는 점을 첨언해야 한다.

이런 인식으로 강력하게 인도하는 것은 기계의 내적 본질과 평행한 현상들, 말하자면 인간의 문화 영역의 현상들이다. 이들의 예리한 짝이 기계 발전인데, 왜냐하면 이는 의도적으로 움직임을 좁혀 힘의 작용을 의도한 하나의 목적에 집중시키기 때문이다.

힘이 증대되고 운동이 풍부화되는 동시에 새로운 힘 원천의 발견과 발명이 이루어진다

운동과 힘의 관계 일반은 이미 다뤘다. 이제 '기계 발전을 위한 동력'이 논의되는데, 이는 운동 증대 욕구와 힘 증대 욕구로 고찰된다. 근원적으로 이전에 두 개념에 해당하던 것과 상관없이 이들이 통일되거나 또는 분리되어 나중에는 하나로 있거나 또는 평행하게 존재한 후 한 기계류에서는 충만한 힘이, 다른 기계류에서는 풍부한 운동이 있게 된다. "전쟁 관련 장비와 건물, 화물운반은 더 큰 힘을 요구한다. 제조공장, 시간 측정 도구, 기타 도구들은 더 풍부한 운동을 요구한다."

인간이 자신의 목적을 위한 동력으로서 우주적 힘들을 개별화할 수 있기 전에 이 힘들은 동행하는 현상 전체의 고찰과 자연연구를 통해 구별되거나 **발견되어** 있어야만 한다. 그래서 힘이 증대되고 운동이 풍부화되는 동시에 발견과 발명이 뒤를 잇고 "**새로운 힘 원천의 발견에 이어 이를 사용하는 수단의 발명이 잇따른다**".

룄로에 따르면 핵심 생각, 즉 진보의 가장 내밀한 기본 노선이 기구학적 마감을 통해 힘 마감이 해소되는 것이라는 점을 이해하는 것이 공학의 과제다. 공학 연구를 통해 기계제작자는 전체 실천적 역학에 대한 통상적인 감정, 나아가 전체 인간 활동 일반에 대한 통상적인 감정을 부분적으로 보존하고, 부분적으로 회복하는 데 성공할 것이며, 또한 대중적인 호소인 '노동의 분업'에 따르는 지식의 분화, 모든 척도를 넘어서는 지식의 분화를 한계에 맞춰 제한하는 것에서도 성공할 것이다. 오늘날 학문의 강점인 발전 개념의 주도로 이 한계 속에서 분화된 영역을 다시 묶어 더 높은 통일로 가져가는 것이 가능하다.

기구학적 기호

낮은 단계의 대우요소와 높은 단계의 대우요소로부터 기구학적 체인에 이르는 기계 발전과정을 지금까지 살펴봤는데, 이 과정에서 도출되고 도출될 수 있는 사례들의 형식적 다양함이 존재한다. 그래서 이에 대한 개관뿐 아니라 특이한 개별 사례들을 언어로 확정하는 것은 항상 어렵다. 이에 도움을 주는 것이 '**기구학적 기호언어**'이며, 개념의 학문적 논구가 이루어진 이후 이루어지는 이 언어의 사용은 수학의 범례, 그리고 화학의 범례를 지니고 있다.

이러한 문자적·기호적 축약은 그 속기적 특징이 통상적인 국제 학문 용어와 섞이면 섞일수록 더 목적에 부합하게 된다. 『이론적 기구학』

에 있는 기호언어 연구를 하게 된다면, 독자는 매우 능숙한 기구학적 기획이 여기서 이루어지고 있다는 확신을 얻을 것이다. 뢸로 자신이 발명가로서 기계제작자에게 요구하는 것처럼 그의 새로운 기호언어의 발명은 마찬가지로 교훈적이면서도 유쾌한 유비다. "이를 통해 이미 정의된 특성으로 매번 돌아갈 필요가 없으며, 짧은 표현 덕에 전체의 연관과 대립에 관한 판단을 얻게 된다. 이는 일반적인 표현 형식으로는 얻을 수도 전달할 수도 없다."

기구학적 분석

그렇게 뢸로의 연구는 스스로 도구를 제작했다. 이를 가지고 이어지는 장에서 '기구학적 분석'이라는 미로 속에서 길을 밝히면서 기호언어의 발명이 연구에 쓸모가 있음을 증명하고 있다. 누구보다 영국인 바비지의 『기호를 통해 기계 운동을 표현하는 방법에 관하여』[5]에 따르면 이전의 원시적인 힘 마감은, 이 영역에서 비교가 허용된다면, 대우 마감을 통해 해소되었다.

　방금 언급한 **기구학적 분석**과 관련해 이 분석의 과제는 기구학적 장치를 그 부분으로 분해하는 것이다. 이 부분이란 기구학적으로는 요소로 간주할 수 있으며, 확고한 질서 속에서 대우요소와 기구학적 체인으로 연결된다. 뢸로는 넓은 범위의 영역에서 일련의 연구를 진행하면서 소위 **단순한 기계** 또는 지레, 기울어진 평지, 쐐기, 롤러, 바퀴축, 나사 등 기계적 힘들부터 시작한다. 이들 중 지레, 기울어진 평지, 나사만이 대우

---

5) Charles Babbage, *On a Method of Expressing by Signs the Action of Machinery*, London, 1826.

요소 또는 마감 짝이다. 뢸로는 놀라울 정도의 철저함을 가지고 크랭크 톱니바퀴, 닫힌 크랭크 장치, 닫힌 톱니바퀴 장치, 기계의 구조 요소 영역 깊숙이 파고든다.

지금까지의 발명을 학문적 발전방법이 얼마나 대체할 수 있는지를 응용이론의 한 분과인 기구학이 증명했는지 여부는 전문가의 비판이 가릴 것이다. 우리 논의는 앞서 밝힌 의도에 맞게 새로운 일반 학문적 관계를 나누는 기준점을 밝히는 것으로 한정해야만 하며, 그 후 '기계의 구조적 요소 분석' 장으로 넘어가게 된다.

이는 비전문가가 일반적으로 이해할 수 있도록 도움을 주는 가장 쉬운 부분이다. 왜냐하면 비전문가는 자신이 일상에서 그 형식과 이름으로 알고 있는 매우 다양한 사물들을 지금까지 기구학적으로 혼합되어 있던 **고정 요소, 유동 요소, 동력전달장치** 등 세 계열의 개념적 새 질서로 분석할 수 있기 때문이다.

고정 요소는 **연결**(지체 형성)(리벳, 리벳 연결, 쐐기, 쐐기 연결, 나사, 나사 연접)이거나 또는 **대우요소와 지체와의 연결**(나사와 암나사, 마개, 베어링, 축, 회전축, 고정된 연결장치, 크랭크, 결합된 지레, 연접봉, 크로스헤드, 안내선, 마찰바퀴, 톱니바퀴, 관성바퀴)이다.

유동 요소는 줄 동력 기관과 이것의 체인 마감 사용(끈과 끈 동력장치, 줄과 줄 동력장치, 체인과 체인동력장치)과 압력 동력 기관의 요소들(관, 피스톤 관, 피스톤, 패킹 박스, 밸브)과 용수철(당김 용수철, 누름 용수철, 구부림 용수철, 돌림 용수철, 버팀 용수철)로 나뉜다.

동력전달장치는 단순한 막음 장치, 브레이크, 뗄 수 있는 연결장치와 움직이는 연결장치로 구성된다.

완전한 기계 분석으로 넘어가는 세 가지 마감방식은 1. **규범적이고 강제적인 방식**으로 여기선 모든 지체들의 상대적 움직임들이 규정된다. 2. **불완전한 또는 비강제적인 방식**으로 여기서는 지체들의 상대적 움직임들이 규정되어 있지 않다. 3. **과도한 마감방식**으로 이는 지체의 상호적 운동을 제거한다.

기계의 구조적 요소 개관을 이렇게 생략하지 않고 전달하는 것은 적어도 한 사례에서 책의 여타 부분들과 마찬가지로 생성적 방법이 이름만을 건조하게 나열하는 가운데에서도 드러난다는 점을 알려 주기 위함이다. 왜냐하면 잎이 식물 전체에서 그러한 것처럼 내적인 일관성을 지니는 개관은 책의 일부분으로서 전체를 지배하는 발전 개념에 일치해야 하기 때문이다. 그래서 위의 새 질서를 통해 "개별 부분들의 복잡한 조합 속에서 합법칙성을 발견하고, 이를 우연과 구별하는" 어려운 과제를 해결한 것으로 볼 수 있다.

집을 지으려는 건축설계자는 설계도에 건물이 필요로 하는 모든 것을 갖춘 전체 집, 땅과 지반, 다양한 재료와 그 형태, 인간, 동물, 기술 장치들의 작업, 폭우와 계절, 태양, 공기, 빛에 대한 대비, 수백 가지 다른 것들과 여러 고려사항을 머릿속에 지니며 그래서 필요한 개별사항을 점검하고, 이의 실행과 이행을 다루기 전에 항상 전체로부터 시작한다. 재료에 형태를 부여하는 물리적 노동의 결과는 전체 집이며, 이는 이미 처음부터 그의 머릿속에 있었던 것인데, 이것이 외적인 감각적 현재 속에 있게 된 것이다.

학문적인 방법에서도 연구의 마지막에는 항상 출발점에 있던 것이 결과로 나오게 되어 있으며, 물론 오랜 정신적 작업에 의한 사항이 추가

되어 있다. 설계도면의 집과 [그 결과인] 벽과 땅을 지닌 집처럼, 학문에서는 [머리말에서] 물음의 형태로 있는 사유소재와 [마지막 부분에서] 학문적 구조로서 개념적 발전의 결과로 있는 사유소재가 동일하기 마련이다.

동일한 방식으로 뢸로는 **완전한 기계의 분석** 이전에 "우리가 완전한 기계로부터 출발하여 기계를 기구학적 영역에 속하는 관점에 따라 연구하기 위해 그것의 분해를 감행했던 첫 번째 장에서 시작했던 순환을" 실행하려 한다.

먼저 지금까지 사용한 파악방식의 지속가능성을 검증하는데, 이에 따르면 완전한 기계의 내용은 세 항목, **수용기**, **동력전달장치**(Transmission), **도구**로 나뉜다. "수용기는 움직이는 자연력이 직접적으로 작용하는 부분이며, 기계적 작업이 전달되는 부분이다. 도구는 작업을 가장 적합한 방식으로 가공해야 할 사물에 부여한다. 수용기와 도구의 각각의 움직임은 대부분의 경우 일치하지 않기 때문에 그 사이에는 운동 매개자로서 동력전달장치가 있게 된다." 이 세 범주가 한 기계에서 나타나는지, 그리고 이들이 "우연히 속한 것"에 불과해 논리적으로 본질적인 부분으로 간주될 수 없다고 명확하게 증명할 수 있는지를 검증할 수 있다. 왜냐하면 특정 기계에서 도구는 불명확하게만 인식 가능하거나 존재하지 않으며, 나아가 수용기와 물, 바람, 증기, 다른 종류의 가스, 무게, 용수철, 살아 있는 존재와 같은 동력은 항상 기구학적인 대우 또는 체인을 이루어 수용기만 따로 파악하기가 쉽지 않으며, 또한 다른 경우에서 동력전달장치와 도구 개념은 완전히 구별할 수 없을 정도로 혼합되어 있는 것으로 증명되기 때문이다. 그래서 증기기관에서 도구는 발견될 수 없다. 또한 시계 무게를 줄인 후 끈 또는 체인으로 사라진 무게만큼 길게 하고 시계가 끈으로 작동하게 하면 무게는 동력이 아닐 수 있고, 끈 또한 수용기가 아닌데, 왜냐하면 그 속성이 변하지 않았기 때문이다. 그래서 베틀이 작동할 때 동력전달장치가 어디서 끝나고, 도구가 어디서 시작되는지는 불확실하다.

이에 반해 도구가 인식될 수 없는 기계인 크랭크, 기관차, 증기선, 시계 등은 항상 **장소변화**, 이동해야 한다는 과제를 지닌다. 그리고 사실상 도구를 지니는 기계들인 선반(旋盤), 대패 선반, 나사 깎는 기계, 줄톱 등은 가공할 사물의 **형식을 변화**시켜야 하는 특성을 지닌다.

이로써 수용기, 동력전달장치, 도구로 나뉘는 완전한 기계 내용의 세 부분이 논의됐다. 이제 "도구 개념은 기계의 고유한 줄기 개념이 아니라 그것의 우연한 특징에 불과하며, 그래서 완전한 기계를 이해하기 위한 기초일 수 없다"는 추가 언급이 이어지게 된다. 그래서 '도구' 개념이 격하되지 않으면서 기계 개념의 명료성 또한 해치지 않게 된다.

왜냐하면 그 원천을 돌이켜 보면, '도구'는 그 특성상 **손도구**로서 기계형성의 첫 번째 가능성일 뿐 아니라 수단이자 도구라는 넓은 의미에서, 문화 목적의 매개 관점 그리고 **작품 생산**이라는 관점에서 특히나 도구장치를 지니거나 지니지 않는 모든 기계들을 포괄하기 때문이다. 이런 의미에서 특수한 도구가 없는 기관차는 그 전체 기계 자체가 도구다. 그래서 이를 협소하게 파악해선 안 되며 보편적인 문화적 힘으로서 도구 개념을 자유롭게 파악해야 한다. 그래서 연구범위를 축소하기 위해 뢸로는 손도구를 기계형성의 출발점에서 완전히 배제했다. 그렇다면 한계는 어디에 있는 것일까? 손도구는 다시금 그 탄생에 있어 손을 지시하며, 이미 고대인들은 손을 '도구의 도구'라고 했다. 이 표현은 기관과 도구의 개념을 감각적으로 혼합한 것이며(기관의 기관, ὄργανον τῶν ὀργάνων) 이 관계를 좀 더 해석해 보면 살아 있는 기관의 원상과 그것의 죽은 기계적 복제의 근친성, 기관과 그것의 기술적 연장의 근친성을 원시적인 형식 부여에 따라 드러낸다.

완전한 기계의 분석에서 인간 손은 당연히 이것과 다른 방향으로 고찰된다. 손은 말하자면 기구에 기관으로 투입된다. 노동자는 예를 들어 물레나 숫돌에 참여하며, 의지의 지도 아래 그의 사지는 동력 장치에 참여한다. 그래서 이 장치는 그 자체로 존재하는 동력인 노동하는 유기적인 신체를 작동하는 죽은 기계와 연결하는 기구학적 체인관계로 가져간다. 인간 손과 동물 힘을 통해 작동하는 기계는 "완전한 기계로 간주할 수 있으며 요소적 힘을 통해 작동하는 것과 구별할 필요가 없다". 왜냐하면 동력을 기계 바깥에 있는 것으로 간주하는 과거의 관점과 반대로 항상 동력은 지체로서 기구학적 체인 속에 들어오기 때문이다.

동력기계, 작업기계

증기기관, 수차(水車), 터빈과 같은 기계들은 동력으로서 다른 다양한 기계 작동을 위해 사용될 수 있어 특별히 중요하다. 이들은 **동력기계**(Kraftmaschinen)란 이름으로 독립적으로 존재하는 완전한 기계류로 알려져 있다.

작업기계(Arbeitsmaschinen)는 마찬가지로 완전한 기계로서 장소 및 형식을 변화시키는 기계이며, 동력기계를 통한 작동에 맞게 설계되어 있다.

이제 "작업기계라는 속성에서의" 인간은 뢸로가 다룬 "완전한 기계 분석을 위한 사례"이다. 기계에 인간이 함께 작용하는 정도는 기계의 독립성이 증가하는 만큼 줄어든다. 그리고 가장 완벽한 또는 완전한 기계는 인간이 기계 작동을 켜고 중단하는 정도로만 개입하는 것이 될 것이다. "기계는 일반적으로 이 완전화의 정점에 도달하려고 하며, 눈으로 볼 수 있을 만큼 이것에 가까워졌다."

기계가 이 목표로 접근하는 것은 문화 전체와 기계 발전의 연관을 고려해 보면 사회에 매우 중요하다. 기계 분석의 결론은 이 주제를 다룬다.

거대 기계를 통해 증기의 거의 무한한 동력을 이용하는 것은 거대한 공장에서 대규모 노동을 가능케 했고, 이는 노동자 대중을 통해서만 이루어질 수 있다. 공장 중앙에 있는 밝은 면과 어두운 면의 투쟁 속에서, 말하자면 한편으로는 산업 생산물의 저렴함, 지하자원의 개발과 사용, 다른 한편으로는 가족의 상실, 생활필수품의 가격인상, 손 숙련도의 감소 등의 투쟁 속에서 **노동자 물음**이 제기된다.

증기기관이 양적으로 동력을 높이면서 이를 통해 수력기계, 동력기계, 작업기계의 용이한 제작이 증가했다. "이처럼 동력기계인 **증기기관은 작업기계의 모체**가 되며, 이를 통해 이 상황의 지배자가 된다." 이로써 자본과 노동 사이의 투쟁이 생기는 곳엔 치료제도 있다. 거대기계가 자본의 보증 아래 있다면 작은 작업기계들은 비교적 적은 비용으로 조달 가능하다. 그래서 소규모 산업 활동이 다시 활발해지고 가내수공업이 새로운 영양을 공급받을 수 있게 된다. "이미 소규모 산업은 작은 동력기계, 무엇보다 가스 동력기계, 전열 기계, 작은 수압 기계, 여러 번의 시도 단계에서는 석유가스 기계를 필요로 한다."

룅로는 작은 동력을 **민족의 참된 동력기계**라고 부르며 기압 기계와 가스 기계의 작동 단가가 이미 싸기 때문에 증기기관과 성공적인 경쟁을 이루고 있음을 증언하고 있다. 그는 이를 새로운 기계들 중 가장 중요한 것으로 여기고 이들 속에서 "산업 부분의 완전한 변형의 씨앗"을 본다. 이미 전도 유망한 실천적 성과가 있다.

이 변형 과정 내에서 노동운동은 촉진하는 계기이면서, 이것이 자신의 임무를 다할 때 다시금 사라지게 되는 진보수단이다. 이를 통해 우리는 "기계의 원칙 자체 속에 인간 복지에 대한 적대가 포함되어 있지 않다"는 확신을 얻게 된다. 최고도의 긴장을 몰고 오던 노동의 중심화는 일시적으로는 필연적으로 소규모 산업을 위해 수많은 값싼 작업기계를 양산했지만 이는 점차 건강한 정도로 축소될 것이다. 왜냐하면 참된 탈중심화는 중심을 파괴하는 것이 아니라 중심과 주변, 엄청난 거대기계와 흩어진 작은 작업기계 사이의 균형관계를 세우는 것이기 때문이다. 양쪽 모두 미래에는 정당화될 것이다. 거대한 기계는 동력기계에 대한 무한히 증가하는 필요를 위해 필수적이며, 작업기계를 통한 제작은 이 거대한 기계의 작동을 위해 필수적이기 때문이다. 가정산업과 가정이 거대산업에 흡수되면서 위험이 생겨난다. 기계의 도움으로 소규모 산업이 새로운 활기를 찾게 되면서 균형이 생겨나고 그러면 문화의 더 높은 단계로의 위대한 진보가 이루어진다.

철도나 수로를 이용한 채광산업에서 운반을 위한 증기기관의 과제는 어떤 본질적인 변화도 겪지 않는다. 왜냐하면 기계동력은 오로지 전체적으로 큰 규모에서만 성과를 낼 수 있는 상황에서 어떠한 분화도 감당하지 못하기 때문이다. 다른 거대 기계 제작이 이루어지거나 또는 생명과 건강의 희생자를 충분히 억누르는 곳에서 증기기관은 동일한 지배를 지속할 수 있었다. 이에 반해 직물 또는 섬유산업 영역에서의 비참한 상태는 너무 완고한 중심화를 필요한 만큼 완화시킴으로써 종결될 수 있었다.

한 노동지점에서 활력이 축적되고, 다른 지점에선 황폐화되는 이 극단은 결국 기형으로 종결된다. 노동력의 잉여가 한편으로는 이웃한 농업의 평화로운 영역으로, 한편으로는 작업기계를 통해 재생되는 가내수공업으로 옮겨지면서 치유하는 균형이 이루어져야 한다.

사회적 폭풍을 몰고 온 증기의 위력만이 이를 다시 진정시킬 수 있고, 진정시키게 될 것이다. 답답한 시대물음을 선입견 없이 바라볼 수 있는 사람들은 『이론적 기구학』의 다음과 같은 문구를 통해 눈을 뜨게 될 것이다. "지혜로운 제한은 국가를 창조했고, 이것만이 국가를 보존하며, 위대한 성과를 내게 했다. 제한은 기계 속에 가장 강한 힘들을 제어했고, 이들을 우리의 손아귀에 넣게 했다."

기구학적 종합

기계 분석이 주어진 대우요소, 기구학적 체인, 기구로 구성된 연결이라는 운동강제의 특성들을 알아냈다면, 이 이론의 완성인 **기구학적 종합**은 "대우요소, 체인, 기구의 결합을 통해 주어진 운동강제가 실현될 수 있음을 보여 줬다". 이 과제는 가장 중요하다고 할 수 있는데, 왜냐하면 그것은 새로운 기계의 창조, 기계의 계속적인 발전을 목표로 지니기 때문이다. 이 종합은 응용기구학에서 연구수단 중 하나일 뿐 과제 성취의 규준일 수는 없다.

이제 다양한 사례를 통해 설명한 종합 영역을 전체적으로 살펴보면 기계의 주요 성과가 매우 적은 수의 기구학적 체인으로 환원된다는 것, 그리고 그렇기 때문에 기구학적 문제 영역은 개관 가능하다는 중요한 발견으로 이어진다.

신체적 유기체, 기계기술의 모든 특수한 형식들의 보편적인 원상, 견본

참된 기계 형성 법칙의 인식을 다루는 천재적인 룈로의 저작의 결론은 "수행되어야 할 많은 것이 매우 적은 수단으로 이뤄질 수 있으며, 이것이 일어나는 법칙은 우리의 인식에 열려 있다"는 확신을 표현한다. 이는 각 제작품이 유기적 요소에 원천적으로 속해 있음을 암시한다.

이제 룈로가 기계를 작동시키는 유기적 존재를 '완전한 기계'라고 부른다면, 이 표현은 문자 그대로를 의미하는 것이 아니라 임시방편 격인 언어적 설명에 불과하다. 왜냐하면 언어는 종종 비유를 사용하는데, 이는 짧게 표현하기 위해 상세한 정의를 회피하거나 또는 장 파울(Jean Paul)의 표현에 따르면 기계적인 것이 그 내면보다 더 친숙하고 직관적이어서 유기적 관계를 기계적으로 표현하는 것을 완전히 단념할 수 없을 때 그렇다. 거기서 일시적으로 유기적 존재에 드리워지는 그림자는 기계론이 "기계 제작을 마무리할 때 인간 손의 기계적 개입에, 그러니까 작업기계인 **살아 있는 존재 연구**에 주목해야 한다"는 룈로의 요구로 곧바로 사라진다. 물론 그는 기계론 영역을 그렇게 확장할 것을 요구하지 않는다. 하지만 이 방향으로의 확장을 생각했다는 것은 심리학적 발견을 예견하는 것처럼 보인다.

인간의 기관활동으로 생겨나는 것은 이 기관활동인 정신의 흔적을 항상 지닌다.

릴로에 따르면 모든 원천 기계들은 "인간의 위트, 그중에서도 매우 특별한 위트로 고안된" 것이었는데, 왜냐하면 이들은 신의 선물로 찬양되었기 때문이다. 하지만 이들은 항상 **일정한 단계들을 두루 거치는 사유 과정을 통해 고안되었다.**

기계 제작에서 무의식이 원천적으로 함께 작용하고 있다는 점은 언급했듯이 릴로가 자주 강조하고 있는 사항으로서, 이는 한편으로는 형식에 따라, 다른 한편으로는 기구학적 과정에 따라, 내부로부터 이루어지는 유기적 자기운동과 외부로부터 이루어지는 기계적 수동운동이 가지는 차이에 따라 인공물이 개별 기관과 일치한다는 점을 설명한다.

인공물 영역으로만 한정한다면 우리가 자주 사용한 **키네시스**(χινησις, 움직임)가 유기체에 속하는 것처럼 **기구학**(Kinematik, χίνημα [키네마], 움직여진 것)이란 표현은 기구에 속한다. 운동 개념을 이처럼 능동과 수동으로 분리하게 되면 유기체와 기계의 관계를 잘 설명할 수 있게 된다.

우선 기관투사가 릴로 저서에서 기인하는 기계 개념에 얼마나 부합하며, 무엇보다 우리가 파악한 도구 개념이 『이론적 기구학』의 기계 개념에 부합하는지의 물음을 해결해야 한다. 이는 긍정적으로 답할 수 있는데, 왜냐하면 기계는 손도구의 연장이며, 도구도 기계처럼 손과 기관의 연장이기 때문이다.

돌리는 손으로부터 축이, 축으로부터 물레가, 물레로부터 방적기가 나왔고, 사물을 으깨는 이로부터 원시인의 맷돌이, 이로부터 풍차와 수차, 그리고 증기 제분소가 나왔고, 완전한 기계로 진보하면서 손의 직접적이고 지속적인 개입으로부터 멀어졌다. 이 경향이 남아 있다 해도, 통용되는 표현에 따르면 모터의 도움에 의지하는 것처럼 기계는 아무리 완성되었다 해도 계속 인간 손에 매달리게 된다. 기계는 그 원천에서 분리하여 생각할 수 없으며, 원천과의 연관에서 벗어나면 기계이기를 멈춘다. 모든 진보는 항상 출발점을 지시한다. 기구학적 동력전달장치는 신체적, 유기적 운동의 실질적인 연장이다. 이 유기적 운동을 뢸로는 살아 있는 작업기계라 규정하면서 이를 죽어 있는 기계와 엄격하게 구별한다.

이상적 기계

살아 있는 작업기계는 비유적으로 말해 보자면, 물론 기계이지만, 이는 인간 손에 의해 제작된 기계들보다 앞서 존재하며, 이는 보편적인 기계로서 기계기술의 모든 특수 형식에 공통적인 원상 또는 모델 상이며, 육체적인 기계로서, 유기적 지체 짝으로 이루어진 기구학적 관절체인이며, 짧게 말하면 신체적 유기체 또는 **이상적 기계**(Idealmaschine)로서 타고난 모터인 의지를 지닌다. 이 모터는 기계 제작 전부를 위한 보편 모터이다!

　분리될 수 없는 전체의 각 지체가 요소적인 자연 도구인 곳에서 전체는 분절화된 것으로 현상한다. 유기체의 살아 있는 **기구적 지체화**는 기계적 형태 속에서는 조각, 부분들의 **기구학적 체인**이다.

　운동에 관한 이론은 기구학(Phoronomie)이며, 이 운동의 기하학적 서술방식이 기계 부분에서 가시화되는 반면 유기적인 지체화는 모든 기하학을 배제한다. 인간의 목소리 기관이 오르간의 원상이고, 모든 개별 오르간 음의 가능성인 것처럼, 그리고 개별 파이프가 크기 질서의 역학에 따라 항상 목소리 기관에 통일된 다양한 음들 중 하나의 특정 음만을 들을 수 있게 하는 것처럼, 기구적인 지체화, 하나의 유기체는 존재하는 기계의 모든 개별적인 기구학적 체인들의 가능성이다. 그래서 각 개별 기계는 다른 기계와 그 물질적 특성 및 특수한 기하학적 형식 규정에 따라 구별된다. 팔, 이소골(耳小骨)의 관절연쇄가 개별적이고 조그맣게 보여 주는 것을 유기체의 지체는 전체적으로 크게 보여 준다. 지체화에서 가능성으로 존재하는 것을 손은 수와 척도의 감각적 현실로 번역한다. 그래서 다수의 기계는 하나의 능숙한 손이라는 보편성의 실재적 실현이다. 세계 박람회에서 진열된 '기계군단'의 모든 경이는 손에서 왔고 수공업을 지시하며, 이로부터 유기적 원상에 따라 발견자나 발명가, 모든 노동자에게 공손한 손을 건네는 자신의 정신으로 거슬러 올라간다.

『인간 기계』에서의 진리와 오류

손은 죽은 형태에 인간의 빛을, 기계에 영혼이라는 지참금을 제공하는데 라 메트리(Julien Jean Offroy de La Mettrie)는 『인간 기계』(*L'homme machine*)에서 제공된 영혼의 측면을 과장했다. 지난 세기 이래 이 책은 잠들어 있다가 새롭게 알베르트 랑게(Friedrich Albert Lange), 누구보다 두 보이스-레이몬트의 강력한 찬사에 힘입어 되살아났다.

이 책 속의 커다란 진리와 커다란 오류를 상세히 다루지는 않겠지만 뢸로가 기계 본질에 관해 제시하는 고찰을 인용하면서 매우 평판이 나쁜 이 책에 관해 몇 가지 판단들을 제시하고 있다. 뢸로는 다음처럼 말한다.

유기적 운동이 기계로 무의식적으로 전이한 것을 보여 주는 기계 기구학

"옛 철학자가 사물의 항상적인 변화를 흐르는 물에 비교했고 이를 '모든 것은 흐른다'는 문구 안에 요약했듯, 우리는 기계라 부르는 인간 지성의 놀라운 생산물 속에 있는 수많은 운동현상들을 '모든 것은 돌아간다'는 말로 요약할 수 있다."

"새로운 기구학에 익숙한 실천적 기계학자와 이론적 기계학자가 보기에 기계는 더욱더 특수한 방식으로 그 속에서 돌아가는 기하학적 구조를 통해 활력을 보인다. 개별 기계들은 예를 들어 철도의 활자륜과 마찰륜에서처럼 활력을 내보인다. 톱니바퀴와 같은 다른 기계들은 망 같은 덮개로 싸여 있다. 다른 것들은 내부의 묵직한 것과 결합해 있는데, 이 묵직한 것은 그 외부형식으로 볼 때는 전체적으로 어떤 것인지를 드러내지 않는다. 크랭크와 축으로 이루어진 기구와 같은 기계들은 연장된, 물체를 늘여, 그 가지를 무한하게 바깥으로 뻗은, 완전히 알아챌 수 없는 인공물이다. 중요 부분이 종종 감각을 마비시키는 소음을 내는 가운데 이들 기계는 돌아감의 소음 없는 생명기능을 실행한다. 이 기구들은 기계의 영혼이며, 기계의 물질적인 운동을 표현하면서 이를 순순한 빛 속에서 반영한다. 이들은 기계의 기하학적 추상이며, 기계에 외적인 의미와 함께 내적 의미를 부여한다. 이 내적 의미는 그것이 가진 것보다 더 우리의 정신적 관심을 불러일으킨다."

전이의 도움으로 원본을 이해하는 법을 배우는 것이 인식론의 의식적 과제가 된다

그래서 기관투사는 기계 속에서 강력한 동료를 발견했다. 왜냐하면 기계의 발전사는 보편적인 발전 개념의 표현이며, 이 개념의 지식을 창조하는 위력은 어느 때보다 오늘날 철학 연구에 방향을 지시하며, 인간의 신체 및 영혼과 가장 밀접한 관련 속에 있기 때문이다. 기계적 기구학은 유기적 운동이 기계로 무의식적으로 전이된 것이다. 번역의 도움을 통해 원본을 배우는 것이 인식론의 의식적 과제가 된다!

XI. 형태론적 기초법칙

기계적 기구학에 대해서는 이제 충분히 알았다. 유기적 운동 개념을 이해하는 게 더 어렵다. 기구학은 바깥 원인에 의한 역학적 운동을 다루는 반면, 운동은 자발적 운동, 유기적 자기움직임이다. 이러한 자발성의 본질은 인간의 거대한 수수께끼다. "우리는 알 수 없을 것이다"(ignora-bimus)라는 절대적 확신이 아니라 적어도 "우리는 알지 못한다"(ignora-mus)는 결론 정도만을 제시하는 학문의 성과는 대단하다고 할 수 있을 것이다.

이런 종류의 성과에는 무엇보다 차이징의 인간 신체 비례론이 속한다. 이는 유기적 운동의 기초법칙을 밝혀 주는 만큼 더 자세히 우리가 살펴볼 만한 발견이다.

인간 신체 비율에 관한 새로운 이론인 황금 비율의 유래와 설명
지난 봄 뮌헨에서 4월 27일자로 사망한 아돌프 차이징 교수의 부고가 있었다. 예술가와 학자들은 『황금 비율』을 통해 그를 잘 알고 있다.

이 책은 대중에게는 매우 낯설었다. 왜냐하면 자연과학이 모든 것을 다 쏟아부어 위대한 연구와 발견에 몰두하고 있던 시기에 이 책이 간행되었기 때문이다. 바로 다음 목적지를 향해 가야 했던 자연과학이 자신의 관심을 너무 이상적으로 보이는 방향으로 돌릴 수는 없었다. 당시 자연연구에서 뛰어난 성과로 두드러지지 않던 것은 잠정적으로 뒤로 물러나 자신의 시간을 기다려야만 했다.

예술, 철학, 자연과학의 측면에서 이 이론의 옹호

이 기다림의 시간은 이제 지나갔다. 차이징의 책이 간행되고 동시적으로 자연연구 영역에서 터져 나온 첫 번째 개별적인 찬성의 목소리들과 상관없이 현 세기 초반부터 생리학적 심리학의 창시자와 그것의 계승자인 페히너(G. Th. Fechner)와 분트(W. Wundt)는 어느 정도 차이징의 이론에 찬성했다. 또한 동시적으로 다른 측면으로부터, 특히 사변을 경험과 일치시키려는 노력으로부터 동의하는 목소리들이 새롭게 추가되었다. 황금 비율의 비례법칙을 유기적 생동성의 원칙이라고 간주하는 철학이 모두 그러하다.

차이징의 법칙은 최고의 '철학적 명증성(Evidenz)'을 획득했고, 카스파리의 새로운 책이 이를 뒷받침했다. 지금까지 개념파악하기보다 애매하게 예견되었던 이 법칙은 **인식활동의 기초문제** 해결과 본질적인 연관이 있으며 자기 자신의 방향을 잡기 위해서는 사회적 인간학과 연계될 수 있다.

고대 위대한 조각 작품을 고찰해 보면 이미 예술의 대가가 인간 육

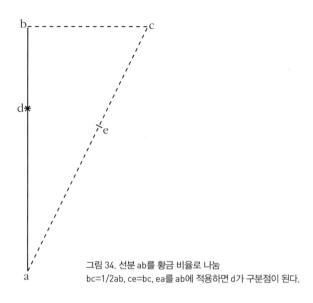

그림 34. 선분 ab를 황금 비율로 나눔
bc=1/2ab, ce=bc, ea를 ab에 적용하면 d가 구분점이 된다.

체의 비례법칙을 알고 있었기에 이에 기초하고 있는 형식적인 미 규칙을 따랐다는 의견들이 이미 일찍부터 있었다. 이를 통해 추정된 법칙을 추적하려는 다양한 노력들이 이루어졌다.

아돌프 차이징이 이를 찾았다. 그가 놓은 기초 위에서 이루어진 이후 작업들의 결과를 고려한다 해도 그가 과제를 해결했다고 할 수 있다.

현재까지 반박이 없는 차이징의 주저는 『새로운 인간 육체 비례론. 전체 자연과 예술을 관통하는, 아직 알려지지 않은 형태론적 기초법칙으로부터』로 이미 20년 이상 전에 출간되었다. 곧이어 그는 『화학적 비례와 형태론적 비례의 규범 관계』를 발표했다.[1] 이미 유클리트에 있던 정리를 인간 육체 차원에 적용함으로써 기초법칙을 발견했다(그림 34).

황금 비율이라고 불리는 기하학의 정리는 선분 구분과 관계한다. 이에 따르면 작은 선분이 큰 선분에 대해서는 큰 선분이 전체 선분에 대해 맺는 관계와 같다. '황금 비율'이란 명칭이 어디서 왔는지 언급하지는 않지만 차이징은 이 명칭이 아마도 이 비례관계의 특별한 장점을 올바르게 인식한 데서 왔을 거라고 생각한다. 비트슈타인 교수는 이 명칭이 중세에서 왔으며, 이를 "황금 구분"(sectio aurea), "신적인 구분"(sectio divina)으로 불렀다고 주장한다.[2] 이러한 찬사적 표현으로 당시 수학자들의 큰 관심을 받고 있던 정리의 특별함을 표현했다는 것이다.

기초법칙은 인간 형태 전체를 요구함

차이징은 본격적인 탐구에 앞서 인간 육체 비례론에 대한 선행 연구를 역사적으로 자세히 보여 준다. 이에는 생리학자, 예술가, 예술전문가, 철학자가 속하며, 유명한 이들로는 폴뤼클레이토스(Polykleitos), 뤼시포스(Lysippos), 레오나르도 다빈치, 미켈란젤로, 알브레히트 뒤러(Albrecht Dürer), 라파엘, 라바터(Lavater), 오라스 베르네(Horace Vernet), 빙켈만(Johann Joachim Winckelmann), 새도우(Johann Gottfried Schadow), 케틀레(Adolphe Quetelet) 등이 있다. 자신의 직전 선행자인 역사화가 슈미트(C. Schmidt)와 생리학자 카루스(C. G. Carus)에 특별히 주목한다. 슈미트는 『비례의 열쇠. 인간 육체 비례의 새로운 체계. 조형미술가, 해부학자, 자연과학의 친구들을 위해』를 통해, 카루스는 『인간 형태의 비례론』을 통

---

1) Adolf Zeising, *Neue Lehre von den Proportionen des menschlichen Körpers, aus einem bisher unerkannt gebliebenen, die ganze Natur und Kunst durchdringenden morphologischen Grundgesetze*, Leipzig, 1854; *Das Normalverhältnis der chemischen und morphologischen Proportionen*, Leipzig, 1856.

2) Theodor Ludwig Wittstein, *Der goldene Schnitt und die Anwendung desselben in der Kunst*, Hannover, 1874.

해 주목을 받고 있다.[3]

차이징 이론을 정당화하기 위해 페히너, 콘라트 헤르만, 테오도어 비트슈타인, 요하네스 보헤네크(Johannes Bochenek), 오토 카스파리(Otto Caspari)가 가담했다.

페히너의 강조점에 따르면 대부분의 자연연구자는 차이징의 노력을 모르고 있다. 개별 예외로 그는 하를레스(Emil Harless)의 해부학 핸드북에서 이 이론이 다뤄지는 것과 황금 비율을 머리구조와 뇌구조에서 매우 자세하게 확증하고 있는 하겐(Friedrich Wilhelm Hagen)의 측정을 들고 있다. 자연과학 잡지에서 차이징의 다양한 논문들은 환영받았고, 미학의 측면에서 그의 견해는 주목받고 동의를 얻었다.

이 이론의 강한 지지자들은 '생리학적 심리학'의 유명한 창시자인 페히너도 이 대상을 중립적이고 면밀한 시험대 위에 올려놓았다는 것에 큰 가치를 둔다. 그는 이 법칙을 미적 영역을 넘어 보편적으로 적용하는 것에 동의하면서 차이징이 황금 비율을 철학적으로 정당화한 것이 옳다고 인정했고, 그의 견해를 차원관계와 관련해 맞다고 확증했지만, 구분관계와 관련해서는 그렇지 않다고 주장했으며, 대칭의 미적인 장점이 황금 비율의 미적인 장점보다 뒤처진다는 주장을 비난했다. 궁극적으로 그는 어느 정도까지는 황금 비율의 의미를 발견한 공로를 낮게 보지 않는다고 선언했다. 그는 이를 현재까지 미학에서 이루어진, 차이징의 이

3) Carl Schmitt, *Proportionsschlüssel. Neues System der Verhältnisse des menschlichen Körpers. Für bildende Künstler, Anatomen und Freunde der Naturwissenschaft*, Stuttgart, 1849 ; Carl Gustav Carus, *Die Proportionslehre der menschlichen Gestalt*, Leipzig, 1854.

름이 미학사에서 가장 저명하게 남게 된 첫 번째 발견이라고 여겼다. 발견하는 것보다 발견을 확인하고 제한하고 다듬는 것은 더 쉽다.[4]

콘라트 헤르만은 「미적 조화 법칙과 황금 비율 규칙」이란 논문을 발표하면서 다음과 같이 페히너의 의견을 기초에 두고 있다.[5] "최근 페히너는 이 연구의 전체 결과를 면밀히 검토하고 확증했다. 이에 따르면 미의 영역에서 이제 특정한 것이 정확하고 경험적인 방식으로 인식된 것처럼 보인다. (…) 우리는 말하자면 페히너의 서술을 토대로 황금 비율 원칙이 미의 내적 질서나 크기와 관련해 중요한 의미를 지닌다는 것을 사실로 고찰할 수 있다고 믿는다." 헤르만의 논문은 미적 물음을 심층적으로 다루는 새롭고 다양한 관찰들을 기초로 황금 비율을 높이 평가하고 있다. 그는 차이징처럼 전체 예술 영역을 넘어 자연현상, 윤리 및 종교적 영역에 황금 비율을 확대 적용하는 것을 거부하지 않는다. 그는 나름 가치 있는 내용들을 추가하면서 동시에 이 표현의 외적이고 역학적 의미에서 수적 질서가 개입하는 것을 막으면서도 사물의 내적 질서 파악을 미학의 주요 과제로 규정한다.

반면 비트슈타인은 차이징의 기본생각이 옳다는 것을 오랫동안 경험하고는 『황금 비율과 예술에서 그것의 적용』(*Der Goldene Schnitt und die Anwendung desselben in der Kunst*, 1874)이란 논문에서 이 기초생각이 적용되는 풍부한 자료들 중에서 쉽게 개관할 수 있는 차원만을 고찰하고 있

---

4) Gustav Fechner, *Zur experimentalen Ästhetik*, Leipzig, 1871, 16~17, 21, 26, 28, 34쪽.

5) Conrad Hermann, "Das Gesetz der ästhetischen Harmonie und die Regel des Goldenen Schnittes", *Philosophische Monatshefte* 7, Berlin, 1871/72, 1~20쪽.

다. 여기서 대상의 이상적 측면을 염두에 두고서 그는 경험의 관점을 두루 살피면서 안전하게 논의를 진행해 나가며, 이를 통해 그 자체로 매력적인 미의 정의 일반, 형식적 미의 비례법칙을 다룬다. 다른 이들이 이 법칙을 단순히 주어진 것으로 수용하는 반면 비트슈타인은 그것의 유래와 미래를 발견한다. 이 법칙이 미래에도 지속된다는 점을 생각해 볼 때 동일한 목표를 달성하려던 이전 시도들은 과제를 해결하려던 선행자로서 이제는 역사적인 가치만을 지니게 된다.

보헤네크는 『새로운 체계에 따른 남자와 여자의 이상적 형태』에서 비트슈타인의 연구를 전혀 언급하고 있지는 않지만, 이 연구를 전혀 알지 못했던 것은 아니다.[6] 둘은 서로 기여했다. 둘은 차이징이 놓은 기초 위에서 공통의 과제 영역을 다루면서 차이징의 이론을 완성하기 위한 새로운 지속가능한 재료를 가져왔다.

보헤네크는 그리스인들이 알았고 보존되지 않던 거부할 수 없는 미의 법칙을 다시 발견했다고 확신했고, 자연, 예술, 학문 속에 있는 모든 지각가능한 것이 의존하고 있는 기초 형식들을 연구하면서 다음과 같은 결론에 이른다. "이 기초 형식들의 상호적 결합은 수많은 형상들을 창조한다. 이 형상들을 자세히 연구해 보면 이는 기초 형식들로 환원된다. 자연에 있는 가장 원시적인 형식들로부터 가장 완성된 형식에 이르기까지 이들은 모두 인간 형태로 환원할 수 있다. (…) 목적에 무조건 필수적인 형식들을 사용한 것만이 아름답다고 할 수 있다. 형식적 미는 이

---

6) Johannes Bochenek, *Die männliche und weibliche Normalgestalt nach einem neuen System*, Berlin, 1875.

형식들에 기초를 두고 있다." 차이징이 황금 비율을 통해 인간 형태의 비율을 잰다 해도, 이는 사변적 조건을 서술한 것도, 이 조건을 목표로 삼은 것도 아니다. 이를 증명하는 것이 보헤네크의 과제였다. 하지만 차이징이 지금까지 비례관계에 관해 심오한 의견을 서술했고, 이 서술이 대상 파악을 통해 모든 체계에서 증명할 수 있었던 것보다 더 많은 진리를 포함하고 있다는 점을 인정했다.

그래서 그는 지금까지 다른 체계에 속했던 인간 형태 지체의 비례 규정을 넘어선다. 여기서 그는 엄격한 미학자의 판단에 따라 선행자들이 좌초했던 난관을 피한다. 그는 어떠한 수적 관계도 황금 비율에 일치하지 않기 때문에 숫자로 표시된 모든 기준을 유기적 관계와 분리하고, 신체의 조화로 드러나는 관계들의 비례만을 염두에 둔다. "선분을 황금 비율로 나누면 선분이 서로 유사한 작은 부분으로 나뉜다. 그러면 각 부분은 전체 길이에서 조화를 이루기 때문에, 이런 의미에서 전체 선분을 대변한다."

그래서 황금 비율은 자체 내에서 자신을 무한하게 반복하는 관계다. 그것의 가장 완전한 표현이 인간 형태이며, 이는 유기체로서 '구분'보다 '지체화'라는 개념을 지닌다. 부분들이 수치화되는 반면, 지체들은 변화하는 차원들의 변하지 않고 동일하게 머무는 관계 속에서만 파악할 수 있다. 수적 규정에 따라 그리고 미적 관계의 교리적 규준에 따라 예술작품을 창조할 수 있다는 가정보다 황금 비율론에 해를 끼친 것은 없다.

그러한 오해로부터 비트슈타인은 예술가의 창조에 대한 올바른 이해를 통해 황금 비율론을 방어했다. 이에 따르면 "예술가는 모든 외부적인 규칙을 거부할 수 있는 완전한 권리를 가진다. (…) 반면 그것은 커다란 관심을 보증하며, 인간에게 있는 철학적 관심의 결과는 사물의 원인을 구하는 것이다. 우리는 예술가가 무의식적으로 어떤 규칙을 쫓으면서 이 규칙을 예술론으로 집약할 때 그 원인을 찾는다. (…) 음악가 또한 옥타브나 5도 음정을 왜 화음으로 이용하는지 의식하지 못한다. 그는 이것이 자기 마음에 들기에 이용하는 것일 뿐이다. 물리학자가 비로소 그 뒤를 캐어 소리의 진동지속이 그 근거라는 것을 발견한다."

예술가의 직관적 창조와 "나중에 뒤따르는" 학문적 계몽이라는 표현은 매우 간단 명료하게 이러한 사태를 보여 주고 있으며, 바로 여기에 기관투사의 본질이 있다. 예술적 사실들을 통해 회고적으로 증명함으로써 비례법칙은 유기적 원칙으로 인정된다.

이런 의미에서 예술 영역과 예술적 개별성의 차이를 고려한다면, 우리는 로베르트 카일이 쓴 전기인 『코로나 슈뢰터』 속에서 "… 아름다운 예술가 속에 있는 자연이 예술을 창조했다"는 표현을 이해할 수 있다.[7] 이는 퀴겔겐의 『예술에 관한 세 차례 강의』에서 "예술가는 먼저 자기 자신만을 표현한다"는 표현과 일치한다.[8] 실러 또한 자신의 드라마 성격과 관련해 동일한 것을 말하고 있다. "단순한 하얀 빛으로부터, 이 빛이 바닥에 떨어지게 되면 수천의, 다시 수천의 색이 생겨날지라도 나는 우리 영혼 속에 자신의 근원소재에 따른 모든 성격들이 잠자고 있고

---

7) Robert Keil, *Corona Schröter: Eine Lebensskizze mit Beiträgen zur Geschichte der Genie-Periode*, Leipzig, 1875, 296쪽. 표현을 수정함.

8) Wilhelm von Kügelgen, *Drei Vorlesungen über Kunst*, Bremen, 1842, 62쪽. 표현을 수정함.

현실과 자연 또는 인위적인 기만을 통해 순간적인 현존을 얻는다고 믿는다. 우리 상상의 모든 탄생물은 결국 우리 자신일 뿐이다."[9] 여기에 설명을 보탠다면, 이는 슈트라우스(D. Strauss)에게서 찾을 수 있다. "실러가 『헤르만과 도로테아』를 쓸 수 없는 것처럼 괴테 또한 「종의 노래」(Das Lied von der Glocke)를 쓸 수 없다."[10] 절대적인 자기생산이 인간의 가장 깊은 지점이라는 라살(F. Lasalle)의 유명한 표현은 예술과 철학으로부터 동의를 얻게 된다.

이 가장 깊은 지점이 예술의 근원 고향이라고 증명된다. 여기서 절대적인 자기생산은 문화 생성의 계기를 서술하기 위해 도입한 기관투사와 일치한다. 이 점과 관련해 차이징의 기초법칙을 더 자세히 논의해 보자.

골격구조와 근육은 서로를 구성한다

비례론에 대한 추구는 일반적으로 단순히 인간 육체 전체가 아니라 카루스가 한 것처럼 오로지 골격만을 고려했다. 육체가 골격에서 자신의 기구학적 기초를 가지는 것이 확실하다 해도, 외적인 근육을 통한 완성을 놔두고 내적인 골격만을 일방적으로 고려하는 것은 실패할 수밖에 없다. 왜냐하면 지체를 이렇게 구분함으로써 연구는 애매한 표상만을 가지거나 또는 해부학적으로 준비된 골격만을 지니며, 살아 있는 비율은 사라지기 때문이다.

---

9) Emil Palleske(hrsg.), *Schiller's Leben und Werke*, 4th Aufl., Berlin, 1862, 395쪽.

10) David Friedrich Strauss, *Der alte und der neue Glaube. Ein Bekenntnis*, Bonn, 1875, 366쪽.

전체 인간은 형태이며, 골격 자체는 틀(Gestell)이다. 골격 틀과 근육은 서로를 구성하며 함께 '구성'(die Konstitution)을 이룬다. 이는 상호작용으로서, 헤르만 폰 마이어는 『인간 골격의 정역학과 역학』에서 이를 다음과 같이 자세히 설명한다. "골격의 부분들과 전체 골격이 근육작용과 육체의 정역학적 관계의 기준이 된다면, 반대로 이 관계가 개별 뼈와 전체 골격의 실현에 영향을 주는 것을 보게 된다."[11]

다양하게 서로 영향을 주고받는 조직들인 막, 관, 신경, 근육섬유, 건(腱), 연골, 해면질, 작은 뼈들의 결과로 골격과 부드러운 부분 간 구분점이 사라지게 된다.

그래서 차이징은 당연히 비례의 기초법칙을 위해 전체, **충만한 인간의 형태**를 끌어들인다. 예술미 영역에서 조각 이상은 이 형태에서 이루어진다. 그러한 법칙이 존재한다면, 그것은 인간 형태의 유출로서 이 형태에 내재해 있으며, 이는 차이징에 따르면 예술적 미 자체가 아니라 미의 다양한 속성들 중 하나라고 증명할 수 있다.

법칙 체계의 발전 과정은 비례와 미의 관계 일반을 먼저 설명하고, 그 위에서 자연과 예술의 다양한 영역 속에 있는 특수한 관계들을 추구하는 것이다.

균형, 비례, 표현 또는 특성

'형식적 미 영역 속에서의 비례의 의미'에 관한 절에서 차이징은 형식적미 속의 무한성과 통일 외에 둘의 조화를 다룬다. 이 조화는 세 가지 다

---

11) Georg H. von Meyer, *Statik und Mechanik des menschlichen Knochengerüstes*, Leipzig, 1873, 4쪽.

른 단계로 드러나는데, 그것이 바로 '균형 또는 대칭', '비례', '표현 또는 특성'이다.

대칭은 무엇보다 형상의 외관 또는 테두리에서 드러나고, 형상의 내면으로부터, 즉 형상에 통일적 성격을 부여하는 중요 지점으로부터 비례가 드러난다. 여기서 이 지점이 전체의 핵심 지점이다.

표현적인 또는 특성적인 미는 자신의 법칙을 심리적 운동의 영역, 즉 "대칭의 법칙을 넘어서며 비례법칙을 자유롭게 변형할 뿐 아니라 이를 강제하는" 심리적 운동 영역으로부터 받아들인다. 하지만 이 운동은 이 법칙이 자유로운 형상화를 형식적으로 주도하는 지점까지만 이루어진다.

이로써 비례법칙에 따르면 모든 변형에도 불구하고 표현을 통해 아직도 아름답다고 인식할 수 있는 그러한 표현적인 형식만이 아름답다고 할 수 있다.

차이징은 비례적 형상의 탄생을 다음처럼 설명한다. "저 중심지점을 다양한 수의 방사선 길이로 확장함으로써, 그리고 이 방사선을 다시금 넓이와 두께로 확장함으로써 형상이 된다. 형상들은 다시 서로 결합하여 지체가 되고 다시금 전체로 통합된다. (…) 여기서 형식의 본질적이고 원천적인 구성부분은 테두리 선이 아니라 뼈대를 그리는 방사선, 본질적으로 소위 형상들의 축이며, 이것이 드러난다. 물론 이 축은 실제로는 가시적이지는 않고 이미 현실적인 육체, 신경섬유, 관, 뼈, 혈관 등으로 형성된다. (…) 전체와 지체의 관계를 통해 지체들이 서로 연결된다. 테두리 선들은 이 내적인 손금들의 덮개 또는 통로로만 파악될 수 있다. 이 통로를 통해 내적인 손금들이 끝나는 지점들이 서로 연결되어 전체로 완성된다."

"이처럼 비례의 본질로부터 동시에 진보의 특징이, 그리고 이것과 함께 성장 및 유기적 생명의 특징이 발전된다."

"이런 종류의 완벽한 형상들에서 주요 방향은 **수직** 또는 높이 차원이며, 두 번째 방향은 수평 또는 넓이 차원이다. 다른 방향들은 이 둘의 결합으로 간주할 수 있다."[12]

인간의 직립 형태의 닫힘 모양

보헤네크는 이 의견에 내용을 추가한다. 말하자면 그는 피조물의 구성과 관련해 평행사변형[직각사각형]으로부터 출발한다. 이 도형의 직각방향의 선분이 형태의 넓이와 길이를 정한다. 이 평행사변형을 "닫힘"(Einschluss)이라 부르면서 그는 모든 피조물이 이 닫힘 모양이라고 가정하며 이것이 증명되었다고 생각한다.[13] 가장 낮은 피조물에서 인간 형태에 이르는 동물 영역의 구조를 살펴보면 이들의 가장 긴 평균선은 수평적 지점에서 수직적 지점에 이른다. 어떠한 동물도 이것과 관련해 인간과 유사하지 않으며, 어떤 동물도 더 높은 수직적 닫힘도, 그렇게 완성된 기관도 지니지 못한다.

---

12) Adolf Zeising, *Neue Lehre von den Proportionen des menschlichen Körpers*, Leipzig, 1854, 153~155쪽.

13) "인간 형태 구성을 위해 나는 닫힘(Schluss)을 필요로 한다. 닫힘이란 평행사변형이며, 이것의 직각 선분들은 인간 형태의 가장 긴 넓이와 길이와 접촉하며, 전체 형태를 포함하고 있다." (Bochenek, *Die männliche und weiblich Normal-Gestalt nach einem neuen System*, 15쪽) 즉 인간 육체에서 가장 넓은 면(어깨 부분)과 가장 긴 면(머리에서 발끝까지)을 기준으로 삼아 육체 전체를 직각사각형 안에 담을 수 있는데, 이를 보헤네크는 닫힘이라고 부른다.

그는 유기적 발전론의 물음을 이어서 다루는데, 이는 더 우리의 주목을 끈다. "수평선이 수직선으로 점차 올라가는 것, 오른쪽 직각이 서로 다른 피조물의 평균선들과 일치하는 서로 다른 선분으로 채워지는 것은 인간과 동물 간의 첫 번째 그리고 가장 중요한 구별 기초를 형성한다. 70도가 50도에서 나온 것이 아니며, 각 각도 자체를 독립적인 한 요소로 간주해야 한다면, 이에 대응하여 피조물의 형태화는 다른 것으로부터 나온 어떤 것이 아니라 독립적인 한 요소로 간주해야만 한다."[14]

비례 구분지점과 그것의 경계

각 피조물은 자신의 위와 아래를 가지지만, 인간 형태만은 안쪽으로 파고든 선과 양쪽으로 나뉜 내적 기관 그룹에 따라 상체와 하체의 구별만을 지닌다. 차이징이 강조하듯이 상체에는 소화 기관, 고귀한 감관, 이성 기관이 속하며, 이를 통해 인간은 정신을 집중하고, 자기에 머문다. 하체는 분비, 성, 운동 기관을 포괄하며, 이를 통해 인간은 자기를 자신으로부터 분리하고 타자와 관계 맺으며 움직인다. 상체에서 통일, 자체 내 머무름이라는 특성이, 하체에선 이중화, 분리, 자기 바깥으로 나옴이라는 상이 존재한다.[15]

상체와 하체의 구분 영역이 **허리부분**이다. 이는 하부 늑골과 엉덩뼈 사이에 있는 틈새를 통해 형성된다. 이 틈새는 황금 비율에 따른 구분에 속한다. "이 틈새에는 형태화하는 자연법칙이 허용한 유희공간이

---

14) 앞의 책, 44쪽.

15) Zeising, *Neue Lehre von den Proportionen des menschlichen Körpers*, 180쪽.

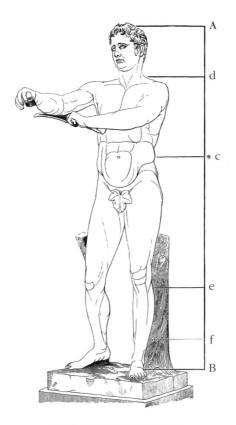

그림 35. 황금 비율에 따른 신체 비례

있고,[16] 그래서 스테레오 타입의 동형성이 생겨나지 않게 된다."

　이 유희공간의 가장 위쪽 경계가 바로 허리선이며, "반면 종종 아래에 놓여 있는, 즉 약간은 황금 비율 아래 놓여 있는 배꼽이 이 유희공간

---

16) '유희공간'이란 황금 비율이 수치적으로 정확하게 적용되지 않고 임의로 조절가능한 부분을 의미한다.

의 중심점이다". 이그나즈 퀴퍼(Ignaz Küpper)의 『뤼시포스의 아폭쉬오 메노스』(*Der Apoxyomenos des Lysippos*)에서 온 형상은 옆에 붙은 수치에 따르면 황금 비율 규칙과 완벽하게 일치한다(그림 35). 머리, 몸통, 허벅다리, 종아리의 구분은 규범적인 평균에 맞다. d는 후두를, e는 무릎을, f는 종아리를 가른다.

태아의 영양공급처인 배꼽은 태어난 이후에는 배꼽상처로 남으며, 이는 기관의 기능 개시의 상징이자 보편자와 연결되는 모반(母斑)이다. 배꼽은 "두 개의 부등하지만 비례적인 부분의 핵심이자 시작점이며, 비례적 지체화의 중심점이며, 인간 육체의 황금 비율의 구분점이다. 즉 (정수리로부터 배꼽까지) 짧은 상체가 (배꼽부터 발바닥까지) 긴 하체와 맺는 관계는 긴 하체가 전체 신체길이와 맺는 관계와 같다".[17]

황금 비율에 따른 인간 형태의 이상적 비례관계를 발견한 이에게 품을 수 있는 마지막 의심은 보헤네크의 상세한 증명을 통해 제거할 수 있다. 보헤네크는 발견자가 품었던 물음을 다루며 이를 대체로 해결했다고 볼 수 있다.

척도, 균형, 대칭으로서의 황금 비율

보헤네크는 자신의 목적을 매우 일관적으로 추적했다. 그에 따르면 인간 형태가 닫힘의 구조이기 때문에 그는 이미 처음부터 이 닫힘 형식 속에서 기초관계를 드러냈다. 기초관계는 자신의 무한한 반복 속에서 동일 비율의 지체화에 따른 최고의 풍부함과 다양성을 보여 준다. 그는 사

---

17) 앞의 책, 176쪽.

례를 통해 자신의 증명을 정당화하지 않고, 대상 자체가 스스로 증명하는 것을 쫓아간다. 논문의 결론부에서 그는 다음처럼 말한다. "이처럼 한 부분이 다른 부분으로부터 조화롭게 합법칙적으로 발전하는 것이 증명된 셈이고, 이를 통해 다른 모든 기준은 모든 학문적 정당화를 결여하고 있다는 점을 확증했다고 할 수 있다."

예로부터 예술과 학문에서 뛰어난 많은 이들이 연구했던 이상적 비례관계는 결코 환상이 아니다!

이제 확증된 것처럼 이 비례관계는 인간이 사물의 척도라는 옛 진리를 증명하며, 그래서 기관투사론을 지지하는 것이라고 볼 수 있다. 전체 외부세계 영역이 이 비례의 의미를 증언한다. 대칭이 문제되는 곳에서 이에 대한 예외는 존재하지 않으며, 예외처럼 보이는 것이 있다 해도 이는 나중의 연구를 통해 가상이라고 밝혀질 것이다.

이러한 확신 속에서 차이징은 자신의 획기적인 책에서 자연과 예술의 다양한 영역에 비례법칙이 적용되고 있음을 보여 주고 있다.

인간 육체의 지체들을 법칙적인 비례에 따라, 그리고 성별, 나이, 국적, 개인에 따른 이 비례의 변형에 따라 고찰한 후에 그는 다른 자연 현상, 대우주와 소우주(광물, 식물, 동물) 영역에서 비례 법칙이 드러나는 것을 고찰하고, 마지막으로 건축 영역에서 비례법칙의 현상, 그리고 이 법칙이 음악, 시, 학문, 윤리적 관계, 종교 영역에서 가지는 의미를 살핀다.

한갓 개인인 그는 이렇게 보편적인 과제를 모든 영역에서 해결할 수 없었고, 그래서 그의 다양한 주장에서 증명이 부족하다는 비난을 받아들여야만 했다.

하지만 이는 모든 발견자의 운명이다. 개별 사례 속에서 오류와 불충분함이 없을 수는 없다. 이후 연구자는 법칙이 부정될 수 없다면 분업을 통해 개선하고 보충해야만 한다.

유기적인 이상적 비례관계로서 황금 비율의 타당성은 의심의 여지가 없다. 자체 속에 **척도, 균형, 대칭**을 통합하는 황금 비율은 조화의 기초로서 미의 속성들 중 하나이며, 그리스 조각은 그 결작을 통해 미의 이상을 보여 줬다.

척도와 기준의 구별

우리는 척도(Maß)와 기준(Maßstab)을 엄격히 구별한다. 척도는 유기적 영역에서 형태를 이루는 기초이며, 기준은 인공적인 기계 속에서 지배적이다. 척도가 비례관계의 반영이라면, 기준은 숫자 표현이다. 척도 속에서 살아 있는 관계의 과정이 작동한다면, 숫자를 확증해 주는 관청의 도장은 기준을 표시한다.

황금 비율이 지체-척도로서 척도를 지배하는 곳에서 차이징이 옳다고 할 수 있지만, 그는 숫자로 표기된 기준만을 다루는 기계 관리자가 아니다.

지체에서 기초관계의 검증

척도는 관계이지 수치가 아니며, 어떤 기관도 숫자를 지니지 않는다. 그러면 손가락은 무엇인가? 곧 부패하는 것이며, 과거적인 것이다. 하지만 수천 년 된 원시시대의 이러저러한 수많은 돌도끼 가운데 아직도 남아 있는 것이 있다. 손가락은 오직 손에만 붙어 있다. 다섯이란 개수는 분리 불가능한 전체이며, 스펙트럼의 색이나 전자기의 양극처럼 나눌 수 없다.

동일한 방식으로 유기적 기초비례관계 속에 있는 짝으로 이루어진 부분은 분리 불가능하다. 여기서 큰 부분[예를 들어 하체]은 작은 부분[상체]과 분리될 수 있고, 둘의 통일[몸 전체], 즉 전체는 각 부분과 다르다. 오로지 두 부분만 있지만 또한 세 부분이 있는 거나 마찬가지다!

신비적인 뉘앙스

여기서 '황금 비율'이란 표현에 소위 신비적인 뉘앙스가 있다는 점을 지적해야 한다. 이는 신비적인 소리에 공포를 느끼는 이들이 왜 중세로부터 유래하는 간단한 기하학적 공리의 정당성에 불신을 가지게 되었는지를 부분적으로 설명해 준다.

그동안 철학은 자신의 작업을 통해 지적 직관의 내용을 합리적으로 증명하는 데까지 전진한 만큼 신비의 영역을 병적인 발육을 통한 왜곡으로부터 해방시켰다.[18] 하르트만은 "전체 철학사를 이미지의 형식 또는 증명되지 않은 주장으로부터 신비적으로 산출된 내용을 합리적 체계로 탈바꿈하는 과정"으로 인식했다.[19]

---

18) 지적 직관이란 지성적인 것을 직관을 통해 파악하는 것을 말한다. 칸트에 따르면 직관은 오로지 주어진 감각적인 것만을 파악한다. 즉 감각적 직관만이 존재한다. 이에 반해 지성은 오로지 지성적인 것만을 파악한다. 인간의 인식은 이 둘의 결합을 통해 이루어진다. 신만이 지적 직관을 할 수 있다. 신은 스스로 생각한 바를 감각적인 것으로 창조한다. 인간은 주어진 감각적인 것을 자신에게 있는 생각을 통해 파악한다. 스스로 감각적인 것을 창조할 수 없기 때문에 인간에게 지적 직관은 불가능하다.

19) Eduard von Hartmann, *Philosophie des Unbewussten*, Berlin, 1876, 318쪽.

라손의 『신비주의자 마이스터 에크하르트』[20]나 『무의식의 철학』의 '신비주의의 무의식' 장과 같은 새로운 연구 때문에 전체 문화 발전에서 신비적인 것이 가지는 의미에 대한 통찰을 일반적으로 수용하게 되었다. 이를 통해 황금 비율은 부정적 선입견에서 벗어날 수 있었다.

우리가 온통 비밀과 파악 불가능한 것에 둘러싸여 있고, 여기에 빠져 있다는 사실을 누구도 알지 못한다. 하지만 이 비밀이 변하지 않고 어두운 감정의 내용으로만 남는다면, 파악 불가능한 것을 사유를 통해 접근하려는 이들 모두에게는 충격적인 영향을 미치는 병적인 정체가 일어나게 된다. 이들이 신비적 내용을 얼마나 합리적으로 증명할 수 있는지도 중요한 문제이긴 하지만, 이들이 이를 시도하고 이를 원할 수 있다는 의식 자체는 이 정체를 풀고 대상을 사유의 흐름 속에 가져오며, 대상을 독단적 정지상태의 위험에서 영속적으로 해방시킨다.

철학이 밝히는 과정을 회고해 보면 거기에는 다른 수수께끼가 자라나고 있음을 알게 된다. 그래서 높은 단계의 철학 연구에서도 새로운 소재는 결코 줄어들지 않으며 파악 불가능성의 해소 과정은 신선한 영양분을 얻게 된다. 그러면 저 '원할 수 있다'는 태도는 곧바로 새로운 많은 물음을 낳게 될 것이다. 하지만 모든 증명과 설명은 다시금 인간이 아직도 설명하고 인식해야 할 게 많다는 설명과 증명을 요구한다.

신비학은 배척해야만 한다. 하지만 거기서 벗어날 수도, 이를 근절할 수도 없다. 적어도 저울도, 척도도, 당연히 수치도 없는 조직과 과정으로 이루어진 신비주의의 본진에서는 그러하다. 살아 있는 인간이 바

---

20) Adolf Lasson, *Meister Eckhart, der Mystiker*, Berlin, 1868.

로 이 본진이다. 이 본질의 두 개의 최상의 현상인 육체와 의식, 물질과 정신이 존재하며, '유기체존재' 속에서 각각은 서로를 함축한다. 그래서 이는 하나존재이며, 이 개념은 '신체와 생명'의 결합을 어근 표현에 이르기까지 매우 아름답고 참되게 이루고 있다.

예술미의 숭고한 범례들이 그러한 것처럼 참된 옛 예술작품은 독보적으로 이미 '살아 있는 육체를 지닌' 인간이 아닌가? 기술 대상들은 정확한 측정과 셈법으로 다룰 수 있는 반면 기관과 그 기능들은 철저히 이를 거부한다. 그러한 방법이 적용된다 해도 생명은 끊임없이 변화하고 변형되기 때문에 결과는 매번 다르거나 정확하지 않다.

그래서 조각의 차원들을 기준 아래 가져가면 조각의 대리석 또는 그 소재는 다른 여타의 소재처럼 측정된다. 이에 반해 숫자는 소재를 통해 현재화된 예술가의 이념과는 거리가 멀다. 예술작품의 이념은 유기적 영역에선 영혼과 일치하며, 이 영혼을 [숫자라는] 기준단위로 재는 것은 기계로부터 빌려 온 임시변통에 불과한 것으로 이는 유기 조직을 이해하기 위해 기계에만 고유한 표현들을 사용하는 것과 같다. 유기 조직을 수치로 이야기하면, 이 조직은 측정 장비를 계속 벗어나려 할 것이다.

무한하게 다른 차원들에서 황금 비율이 반복되는 비례는 수적 관계와 일치할 수 없다. 그렇기 때문에 계속 달라지는 수치 표시를 인간과 예술작품에 적용하려는 모든 시도는 실패할 수밖에 없다. 왜냐하면 인간과 예술작품은 콘라트 헤르만이 다음처럼 언급한 유일한 실재적 존재들이기 때문이다. "이들은 동시에 동일한 정도로 감각적이고 정신적이며 그래서 모든 존재의 두 보편적 영역의 경계에 있는 것처럼 보이기 때문이다."[21]

황금 비율에 가까운 수적 비례를 예술작품에서 확인해 보는 경우
는 기술적 제작을 위한 기초 쌓기 수업과 균형 및 비례를 위한 시각 수
업을 위한 것이거나 또는 원천적 일치를 시각적으로 검증하는 것에 해
당한다. 그래서 차이징은 유명한 조각 작품의 여러 도판들을 보여 주면
서 자기 이론이 놀랍도록 확증된다고 주장한다. 예술적 천재가 무의식
적으로 아름다운 조화를 부여한 예술작품 속에서 사후적으로 인간 형
태의 기준비율을 발견할 수 있다.

차이징에 따르면 "인간 육체는 이념에서 흘러나오고 동일한 기초
비례에 따라 지체화된, 완전한 조화와 리듬이 있는 유기체"이며, "미와
총체성의 형태화의 모든 기초원칙은 자연 영역과 예술의 영역에서 실
현되었지만, 마침내 인간 형태 속에서야 비로소 자신의 완벽한 실현"을
얻었다. 여기서 인간의 형태화 요구가 강력한 만큼 기초비례는 자신의
구성적 힘을 증명하게 된다.

이제 최고의 예술작품을 다루는 차이징의 미학 연구 성과는 그만
다루고 고차적인 공간적 기술표현의 전단계인 **수공예품**과 우리 논의와
가장 가까운 영역인 **예술 수공예품**을 고찰하기로 하자.

우리는 인간 육체의 사지가 이들 차이를 기준과 수치로 변형함으
로써 '지체척도'가 되며, 이것이 신체에서 가져온 척도, 특히 팔, 손, 발
모양에서 가져온 단순한 차원이라는 사실, 특수한 형식을 규제하는 보

---

21) Conrad Hermann, "Das Gesetz der ästhetischen Harmonie und die Regel des Goldenen
Schnittes", *Philosophische Monatshefte* 7, Berlin, 1871/72, 3쪽.

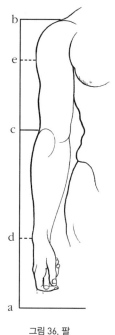

그림 36. 팔

b. 어깨높이, a. 중지 끝,
e. 겨드랑이 끝, d. 손목

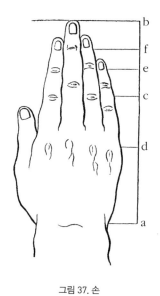

그림 37. 손

ad. 손목에서 손가락 관절까지의 손등, db. 전체
손가락 부분(포핸드), dc. 집게손가락과 새끼손가
락의 중간 관절까지의 손가락 부분, eb. 중지 끝에
이르는 손가락 부분. 그래서 ad:db=db:ab, dc:cb
=cb:db 등등.

편적인 지체화 원칙을 전제하는 가운데 발 길이나 손가락 수가 우연이
아니라 신체적인 적응법칙이라는 사실에 주목한다(그림 36, 37).

팔과 손

중지 끝까지 이어진 팔은 먼저 접는 부분을 통해 위팔과 아래팔로 나뉜
다. 접는 부분은 내적인 팔꿈치 관절이며, 위팔과 아래팔 사이에 있는
가장 좁은 부분이다. 그래서 위팔(어깨 높이에서 내적인 팔꿈치까지)과 아
래팔의 비율은 아래팔과 전체 팔의 비율과 같다. 동일한 관계가 위팔에

서는 겨드랑이 높이 지점을 통해, 아래팔에서는 손목 구분지점을 통해
이루어진다. 이는 머리 다음으로 인간 육체의 완성된 지체로 통하는 손
에서도 반복된다. 이 관계가 팔과 손뿐 아니라 몸통, 길이와 넓이방향으
로 전체 지체에도 해당한다는 것을 차이징과 보헤네크는 수많은 그림
들을 통해 보여 주고 있다.

차이징이 언급하듯이 지금 이야기한 비례는 머리 부분에도 적용된
다. 그리고 비교를 위해 〈그림 38〉을 보면 된다. 이는 알렉산더 트리펠
(Alexander Trippel)이 1790년 로마에서 제작한 괴테 흉상의 사진으로 바
이마르 도서관에서 구입할 수 있는데, 이 흉상을 보면 머리 부분은 표준
비례를 증명해 준다.

근육뿐만 아니라 내부 조직이 형태, 위치, 배열에 따라 표준비례로
만 이루어져 있다. 물론 골격처럼 그렇게 명확하게 드러나지는 않는다.
그래서 '뇌가 두개골의 형태를 형성하는 것인가? 아니면 두개골이 뇌의
형태를 형성하는 것인가?'라는 질문이 제기된다. 그래서 모든 수치화를
거부하는 무한한 조합이 존재하며, 이 조합은 척도와 제한을 지니면서,
황금 비율 속에서 "궁극적 구별, 즉 하나와 여럿의 구별의 통일을 인식
하도록 한다."[22]

차이징 이론의 대변자들은 스스로 정당하다고 믿는 것처럼, 표준
비례가 전체 인간에 대해, 즉 혈관과 신경관에 이르기까지 존재한다고
확신하면서도 다른 한편으로 현대 생리학적 사실근거들을 넘어 장래에
있을 진보된 연구로부터 이를 증명할 수 있을 거라고 기대하는 것으로

---

22) Zeising, *Neue Lehre von den Proportionen des menschlichen Körpers*, 180쪽.

그림 38. 머리 모형
cb. 정수리에서 눈확부위까지 위머리, d. 머리카락이 시작되는 지점
ca. 아래머리로부터 후두까지, c. 코 뿌리, f. 턱

만족하고 있다. 이미 지금까지 생리학과 심리학 사이에 여러 구멍이 난 서로 간의 경계를 허물어뜨리려는 가망 있는 시도의 성과가 부족한 것은 아니다. 이들은 유기적 힘으로서 인간 형태 속에 있는 기초비례의 영원한 권리를 주장한다.

우리는 조각 예술작품이 살아 있는 인간을 지시하고 있다는 것을 이해한다. 그래서 수공업자의 작업장으로 눈을 돌리게 된다. "수공업의 황금 바닥"과 "황금 비율"에 있는 표현상의 유사성은 단순히 어떤 상징에 불과한 것이 아니라 사실 또한 이야기하고 있는 것은 아닐까?

수공업과 공예

인간 문화에 필수적인 도구에서 조작성이라는 속성이 특별한 의미를 지니기 때문에 "어떤 권리로 소수의 원시도구를 탁월한 의미로서의 '손 도구'라고 지칭했는가"라는 물음을 여기서 고찰해야 한다. 도구는 그 형 식이 유기적인 표준비례에 더 가까울수록 더 가볍고 편하게 조작할 수 있다. 이 표준비례가 수공업 영역에서는 유용성이라는 관점으로, 예술 산업에서는 만족이라는 관점으로 수용되고 있지만, 이는 황금 비율로 유용함과 미를 하나로 묶는다. 그래서 그것은 유용한 것에 만족을 더하 며, 아름다운 것에 유용함까지 첨가하면서 아틀리에와 작업장의 경계에 서 각 작품에 인간 욕구체계에서 걸맞은 지위와 위치를 부여한다.

인간 손으로 만든 첫 번째 도구가 문화발전의 사실적인 단초였다 는 관점은 우리 탐구의 한계에 비춰 보자면 단어와 생각이 동시적인지 혹은 어느 하나가 더 우선적인지, 마찬가지로 언어와 도구가 동시적인 지 혹은 어느 하나가 더 우선적인지에 대해 인간학이 이야기한 내용과 는 전혀 상관이 없다.[23]

문화를 형성하는 인간의 근원소질을 자명하게 전제하는 고고학은 손에 주목하고 첫 번째 돌 도끼 또는 망치를 첫 번째 행위라고 인식하면 서 원시인을 올바르게 파악한다. 벤저민 프랭클린(Benjamin Franklin)에 따르면 인간은 '도구를 만드는 동물'(Tool making animal)이다! 이제 우리

---

23) 이 책은 기술적 도구만을 다룬다. 그래서 예를 들어 언어와 도구 중 어느 것이 더 우선적인지의 문제는 다루지 않는다. 이 후자의 문제를 다루게 되면 문화발전의 시작점이 도구라고 확정적으 로 이야기할 수 없게 된다.

는 손으로, 그리고 손을 통해 전체 인간을 파악할 수 있기 때문에 기초 비례에 대한 앞으로의 논의를 손가락 끝에서 손, 팔, 몸통으로부터 시작해서 표준적인 신체 길이의 비례 관계로 올라갈지 아니면 여기서부터 거꾸로 손, 손가락 관절로 갈지는 상관이 없다.

인간 육체의 기초 척도를 잴 때 우리는 항상 비례의 통일 속에서 그 차이와 더불어 그 통일을 견지한다. 보헤네크는 모든 수치적 계산을 배제한 이 방법을 어떻게 실현할 수 있는지를 특수 목적을 위해 완성된 조절 컴퍼스로 설명한다.

"긴 다리[무릎을 기준으로 윗다리, 즉 허벅다리]를 여덟 개의 균등한 부분으로 나눈 선분 위에 놓으면 짧은 다리[무릎을 기준으로 아랫다리]는 다섯 부분에도 미치지 못해야 한다."

"직선을 긋고 이 선분을 컴퍼스의 긴 다리와 맞추고, 짧은 다리를 이 선분 위에 놓으면 짧고 긴 부분을 각각 얻게 된다. 긴 부분을 긴 다리에 맞추면 짧은 다리는 짧은 부분과 일치하게 된다. 이 구분에서 차이가 사라지자마자 컴퍼스는 올바르게 조정된 것이다."

"이 비례 없이 나의 체계를 비교하면서 추적하는 것은 불가능하다. 그래서 이 컴퍼스를 이해하는 것이 중요하다. 컴퍼스를 대체하는 다른 모든 방법은 너무 복잡하다."

조절 컴퍼스가 없다면 〈그림 39〉가 원하는 크기의 비례측정기 제작을 위한 유용한 그림을 제공할 것이다. 말하자면 〈그림 34〉에서 제시한 선분 ab가 c에서 황금 비율로 나뉘고 선분 ab와의 임의의 거리에 있는 점 d로부터 선분 db, dc, da가 그어지면 선분 dc와 만나는 선분 db와 da를 잇는 모든 가능한 선분들은 모두 황금 비율 관계를 드러낸다.

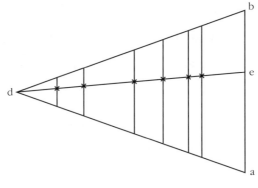

그림 39. 비례측정기

　　대리석에서 드러난 기초척도를 의심하는 자에게 자기 이론의 옳음을 증명하기 위해 차이징은 표준비례 개념에 어긋나는 기계적 방법을 사용하기도 한다.

　　이는 임시변통에 불과하다고 할 수 있는데, 왜냐하면 "법칙은 결코 유한한 수로 도달할 수 없으며, 그래서 측정 가능하면서도 가능하지 않고, 합리적이면서도 비합리적이며, 매우 명쾌하면서도 결코 알 수 없는 깊이의 자극으로 둘러싸여 있다"는 그의 항의에 귀 기울여야 하기 때문이다.[24]

　　보헤네크의 방법을 적용함으로써 유사한 오해는 예방할 수 있게 된다. 여기서 차이징이 개별 현상과 법칙의 일치가 항상 정확하게 이루어지는 것이 아니라 자유로운 유희공간이 있다는 유보를 두었는데, 이에 주목해야 한다.

---

24) 앞의 책, 10쪽.

차이징은 법칙을 모든 방면에서 추적하면서 세계창조의 힘이 가장 적은 수단으로 얼마나 엄청난 결과들을 가져왔으며 하나로부터 어떻게 무한한 다수를 가져왔는지를 증명할 수 있기를 기대하면서 다음처럼 적고 있다.

"이 성과는 각 학문이 자신의 특수한 관점으로부터 법칙을 특수하고 근본적인 방식으로 검증하고 관찰 및 경험의 결과들을 그 관점으로부터 나오는 규정들과 비교할 때에만 도달할 수 있다."

"당연히 여기서 개별 실재적인 현상들과 법칙 간의 완전한 일치를 기대하거나 요구할 수는 없다. 왜냐하면 각 개별 현상은 자체가 필연적으로 어느 정도 불완전하며 그래서 모든 측면에서 법칙과 일치할 수는 없기 때문이다. 각 현상이 어느 정도로 전체의 법칙에서 벗어나고, 자신의 특수함과 의존성을 통해 나름의 총체성과 자유를 표현할 수 있다면 완전함의 **가상**에 도달할 수는 있다."

"법칙은 이상적인 **근원유형** 또는 **표준적인 기준**으로 간주되며, 이 기준에 실재적인 조직들이 더 가깝거나 덜 가까울 수 있으며, 개별 현상 영역에서는 완벽하게 실현되었다 해도 이것이 법칙을 완전히 실현했다고 할 수는 없고 인간 육체처럼 내적 생명과 자기규정의 전권을 가지고 있다고 할 수 있는데, 이 전권 때문에 법칙은 아마도 지양되는 듯이 보이지만, 사실상 운동의 흐름 속에 녹아들어 고차적이고 자유로운 방식으로 직관화된다."[25]

여기서 차이징은 자신의 의견을 위해 조프루아 생틸레르(Étienne

---

25) 앞의 책, VIII쪽.

Geoffroy Saint-Hilaire)의 『동물학적 철학 원리』(*Principes de philosophie zo-ologique*)에 관한 괴테의 논문으로부터 고전적인 증거를 가져온다. "항상 규칙적인 것만을 보기 때문에 우리는 항상적이고 그래서 정체적이라고 생각하기 마련이다. 하지만 예외, 기형, 기형적인 형태를 보게 되면 규칙이 확고하고 영원하긴 하지만 동시에 생동감이 있다는 것을 인식하게 된다. 즉 존재는 규칙으로부터가 아니라 규칙 안에서도 기형적인 것으로 변형될 수 있고 동시에 항상 고삐에 묶여 있기 때문에 법칙의 불가피한 지배권을 인정해야만 한다."[26]

　　수공업과 예술수공업의 자유로운 유희공간에 대한 요구와 허용은 정당하다. 조작성과 균형의 높은 정도 또는 낮은 정도는 개별 현상과 표준비례의 정확한 일치가 아니라 여지를 허용하는 유희공간에 따른 것이며, 이는 두 측면의 커다란 일치 또는 불일치 사이를 왔다 갔다 한다.

　　이에 대한 증명을 위해 이제부터는 잘 알려진 수공예도구를 모범적인 사례로 다룰 것이다.

미국 도끼, 완전한 손도구의 유형

나는 서부 텍사스의 어느 나이 든 시골뜨기가 자신이 명명한 '도끼의 철학'(die philosophy of the Axe)을 시연하는 걸 본 증인이다. 자신의 미국 도끼를 독일산 도끼 옆에 놓으며 그는 차이를 설명했다. 여기서 독일 도끼는 균일한 두께와 일직선 모양으로 이루어져 있어 다루기 힘든 손잡이로

---

26) Johann Wolfgang von Goethe, "Prinzipes de Philosophie Zoologique", *Jahrbücher für wissenschaftliche Kritik* 51, 1832, 406쪽.

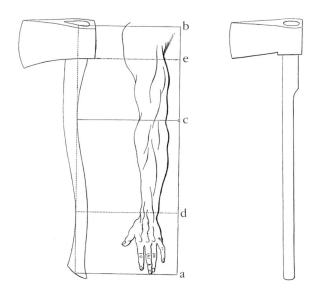

그림 40. 미국 도끼와 인간 팔　　　　　　그림 41. 독일 도끼

되어 있다면 미국 도끼는 이중으로 굽은 얇은 '**손잡이**'(handle)가 있다. 전
자는 철로 된 도끼머리를 직각으로 손잡이와 결합시켰다면, 후자는 동일
한 머리를 살짝 손잡이 안쪽 방향으로 체결했다! 그래서 이 미국인은 미
국 도끼에 특별한 만족감을 표시했다. 굳은살투성이의 손가락은 맞닿는
도끼 표면에 있는 부풀어오른 부분을 드러내며, 힘차게 내려치기, 뒤로
들어올리는 것의 가벼움과 관련해 그것의 장점을 말해 주고 있었고, **손잡
이**로 사용한 목재 종류인 단단한 히코리의 특성을 설명하고 있었다. 이
목재는 유연해서 도끼가 튀어 오르는 것을 방지하며 손이 다치는 것도
막아 준다. 이 정도 내용이면 충분하고 새로운 후보를 위한 반성을 위한
자극이 되었을 것이다! 문제는 이 도끼가 독일 도끼와 비교해 노동의 두
배 또는 세 배 효율을 창출하는 게 어떻게 가능한지다(그림 40, 41).

보스턴의 더글러스, 하트퍼드의 콜린스의 유명한 도끼 견본들을 보면 이민 온 이들이 첫 번째 정착지 건설을 위해 사용할 도구를 제작할 때 가졌던 세심함을 엿볼 수 있는데, 이는 매우 놀랍다. 여기서 거주자의 지역, 직업, 민족적 습성, 나이에 따른 욕구를 고려하여 미국의 각 주마다 있는 다양한 견본을 볼 수 있다. 다른 한편으로 피아노와 바이올린 제작으로 유명한 회사들이 그런 것처럼, 양키, 켄터키, 오하이오, 메인, 미시건, 조지아, 터펜틴(Turpentine), 파이어 엔진(Fire Engine), 스패니쉬 레이버(Spanish Labor), 보이즈 핸들드 패턴(Boys' Handled Pattern) 등의 사람들은 매우 주목을 끈다.

다양한 사용 목적 때문에 생긴 이러한 모든 차이에도 불구하고 도끼의 기초 형식은 도끼를 조작하는 기관의 표준비례와 일치하기 때문에 동일하다. 본질적으로 더 이상 개선될 수 없는 몇몇 장비들이 있다. 여기에 미국 도끼가 속한다. 이것의 단순하고 흡족한 모양은 단번에 최고의 합목적성에 부합한다.

손잡이를 안으로 그리고 바깥으로 구부릴 때 그 정도는 편 손잡이 직경 바깥으로 벗어나면 안 된다. 머리를 고정하는 손잡이 끝을 위쪽, 반대 끝을 아래쪽이라고 하면, 도끼 길이와 노동자의 팔 길이는 늘 그랬듯이 같아야 하며, 바깥으로 향한 머리의 날을 가진 도끼는 팔과 평행이며, 위쪽 끝은 어깨 높이, 아래쪽 끝은 뻗은 팔의 중지 끝과 일치한다. 이 경우 팔꿈치 관절은 도끼 머리로부터 안쪽으로 굽은 중앙 부분과 일치한다. 짧은 위쪽 부분이 긴 아래쪽 부분과 맺는 관계는 긴 부분이 전체 길이와 맺는 관계와 같다. 이 두 부분처럼 위팔과 아래팔의 경우와 같이 겨드랑이 부분과 손목에 대응하는 부분에서 동일한 비례가 반복된다.

팔꿈치와 손목에 일치하는 부분에서 위쪽 지점은 직경의 바깥쪽 경계에, 아래쪽 지점은 안쪽 경계에 닿아 있다.

도끼 머리 부분과 관련해 조절 컴퍼스 방법과 유사한 방법이 이루어지는데, 물론 컴퍼스의 경우처럼 명확한 결과를 얻을 수는 없다. 왜냐하면 더 작은 대상에서는 길이, 넓이, 두께 [비례] 관계가 서로 상충하며, 그래서 관계 내부에 유희공간의 장점을 더 살리게 되기 때문이다.

수공업, 인공물

미국 도끼와 같은 도구는 그 형식비례가 유기체 원상의 충실한 복제인 점에서 절대적으로 완성된 것이다. 이 일치 때문에 균형이 생기며, 이는 도구에 합목적성을 부여하며 나아가 만족을 주는 대상 영역인 예술수공업 영역으로까지 끌어올린다.

여기서 수공업 도구라고 말한 것은 다른 도구에도 그대로 적용할 수 있다. 그것의 쓸모는 조작성의 정도에 따르며, 조작성은 이 도구에 무의식적으로 전이된 신체적 지체의 기초비례와 일치하는 정도에 달려 있다.

이 일치는 도구가 유기적 기초비례에 맞춰 제작된 것이며, 이는 악기가 유기체에 맞춰 유비적으로 제작된 것과 같다. 둘 모두 거친 소재로 이루어진 **인공물** 구성을 지닌다.

'인공물'(Artefakt)은 '인간 손에 의한 산물'을 지칭하는 외국어로서 어원적으로 자세히 보자면 우리가 표준비례의 본성에 관해 새롭게 알 수 있는 심층적인 의미를 전해 준다.

이 표현은 그리스어 ἄρω[아로](결합하다)에서 나온 표현들 ── ἄρτι,

ἄρτιος, ἀρτύω, ἄρτύω, ἄρθρον, ars, artus, articulus로 거슬러 올라간다.[27] 이들
표현을 통해 자연과 기술에 공통적인 법칙이 균형이 된다. 이 언어 표현
들을 모두 살피기보다 ἄρτιον[아르티온]으로만 논의를 한정해 보자.

단위수와 계열수, 모든 유기적이고 기계적인 형성의 원칙

지금까지의 연구에 따르면 ἄρτιον과 περισσόν[페리손]이란 단어는 퓌타
고라스 수 이론에서 짝수와 홀수를 의미했을 것이다.[28] 하지만 리하르
트 하젠클레버는 위에서 언급한 책에서 고대인과 이후의 갈릴레이의
언급을 토대로 앞의 두 단어들이 학파 내에서 다른 의미를 지녔는데,
'ἄρτιον'은 무한하게 작은 부분으로 나눌 수 있는 하나, 'περισσόν'은 무한
하게 증가시킬 수 있는 구별된 하나들의 집합이라고 증명했다. "이제 여
기서 니코마코스(Nikomachos)가 언급하듯이 통일적인 크기를 식물, 동
물과 같은 살아 있는 유기체와 비교하고 그리고 세계 전체, 우주와 비교
한다면 이 통일은 이런 의미에서 ἄρτιον, 즉 **전체, 완전한 것**이라 할 수 있
고, 모든 전체를 넘어서 증가하는 집합인 περισσόν은 **엄청나게 큰 것, 엄청
나게 많은 것**이라고 명명할 수 있다. 이것이 기초의미라는 것은 부인할
수 없다."

　"하지만 이제 전체 개념[아르티온]이 자체 내 지니는 무한한 분리가

---

27) ἄρτι(아르티)는 '동일하게'를 뜻하고, ἄρτιος(아르티오스)는 '일치하는'을 의미한다. ἀρτύω(아르튀
오)는 '결합하다', '정돈하다', ἄρτύω는 ἀρτύω의 오자이자 반복이며, ἄρθρον(아르트론)은 '관절',
'지체'를, ars는 '기술', artus는 '관절', articulus도 '관절'을 의미한다.
28) περισσόν(페리손)은 περισσός의 중성형으로서 '엄청나게 큰', '탁월한' 등을 의미하며, 정관사와
함께 쓰이면 '홀수'를 의미한다.

능성은 자신의 정확한 표현을 약수 계열 속에서, 반면 집합[페리손], 즉 하나의 무한한 증가는 정수 계열 속에서 가진다."[29]

하젠클레버는 카첸베르거(Katzenberger)가 중요한 저작이라고 부른 알베르트 폰 티무스(Albert von Thimus)의 『고대 화음 상징학』(Die harmonikale Symbolik des Altertums)을 수용하면서 두 수 종류 중 첫 번째를 가분 수(τὸ ἄρτιον), 후자를 비가분 수(τὸ περισσόν)라고 부르고 이들을 상호적 관계 속에 서로 마주보게 세우면서 '1'을 중심으로 교차하면서(ἐναλλάξ) 서로를 연결하여 이를 다음과 같은 수식으로 보여 줬다.[30]

$$\frac{1}{\infty} \ \cdots\cdots \ \frac{1}{6}\frac{1}{5}\frac{1}{4}\frac{1}{3}\frac{1}{2} \quad 1 \quad \frac{2}{1}\frac{3}{1}\frac{4}{1}\frac{5}{1}\frac{6}{1} \ \cdots\cdots \ \frac{\infty}{1}$$

"한편으로는 1로부터 무한히 큰 수인 ∞/1로, 다른 한편으로 1로부터 무한히 작은 수인 1/∞로 비가분 수는 항상 **산술적인** 전진을, 가분 수는 **조화로운** 전진을 이룬다. 1 자체는 항상 동일하게 떨어져 있는 상호적인 가치를 가지는 두 수의 기하학적인 중간 비례항이다. 우리는 이 자연수 계열에서 **산술적, 조화로운, 기하학적** 비례를 발견한다. 이는 전체 조화를 위해 커다란 의미를 가진다."[31]

음악 전문가로서 하젠클레버의 귀중한 책을 읽고 이 책을 통해 화음 상징학을 연구하려 한다면 이 책의 증명력에 만족하게 될 것이다. 우

---

29) Richard Hasenclever, *Die Grundzüge der esoterischen Harmonik des Altertums*, Köln, 1870, 10쪽.
30) ἐναλλάξ(에날락스)는 '교차하는', '변화시키는'을 의미하는 부사다.
31) 앞의 책, 11쪽.

리는 여기서 유기적 지체결합의 기초비례와 관련해 아르티온(ἄρτιον)을 다룰 것이다.

확실히 짝수와 홀수 대신 '가분'과 '비가분'이라는 표현 선택은 음악 이해에 적합하다. 나의 목적에 부합하는 좀 더 명료한 표현은 단위수(Inzahl)와 계열수(Anzahl)이다.[32] 단위수란 단위이자 구별된 **묶음 수**이며, 계열수란 산술적 전진에서 추가되는 서로 구별된 1의 계열로 **묶이지 않은 수다.**

우리가 문화의 일꾼이라 할 수 있는 손으로 설명해 보자면, 다섯 손가락의 구별 단위는 단위수이지만, 임의적으로 수많은 대상으로부터 5라는 수를 가져오면 이는 계열수다. 계열수는 더해지거나 감해질 수 있고, 이를 통해 합계 단위나 나머지 단위가 변화하지는 않는다. 반면 단위수에서는 이러한 변화가 절대적으로 불가능하다. 단위수 자체는 침해될 수 없으며, 그것은 심장을 향해 있는(ad cor) 조화이며,[33] 전체의 심장으로부터, 즉 유기체 개념으로부터 온 것이며, 이것을 변화시키면 전체가 심각하게 영향을 받게 된다.

앞에서 가분 수와 비가분 수 계열에서 강조한 바 있는 상호성은 단

---

32) 여기서 카프는 신조어 'Inzahl'과 신조어는 아니지만 새로운 뜻을 부여한 'Anzahl'을 소개하고 있다. 'Anzahl'은 수, 약간의 수를 의미한다. 카프가 설명하고 있듯이 Inzahl은 유기적 기관에서 한 묶음으로 있는 손가락 단위의 '5'와 같은 수를 가리킨다. 손가락의 단위수는 원상으로서 다수의 기계작품들로 가분될 수 있다. 서로 다른 기계작품은 단위수를 실현하면서도 이를 정확하게 실현하지 않는다는 점에서 단위수는 다양한 방식으로 실현된다. 즉 단위수는 기계작품에 있는 계열수를 통해 복수 실현된다. 이러한 복수 실현의 양상을 카프는 가분성과 연계시키고 있다.

33) 독일어로 'Akkord'는 조화, 화음을 의미하는데, 이는 라틴어에서 온 단어로서 ad와 cor(심장)의 합성어이다.

위수와 계열수에서도 나타난다. 왜냐하면 유기적 기관이라는 단위수의 내적 구별은 기계작품의 외적인 계열수적 다수성으로 융해될 수 있기 때문이다. 계열수 이름인 하나, 둘, 셋 등은 언어 구성부분으로서 다른 단어와 같은 알파벳 소리 단어이다. 그것의 축약 형식인 숫자를 통해 계열수들은 세계와 자기 자신으로 나아가기 위해 필요한 인간의 가장 세밀한 소재로 된 도구가 된다.

우리 또한 수가 단순한 표상이라는 점, 자연, 외적 자연 속에는 수가 아니라 기껏해야 셀 수 있는 사물들이 있으며, 이 대상들에 수가 적용될 수 있다는 점을 인정한다.[34] 그러므로 수는 원천적으로 외적 사물로부터 가져온 것이 아니라 우리 지식과 능력의 보편적 원천인 신체 지체의 기초비례라는 비밀 가득한 심원, 즉 타고난 유기적 구별 단위들로부터 나온 것이다. 이 구별 단위들의 표상이 내부로부터 바깥으로 투사되면서 개별 사물들에서 셀 수 있는 실재로 바뀌게 된다.

자연민족들을 보고 온 이들의 관찰기를 살펴보면 원시인이 뭔가를 세려고 첫 번째로 시도했을 때 이것이 매우 어려웠을 것이라고 추론할 수 있다. 이 과정은 다음처럼 설명할 수 있다. 인간은 익숙한 자연환경이 자명하게 존재할 때 이 시도를 하지 않는다. 반대로 자신의 원시적 장비가 충분치 않다는 걸 오랫동안 경험하게 되면서 이 시도를 하게 된다. 이 노력을 통해 경감할 수 있는 수단을 소유할 수 있게 된다. 여기서 엄청난 시간과 노력을 들임으로써 역사적 시간의 가장 중요하고 위대한 발명이 생겨났다. 이 비용은 이미 완성된 도움수단을 창고에 들이는

---

34) Julius Baumann, *Philosophie als Orientierung über die Welt*, Leipzig, 1872, 63쪽.

것과는 비교할 수가 없다.

첫 번째 망치, 첫 번째 활! 얼마나 자주 선택하고 검증하고, 명명하고, 바꾸고, 망가져서 다시 시작했겠는가! 엄지손가락, 검지, 중지로 이것, 저것, 다른 것을 지칭했으며, 이들의 서로 다른 이름들은 서로 구별된 대상들을 지시하게 되고, 손 숙련성이 자라게 되면서 결국 숫자 이름으로 변화하기 시작했다.

오늘날에도 3 이상을 세지 못하는 자연민족들이 존재한다. 5까지 셀 수 있으면 10까지는 쉽게 할 수 있고, 10부터는 수체계의 무한한 계열이 나오기 마련이다. 5와 10을 발견하는 커다란 과제의 해결 이후 두 팔, 그리고 전체 육체가 두 부분으로 나뉘기 때문에 오른쪽, 왼쪽의 구별과 묶여 있는 두 부분으로부터 해당하는 숫자 2가 나오게 된다. 그러면 열 손가락과 두 손은 12라는 수가 되며 이를 통해 몸 지체를 더 구분할 수 있게 된다.

손가락 이름 및 오른쪽과 왼쪽 명칭이 숫자 이름 탄생에서 본질적 역할을 했다는 점은 라자루스 가이거가 8이라는 숫자 단어에 관한 고찰에서 제기한 물음으로부터 도출할 수 있다. "자연민족이 손을 원시적인 계산기 역할로 사용하여 기술적인 셈을 한다는 설명을 단순한 숫자 단어의 발생까지 확장할 수 있을까?"[35]

민족심리학적 관점에서 보면 이 물음에 긍정적인 답변을 할 수 있다. 말하자면 가이거 자신도 다음처럼 덧붙인다. "인간 육체가 원시 세

---

35) Lazarus Geiger, *Ursprung und Entwicklung der menschlichen Sprache und Vernunft* I, Stuttgart, 1868, 320~321쪽.

계의 직관에서는 매우 중요했고, 이를 우리가 [전부] 이해할 수는 없다. 마찬가지로 숫자 표현은 원천적으로 손가락을 세는 것이 목적이었지, 다른 셈에 적용하는 것이 목적이 아니었다고 가정할 수 있다. 인간은 틀림없이 다섯 손가락, 두 팔 또는 두 눈을 매우 강하게 의식하고 있었다. 이 앎은 다른 발견을 필요로 했다. 이 앎에 대한 관심은 셈을 위해 사용할 수 있는 표현을 창조하게 했다. 여기서부터 손가락과 개수가 같은 다른 사물들을 세기 시작했을 것이다."

'단편'이라는 절에서 가이거는 손과 발, 팔, 손과 손가락을 언어비교학적으로 탐구하며, 이어서 다양한 셈의 방법을 논의하면서 특히 손에 집중한다. 손이 인간 활동에서 가지는 헤아릴 수 없는 의미가 언어에 반영되지는 않았지만, 손은 숫자 개념의 형성에서 유기적인 기초라고 제시할 수 있다.[36]

그의 상세한 논의에 따르면 서로 다른 손가락을 서로 다른 이름으로 명명함으로써 첫 번째 단순한 숫자 단어가 탄생할 수 있었다.

'원시적인 계산기'로부터 온 숫자 이름들은 사물에 붙어 있게 된다! 자연인간의 정신 발전에서 손가락으로 세기 시작한 것은 가장 위대한 진전이다. 이 진전에서 **지체 단위 구별로부터 지체 수를 개념적으로 분리한 것은** 앞(200쪽)에서 언급했듯이 운동으로부터 힘을 개념적으로 분리한 것처럼 어려웠을 것이다.

원시인은 손으로 먹이와 영양을 얻었다. 이 자연잡기(Naturgriff)에서 더 나아가 거칠지만 좀 더 고차적인 기술의 도움을 얻어 손으로 잡

---

36) 앞의 책 II권, 223~239쪽.

거나 도구를 통해 잡았다. 이러한 여러 잡기(Griff)는 보편적-정신적 잡기, 개념(Begriff)이 생기는 걸 도왔다.[37] 그래서 연습을 통해 완성된 잡는 기관은 원천적으로 유사한 기술능력을 가진 이념으로 가시화된 생각을 마주하게 된다.

하지만 이러한 상호적인 관계는 기초비례에 기초를 두고 있다. 이 기초비례는 단위수와 **계열수**를 유기적인 **조직과 기계적 조직의 원칙**으로 개념 파악하는 법(begreifen)을 가르치면서 표준적인 인간 형태로부터 현상세계의 법칙과 규칙을 의식하게 한다.

계열수가 특정 목적, 예를 들어 자체로 완성적인 기계를 제작할 목적을 위해 사용되자마자 계열수는 자신의 유래에 대한 일종의 상기처럼 수학적 형식으로 변화하면서 자신의 유래인 유기적 결합을 드러낸다.

수학적 형식을 지니는 조화로운 구조물이 예술작품으로 평가받는다면, 이 형식은 자신을 매개로 한 물리적이고 우주적인 문제의 해결 과정에서 표준적인 예술작품, 즉 이 형식의 원천인 인간을 거슬러 지시하게 된다. 이를 통해 인간은 진전된 자기계시의 보편적 기관인 자기 손을 점점 더 의식하게 된다.

그래서 확실히 손과 손이 창조한 것이 인간의 자기의식을 위한 실재적인 근거이며, 모든 기술과 학문은 가장 선험적인 도약에서도 손과의 관계에서 벗어날 수 없다. 인간은 원하는 만큼 움직일 수 있지만 자신의 손은 인간이 생각하고 활동하는 모든 곳에 항상 같이 있다.

손이 모든 사물을 잡고 들고 있는 것처럼, 즐거운 악수를 통해 우리

---

37) 잡기(greifen)에서 개념(Begriff)이 왔다.

는 손을 잡는다. 손과 손이 이어지면서 손은 상징적으로 전체 인간을 대변한다. 그렇게 학문은 항상 명확한 이해를 가지고 있는 것은 아니지만, 역사적 인간의 손을 붙잡으며, 손에서 벗어나지 못한다. 오히려 학문은 첫 번째 도구가 모든 역사성의 시작이라고 인정한다.

우리 또한 항상 손으로 돌아가며, 모든 도구의 형식비례가 조작하는 기관과 일치하면 할수록 이 도구는 더 완전하고 조작 가능하다고 할 수 있다.

미국 도끼가 상당히 이에 해당한다는 것을 원시림이 증명하고 있다. 여기서 인간이 실행해야 할 과제 앞에서 조작이 어려운 도구는 유지될 수 없었고 새로운 국가 건설의 흐름 속에서 대륙간 성장하던 문화의 빠른 진보도 생각할 수 없었을 것이다.

새롭게 발견한 영역을 점유하는 문제에서 화약무기의 세계사적 의미를 문제 삼는 사람은 아무도 없다. 하지만 미국 도끼가 동일한 기여를 했다고는 일반적으로 믿지 않는다. 하지만 도끼 또한 적대적인 자연 극복에 동일한 정도의 기여를 했다. 황야를 개간한 것은 야만인의 근절과 동시적으로 이루어졌다.

그래서 새로운 국가를 도끼로 탄생시킨 서양 대륙의 엄청난 규모와 거대한 원시림을 생각해 보면, 시골뜨기가 '도끼의 철학'을 이야기하는 것의 의미를 알 수 있다. 이제 신 세계[미국]에서 열린 국제 박람회 과정, 그리고 옛 세계[유럽]의 수백만에 걸친 역사와 새로운 땅에서 자란 젊은 100년의 문화 간의 첫 번째 경쟁을 이야기해야만 한다.

다른 문화 민족에 비해 도구기술과 기계기술의 전 영역에서 미국의 우월함은 인정되었다. 산업의 여타 영역에서 다른 민족들을 거의 따라잡는 진보 속도는 매우 빠르다. 이러한 점에서 미국이 도구의 합목적성의 덕을 봤고 이를 위해 유기적 기초비례를 규칙으로 사용했다는 것은 분명하고, '수공예품'(Manufacte)이라는 단어의 문자적 의미에서 분명하다.[38]

한편으로 강력하고 동시에 유익한 자연은 인간에게 타고난 제작욕구를 그렇게 높은 정도로 촉진하지는 못했고, 다른 한편으로 고대 세계가 기술과 학문을 통해 다각적으로 촉진한 산업에서 남긴 숭고한 모범 또한 그 형식적인 다양함에도 불구하고 결코 인간의 형식충동을 충족시키지는 못했다.

기구 일반과 관련해 말하자면, 조절 컴퍼스로 부엌, 거실, 작업장에 있는 다양한 손도구와 정교한 도구를 측정하는 일은 놀이와 동시에 교훈을 준다. 여기서 [측정이라는] 합리적인 과정은 사소한 유희로 변질되는 것을 방지한다.

'도구의 고유 형식 및 움직임'을 변화시키는 부분과 조작(손잡이) 사이의 본질적인 관계는 대개는 바로 눈에 들어오며, 이 관계는 비트슈타인의 책에 따르면 8절판 종이로부터 민족 의상에 이르는 사용물건과 사치품의 형식에서 놀랍도록 증명된다.

공예 영역에서 완전한 도구 유형으로서의 바이올린, 의복, 집, 건축

도구 영역에 속하는 수공업품의 예에서 조작성이 유기적 기초비례에 따른다는 것을 증명하려는 시도에 이어 이제부터는 예술적인 것 일반

---

38) 'Manufact'는 라틴어로 손으로(manu) 만든 것(fact)을 의미한다.

이 수공업적인 것만을 자신의 유래로 가진다는 점을 논의할 것이다. 왜냐하면 예술 수공예품 속에는 목적 척도와 균형 척도가 있으며, 이들은 서로 일치하면서 또한 정교하고 특수한 기술이 만족을 불러일으킬 수 있는 참된 기초이기 때문이다.

사치스러운 꽃병에 아름다움이 결여한 이유는 그 차원들이 비례관계에서 멀기 때문이다. 반면 가장 단순한 손도구 기구가 표준 비례를 지니면서 기능적으로도 잘 작동할 때 무조건적인 만족을 일으킨다.

차이징은 기술의 모든 분야에서 황금 비율이 가지는 의미에 관해 다음처럼 상세히 이야기한다.

"이 분야에서 미의 산출은 궁극적이고 최고의 목적은 아니다. 하지만 먼저 사용을 위해 제작되는 도구가 미 감각의 요구를 충족시키는 것도 고차적인 욕구라고 고찰할 수 있다. 도구는 말하자면 고차적인 이념을 부가하거나 표현 가득한 형태를 부여함으로써 자신의 작업물에 미적인 특징을 부여할 수는 없지만, 색깔을 제외한 순수 형식적인 관계만은 미적인 효과를 내는 유일한 수단이다.

하지만 다음의 대상들, 예를 들어 탁자, 의자, 장롱, 시계, 꽃병, 접시, 주전자, 조명, 등불, 항아리, 그 외 가사도구와 경제도구 또는 순수 장식물들, 예를 들어 아라베스크, 장미 무늬, 모서리, 덮개 장식, 벽지 표본, 또는 의복, 무기, 화장실 등의 대상들이 마음에 들지 않을 때 이 아름답지 않음이 어디서 기인하는지 묻는다면 거의 대부분 어떤 비례관계의 침해가 그 근거라고 할 것이다. 말하자면 넓이 대비 높이, 전체 부피 대비 부분 부피, 안으로 굽은 측면 대비 바깥으로 굽은 측면, 한 부분의 지체 대비 다른 부분의 지체가 비례에 맞지 않거나 할 것이다.

그래서 미의 요구를 충족시키는 예술에서 신뢰 있는 비례법칙을 인식할 수 있는 것이 얼마나 중요한지, 그리고 이런 종류의 제작에서 우리 생명의 취미 가득하고 만족을 주는 실현이 얼마나 이 인식에 기초를 두고 있는지가 드러난다."[39]

"소위 구조학과 관련된 작품들, 즉 용기, 기구, 가구, 무기, 옷, 카펫, 보석 등에서 고차적인 이념을 지니는 건축, 또한 장식학에 이르기까지 대단한 의미를 가지지는 않지만, 만족스럽게 제작하고 싶어 하는 대상에서 장점을 끌어낼 수 있으려면" 그 자체로 마음에 드는 차원과 구분에서 비례가 중요하다며 이에 동의를 표현할 때 페히너는 위에서 언급한 『실험미학을 위하여』의 한 부분을 틀림없이 염두에 두고 있었다.[40]

페히너가 최신 저작 『미학 기초』에서 비트슈타인이 언급한 대상에 관해 장황하게 이야기하면서 이를 확증하는데 이는 당연히 차이징 이론에 부합한다.[41]

황금 비율과 가시적으로 일치하지 않아도 항상 쓸모 있는 많은 손기구들이 있다는 반론이 있다. 이에 대해 답변하자면, 이들은 이들을 조작하는 기관에 맞지 않으면 쓸모 없으며, 그래서 이들의 쓸모는 비례와의 일치 정도에 비례한다. 많은 수의 손도구들이 이를 통해 미국 현실에서 본질적으로 개선되고 있다! 양키 지역인이 황금 비율에 대해 무엇을 알았겠는가? 힘들이지 않는 조작이라는 유일한 기준을 그냥 따랐을 뿐

---

39) Adolf Zeising, *Neue Lehre von den Proportionen des menschlichen Körpers*, 410~411쪽.

40) Gustav Fechner, *Zur experimentalen Ästhetik*, Leipzig, 1871.

41) Gustav Fechner, *Vorschule der Ästhetik*, Leipzig, 1876, 184~203쪽.

이다. 우리는 그 배후를 보고 이들이 **무의식적으로** 자기 자신의 유기적 기초비례를 자기 손의 제작품에, 자기 자신과 동일한 비례로, **투사했다**는 것을 발견하게 된다.

이제 예술 수공예품 영역에서 유기적 투사에 따른 형식부여의 측면에서 손색없는 모범을 찾는다면, 우리는 **바이올린**보다 더 성공적인 사례를 알지 못한다. 율리우스 칠너(Julius Zöllner)의 바이올린 고찰은 우리가 말한 것을 확증하는 결론을 제시하고 있다.

바이올린 제조의 역사에 관한 개관을 통해(『발명의 책』) 칠너는 옛 바이올린 장인이 **특수한 본능을 통해** 발견한 것처럼 보이는 비례의 비밀이 사라지고, 아마티(Amati), 과네리(Guarneri), 스트라디바리(Stradivari)의 표현할 수 없는 아름다움이 이들 작품을 모방함으로써만 어느 정도 도달할 수 있다는 생각이 퍼져 있다고 전한다.[42] 그리고 바이올린의 구성부분과 이론으로 넘어가면서 다음처럼 언급한다. "바이올린 및 그와 유사한 현악기의 개별 부분 중 어떤 부분이 성공적인 음에 기여하는지는 말하기 어렵다. 높낮이는 너무 다양하고 서로 미세해서 다양한 종류의 구성부분에서 한 부분 또는 다른 부분의 영향을 전체 작품으로부터 읽어 낼 수가 없다."

"사바르(Savart)는 바이올린 이론을 물리학적 원칙에 따라 발전시키려 했지만, 아무런 성과가 없었다. 왜냐하면 네모난 여섯 개 판으로 조립한 판 모양 악기는 바이올린과 결코 비교할 수 없기 때문이다. 물리학에서 단순한 실험을 통해 도출할 수 있는 진동하는 판의 법칙은 바이올

---

42) Julius Zöllner, *Das neue Buch der Erfindungen*, Bd. 2, Leipzig, 1864.

린에서는 고유한 구조적 형식 때문에, 덮개의 볼록함 때문에, 구멍 때문에, 목재의 서로 다른 두께 때문에, 가장자리의 덧댐 때문에, 관통하는 막대와 지지대 때문에, 현이 일으킨 서로 다른 장력의 배분 등등 때문에 복잡해진다. 그래서 이 모든 요소들이 자연스런 방식으로 가장 단순한 합법칙성에 의해 지배된다 해도 결과는 단순한 공식으로 파악할 수 없다. 동일하게 악기의 옆판, 바닥 면, 목 부분도 그렇다. 이 부분 중 어떤 부분의 작용 방식도 모조리 탐구할 수가 없다. 그렇기 때문에 이런저런 구성 부분이 결여된 시험 도구를 통해서는 바이올린에 적용할 수 있는 직접적인 추론을 이끌 어떠한 관찰도 할 수 없다."

"그래서 반대로 물리학이 악기를 완성된 작품으로 받아들이고 그것의 특성의 근거를 경험적으로(a posteriori) 사후 추적한다면(nachspüren) 물리학이 이 악기의 설명과 근거 제시에서 물러나야 한다고는 당연히 말할 수 없고 반대로 그것의 추론이 악기 장인에게 본질적인 도움을 줄 수 있을 것이다."[43]

이 관점에 따르면 바이올린은 특수한 본능을 통해 발견한 것이며, 당연히 완성된 작품으로 수용해야 하며, 그 구조 비례는 비밀이며, 그 특성의 근거는 경험적으로만 사후 추적할 수 있다.

그동안 우리는 본능적이고 무의식적인 발견의 출발점이 유기체라는 점을 충분히 알고 있다. "사후 추적하다"는 표현은 유기적 투사 본질에 얼마나 적합한 표현인가! 허상을 우리는 사후 추적할 수 없다. 왜냐하면 그 흔적이 존재하지 않기 때문이다. 하지만 그 생성의 흔적이 발견

---

43) 앞의 책, 435~436쪽.

될 수 있는 실재는 사후 추적할 수 있다. 췰너 자신도 올바른 흔적을 다음과 같은 아름답고 명확한 언급을 통해 지시하고 있다.

"바이올린은 철저히 정신적인 악기이자 살아 있는 존재와 같은 유기체다. 그것은 육체와 신경, 영혼을 가진다. 각각은 자연적인 방식으로 다른 것에 의존하며, 서로 분리될 수 없고, 서로 간의 생명력을 불어넣는 영향에 따라 측정될 수 있다."

여기서 악기를 유기체라고 하는 건 당연히 비유일 수 있다. 중요한 것은 추적을 위해 직관적인 방향을 제시하는 것이며, 그 내적인 관계다. 이 관계 속에서 설계된 작품은 설계하는 인간과 결합해 있다.

바이올린은 자체 내 완결된 것이다. 그 명확한 흔적을 통해서만 분석이 성공할 수 있다. 왜냐하면 유기적 기초비례가 이를 복제한 모든 복제품의 열쇠이며, 복제품은 다시금 유기체의 감관으로 나아가는 개별 통로를 위한 사후적 열쇠이기 때문이다. 한편으로 능숙하지 못한 연주자의 손 아래서 악기가 불협화음을 내고, 악기 설계에서 비례에 맞지 않은 측면이 이를 조작하는 이를 불쾌하게 할 수 있는 것처럼, 다른 한편으로 두 경우에서 서로 간의 자기인식으로부터 화음의 모든 힘과 부드러움이 나온다. 이 화음의 탄생과 이해를 위해서는 신체 유기체만이 올바른 해명을 제공한다.

예술가가 자신의 악기와 하나이고 부드럽게 굽어진 팔과 팔 관절, 현을 누르는 손가락, 예술가의 유연한 자세는 마치 예술가 자신이 소리를 내는 것과 같은 인상을 준다고들 하며 예술가를 칭찬한다. 하지만 정말로 예술가가 소리를 낸 것인가? 소리가 악기 속에 들어 있든, 악기로부터 그것을 끌어내야 하든, 어디서 소리가 나오는 것일까? 이는 유기체

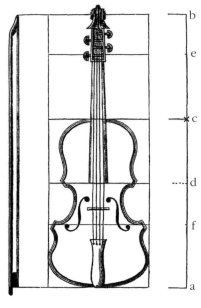

그림 42. 바이올린

의 힘과 아름다움이 아닌가? 이것은 우리에게 다가오고, 우리를 통해 우리를 사로잡는 것이 아닌가?

악기는 수공업자의 도구와 동일하면서도 더 높은 정도로 기관의 연장이자 전체 인간의 연장이다. 손으로 지탱하고 입으로 부는 관악기가 기관에 맞지 않고, 동형적이지 않을 때, 신체 지체척도가 악기의 설계와 동일하지 않을 때 이 악기는 과연 전체 인간과 고유한 의미에서 연결된 소리연쇄를 형성할 수 있을까? 인간이 '연주하는'(macht) 기악곡 또한 노래처럼 직접적으로는 아닐지라도 소리 나는 유기체라고 할 수 있다.

[입으로 부르는] 노래는 '연주한다'(gemacht)고 하지 않는다. "음악

을 연주하다"(Musikmachen)는 표현은 소리가 직접적으로 유기적 조화로 부터 나오는 것에는 붙이지 않으며, 도구와 음악가를 하나로 여기는 "음악이 흘러나온다"(die Musik kommt)는 표현은 결코 합창단에 적용할 수 없다.[44]

모노코드가 뇌신경중심의 한 어두운 공간에 빛을 보내고 코르티기관의 미세한 기적이 대뇌처럼 빛을 낸 이후 여기서 '도입 음악'(Introite)은 부단한 귀납적 탐구의 빛이 악기 줄을 엮으면서[악기를 제작하면서] 점점 더 전체 진리를 덮고 있는 황혼을 지배할 때까지 그렇게 오랫동안 연주될 것이다.[45]

이미 매우 오래전에 알려진 현악기의 제작 역사는 17세기까지 점진적으로 진보했다는 것을 알려 준다. 17세기에 바이올린은 그 기술적 완성의 정점에 도달했다. 바이올린 구조는 결코 황금 비율 측면으로 측정되고 검증되는 게 아니라 거꾸로 비율 자체가 바이올린 구조를 통해 검증받아야 하며, 조각 작품처럼 이 구조는 놀랍게도 정확하게 검증을 통과한다.

도표 형식으로 바이올린 전면 그림을 그리고자 하는 이는 몸통, 목, 자판, 줄받침, 홀 등 각각의 올바른 거리관계를 발견하게 될 것이다(그림 42). 이 그림에서 각 수평선은 황금 비율을 통해 나뉜 직각 선의 작은 위

---

44) 우리는 악기를 연주하며, 노래는 부른다. 노래는 유기체의 직접적인 소리인 반면, 악기는 유기체의 간접적인 소리다. 왜냐하면 악기는 유기체의 복제물이기 때문이다. 여기서 카프는 악기에만 "음악을 연주한다"는 표현을 적용할 수 있다고 주장하고 있다.

45) '도입 음악'이란 미사가 본격적으로 시작되기 전에 미사를 예비하는 기능을 담당하는 음악이다. 악기가 점점 더 완성이 되면서 악기의 비밀, 즉 악기가 곧 무의식적 기관투사의 복제물이라는 것을 알게 된다는 점을 카프는 여기서 강조하고 있다.

쪽 부분과 일치한다. 황금 비율과의 이런 일치는 어떠한 예외도 없이 전면, 측면, 바닥 사이에 존재하는 비례에서도 발견된다. 이제까지 이야기할 수 없었고, 정의하지 못한 섬세한 곡면, 버팀막대, 활, 목재 종류, 현의 관계와 구별들은 미래에 밝혀질 것이다. 하지만 이는 공유 재산이 된 통찰을 통해 이루어질 것이다. 이 통찰에 따르면 황금 비율 관계는 이것이 모든 참된 예술작품 속에 실현된 감각적인 것과 정신적인 것의 통일과 부합해야 한다면 가시적인 감관 파악을 넘어 동시에 우리의 표상 세계의 측정자로서 관념적 관계를 밝히는 데에도 도움을 주어야만 한다. 근래에 바이올린의 많은 부분이 투치(Tuzzi) 교수의 체계에 따라 밝혀지고 있다. 옛 바이올린과 비교해서 동일한 소리를 내는 새로운 바이올린을 제작하는 문제가 해결되어야 하며, 이는 재료에 올바른 속성을 부여하는 비밀스러운 방식을 통해서 이루어진다. 바이올린 목재가 바깥으로부터 안쪽까지 완전히 마르기 위해서는 60년에서 100년이 필요하다고 알려져 있다. 새로운 발명에 의해 동일한 건조 과정이 안으로부터 바깥쪽으로 뜨거운 공기를 구멍 속으로 집어넣음으로써 더 짧은 시간 안에 진행된다. 그러면 몸체, 각 부분, 줄과 매듭이 해를 입지 않은 채 수분과 송진이 끓어오르고 모든 목재 층위가 동시에 건조됨에 따라 진동의 균일성에 도달할 수 있게 된다.

우리는 아마티와 스트라디바리의 소리판과 같이 새로운 발명 또한 긴 시간 동안 검증되어야 하며, 이 검증은 구조의 외면적 측면이 아니라 재료의 분자배열이라는 내적인 측면과 관계한다는 것을 알고 있다. 하지만 이 내적인 측면은 보편적인 기초비례 바깥에 놓여 있을 수 있을까?

과거의 장인은 본능적으로 옛 교회 의자나 가정의 장롱으로부터 목재를 구했지만, 현재의 장인은 신선한 목재에 과거 목재의 특성을 부여한다고 자부하는 과학에 의존하고 있다. 하지만 목재에 대한 이해 또한 유기적 기초비례의 관점에 따른 기관투사와 일치해야 한다는 점을 인식하게 되는 건 미래에나 가능할 것이다!

이렇게 고찰할 때 바이올린은 공예를 넘어 예술 영역 속으로 진입하며, 돈의 가치를 따져도 예술작품과 어깨를 나란히 한다. 무엇보다 최근에 프라하 교회에 속하던 스트라디바리의 크레모나 산 바이올린은 수천 휠던 가격으로 판매되었다. 이 바이올린에 과거 이탈리아 장인들이 직관적으로 불어넣은 소리의 비밀은 지금까지도 세심한 기계적인 모방으로는 접근할 수가 없다.

이제 차이징 이론에 강하게 쏟아진 관심이 이 비밀을 해명하는 길을 놓고 있으며, 이 가정은 특히 카스파리가 반복적으로 이 대상에 주목하면서 힘을 더하고 있다. 그는 다음처럼 말한다. "황금 비율을 위해서는 너무 강한 **부분들의 동일성**(너무 약한 대립)도, 너무 강한 **비동일성**(너무 강한 대립)도 삼가야 하며, 이 [황금 비율이라는] 표현은 섬세하고 정신적이고 수학적인 측정자로서, 이는 미적인 측면뿐 아니라 이론인식적 측면에서, 또한 심리학적 측면에서 지성적 움직임의 종류와 형식에 대한 객관적인 준거점을 제공한다. 이전의 설명을 통해 이미 우리의 가치 측정자는 개념 형식과 관련하여 일면성, 논리적 불가능성, 모순 등을 지양한다는 점을 증명했다."[46]

카스파리 이전에는 콘라트 헤르만이 황금 비율을 논리학의 영역에

---

46) Otto Caspari, *Grundprobleme der Erkenntnistiitigkeit* I, Berlin, 1876, 155쪽.

서 가져왔다. 그는 미적 조화의 보편 법칙을 옳음이라는 논리적 법칙으로부터 도출한다. 반대로 황금 비율 속에서 추론의 논리적 형식을 인식하고 추론을 구성하는 세 가지 판단이 황금 비율의 세 가지 면에 상응한다고 증명한다.[47]

카스파리의 이전 책 『인류의 선사시대』에서 '예술이념의 탄생'에 관한 절[48]의 정점은 황금 비율이 미적 조화의 본질이며 우주의 미적 기초이념을 반영한다고 하는 대목이다. 여기서 처음으로 이 법칙이 진리의 철학적 이념과 동일한 타당성을 지닌다는 확신이 표현되고 있다. 철학적 이념과의 이 일치 속에서 법칙은 굳건한 기초를 가지게 된다.

위에서 제시한 완전한 악기에 관한 설명을 통해 예술 수공예품이 인접한 영역과 맺는 관계를 설명하기 위해 다른 사례를 거론하는 것은 불필요해 보인다. 그럼에도 이 점이 아쉬울 수 있기 때문에 그림이 첨가된 이 대상에 대한 역사적 연구는 독자에게 충분한 정보를 제공할 것이다. 이 정보를 통해 독자는 예술적 기술에 의한 개별 작품들의 완성도가 황금 비율의 적절한 적용 상태에 따른 것이라는 점을 알게 된다. 카스파리는 다음처럼 언급하고 있다. "황금 비율의 표현이 어디서나 수학적으로 정확하게 들어맞아야 하는 건 아니지만, 유기적 완성과 형성 법칙은 대개 이 길을 추구하며, 그래서 이 기초비례로부터 **극단적으로 벗어나는** 형식을 피하게 된다."[49]

---

47) 앞의 책, 12~13쪽.

48) Otto Caspari, *Die Urgeschichte der Menschheit mit Rücksicht auf die natürliche Entwickelung des frühesten Geisteslebens* II, Leipzig, 1873, 362~400쪽.

49) 앞의 책, 384쪽.

미의 법칙이 인간 형태로부터 나와 어떤 형태의 내면과 외면의 하나됨 속에서 직관될 때 참된 예술이 존재한다. 그렇다면 황금 비율은 예술작품에 내재적인 것이며, 다른 것, 즉 바깥으로부터 작품에 부가되는 것이 아니다. 이는 예술을 통제하려는 모든 시도에 대한 답변이다. 왜냐하면 예술은 통제될 수 없고, 그 자체가 기준이며, 예술작품이 지배하는 작품 복제의 무한한 왕국에 스스로 기준을 부여하기 때문이다.

여기서 수공업과 공예가 종종 위대한 예술가의 형성과정의 전 단계이듯, 예술 또한 종종 순수 수공업적 완성을 통해 몰락할 정도로 다시 후퇴한다는 것을 알아야만 한다. 이러한 후퇴는 대개는 부지불식간에 일어나며 기준이라는 경계선을 통해 이루어진다. 기준이 사라져야 예술이 시작되며, 합리적인 측정이 시작되는 곳에서 예술이 중지한다. 왜냐하면 예술은 측정될 수 없기 때문이다.

척도가 단위수, 즉 유기체에 속하는 것이라면 기준은 바깥으로부터 기계적으로 부가되는 것이다.

이는 예술의 빛이 수공예품, 더군다나 예술 수공예품 속으로 뚫고 들어갔다는 것은 아니다. 그렇지만 천재적인 작업은 종종 지금까지 주목받지 못했던 작업자를 위대한 발명가로, 유명한 예술가로 이끌었다!

지금까지 다룬 도구와 장비들은 인간이 때에 따라 생존과 상관없이 멀리할 수 있는 대상들이었다. 왜냐하면 이들은 인간의 신체에 직접적으로 속해야 하는 것이 아니기 때문이다. 하지만 신체를 가리고 이를 완성시키는 **의복**의 경우는 다르다. 의복과 관련해 **건축**을 고찰하는 것은 정당하다.

상세한 내용까지 살펴보는 것은 부적당하고 의복과 건축 개념이 근원적으로 신체 보호를 위한 도구, 즉 **옷**과 **집**으로부터 나왔다는 암시만으로 충분할 것이다. "휴대용 집"이라는 신체 덮개에 대한 비유 이상의 표현이 이들의 가장 원시적인 특징과 잘 맞는다.[50] "의복"(Gewand)과 "벽"(Wandung) 간의 언어적 유사성이나 모든 거지나 왕의 마지막 좁은 거주지가 "나무로 만든 잠옷"[즉, 관]이라는 농담은 이를 표현하고 있다.

옷과 관련해 보면 원래는 '분기점'을 의미하는 허리 부분(taille)은 인간 형태에서 볼 수 있는 황금 비율의 기본 형식과 일치하며, 현재 의상의 기초적인 특징을 이룬다.

대단한 대중서인 헤르만 클렝케의 『합리적인 건강론의 기초 위에서 본 화장 또는 인간 미화의 기술』은 황금 비율을 의복과 관련해 고찰하면서 다음과 같은 언급을 할 수밖에 없게 된다.[51] "언급한 내용은 독자가 규칙적이고 쾌적하고 아름다운 신체형식이 법칙으로부터 자유로울 수 없다는 점을 확신하도록 하는 데에 대중서로서는 충분할 것이다. 이 법칙은 **전체와 부분의 공간적 비례**를 통해 자연 어디에서나 타당하며, 그것의 형식표현은 섬세한 감각에 만족을 준다."

그림과 더불어 의복에 대한 상세한 내용은 비트슈타인의 해당 책 속에 있으며, 여기서 다음 그림을 가져왔다(그림 43, 44).

조형예술에서 '의복' 개념은 예복을 포함한 신체형태를 덮는 옷 형식으로부터 신체를 덮는 모든 것을 넘어 인간 손이 만든 거주공간 장치,

---

50) Moritz von Prittwitz, *Die Kunst reich zu werden, oder gemeinfaßliche Darstellung der Volk-swirtschaft*, Mannheim, 1840.

51) Hermann Klencke, *Kosmetik, oder menschliche Verschönerungskunst auf Grundlage rationeller Gesundheitslehre*, Leipzig, 1869.

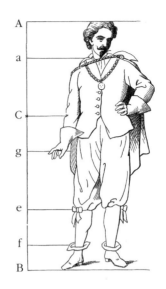

그림 43. 여성 의복　　　　　　　　그림 44. 남성 의복

그리고 그것을 둘러싼 환경까지 확장한다. 그래서 작업장, 연구실, 화장실, 공원, 궁궐, 강당, 도서관, 무대 등등은 가장 가까이에 있으면서 영향을 미치는 개인의 의복에 속한다.

　　1876년 판 『살롱』 잡지는 현재 공예 산업에 대한 깊이 있는 통찰을 보여 주는 아우구스트 폰 아이예의 논문 「최근의 공예」를 발표했는데, 여기서 집과 의복의 관계를 이와 같이 파악하고 있다. "우리는 먼저 우리 주위에 가지고 있는 것, 우리의 의복에 주목한다. 왜냐하면 이것이 바로 우리의 고향이며, 이 속에서 우리는 고통을 당하고 즐거워하기 때문이다. (…) 고향이라 느끼는 곳에서 우리는 살림을 차리려고 노력한다. 그래서 우리 현존의 가장 먼 외화조차도 유쾌한 대상이 된다. 그래서 방, 저장소, 집, 정원은 **우리 의복의 연장, 확장**이다."[52]

건축과 관련해 차이징은 고대와 중세 건축물, 성전과 교회를 검증했고, 비례법칙이 옳다는 수많은 증거를 제시하고 있다. 정확히 묘사한 그림들은 그의 증명이 옳음을 보여 준다.

신체를 근원적으로 덮고 가리는 욕구로부터 점차적으로 광범위한 의미의 '의복' 개념이 생겨나면서 건축은 그 기능과 쓸모를 넘어 자유로운 기념비적인 형태에 도달하게 되며, 이 형태에서 인간은 다른 모든 예술작품에서처럼 자신 속에서 생생한 유기적 이념이 드러나는 것을 의식하게 된다.

이 점에 따르면 전체 문화는 인간 형태로부터 나오고, 모든 것을 변용시키는 황금 비율 속에 살아 있는 비례법칙의 힘의 지배 아래 있는 인류의 거대한 의복일 것이다. 그리고 우리는 다음과 같은 차이징의 언급에 동의한다. "문화는 고차적인 의미에서 자신을 확장하여 발전시키는 인간적 자연에 다름 아니다."[53]

회고

이제부터 우리는 유기적 기초비례에 관해 지금까지 한 논의 과정을 회고해 보려 한다.

기계적인 구성과 반대로 유기적인 지체화는 모든 지체 간의 상호적인 적응으로 이루어지며, 황금 비율론과 동일하게 각 지체는 다른 모든 지체의 존재를 책임진다.

---

52) August von Eye, "Das Kunstgewerbe der Neuzeit", *Der Salon* I, 1876.
53) Adolf Zeising, *Neue Lehre von den Proportionen des menschlichen Körpers*, Leipzig, 1854, 179쪽.

최상으로 표현된 인간 육체의 균형을 지시하는 이 이론의 의미는 이 대상을 다루는 최신 저작에서 점차 인정을 얻고 있다. 인간을 사물의 척도로 수용하면서 척도 개념을 유기적 구별기관들의 살아 있는 통일 속에, 즉 인간 속에서 반복되는 표준비례 속에 발견하며, 기준과 수치를 기계적 형식 영역에 적용한다.

모든 인공물은 수공예품, 손으로 만든 작품이다. 손 작품, 예술 수공예품, 그리고 고차적인 예술은 완성의 단계들이며, 단계에 따라 기교적인 것이 예술작품으로, 쓸모 있는 것이 순수 만족을 일으키는 것으로, 기구가 필연성을 넘어 자유로운 창조물로 넘어간다.

손 안에서 비례법칙은 가장 자유로운 유희공간을 가지는데, 왜냐하면 손은 가장 움직임이 활발하고 여러 형태를 띨 수 있고 제작활동을 하는 기관이기 때문이다. 손은 자신의 활동 속에서, 조작이란 말이 말해주듯이 상징적으로 전체 인간을 대표한다. 뇌와 이론이 한편에 있다면 손과 실천은 다른 편에 있다. 왜냐하면 뇌와 손, 이론과 실천이 서로 일치한다는 것은 모든 사유가능한 노동의 목적이며, 인간은 손이 손의 힘과 숙련성을 신체적 한계를 뛰어넘도록 확장시키는 수단들을 스스로 마련함으로써 이 목적에 도달할 수 있기 때문이다.

손은 자신에 이로운 것을 실행하며, 손의 각 부분들 간의 비례가 손이 만든 인공물의 기준이 되면서, 손은 자신의 작품을 익히거나 이를 조작할 때에도 항상 자신에만 머무른다. 관용어로 "소매를 털어" 여러 가지가 나온다고 한다.[54] 하지만 실제로는 소매에 가려진 많은 것을 손이 보여 주는 것이다. 관용어로 "손가락을 빨다"도 있다.[55] 이들 관용어들은 철학이나 수학이 이제까지 생각할 수도 없던 것이다.

현상세계에서 이미 얻은 경험적 지식을 숨기거나 부인하게 되면 표상은 순수 추상적인 개념으로 강제적으로 부풀어오르고, 이는 곧바로 다시 터지고 만다. 공간과 시간처럼 수도 이와 마찬가지다. 모든 것이 공허한 무한성 속에서 사라진다.[56]

무한성의 개념, 즉 무한자의 이념 또는 유한자의 영원한 생성으로 사유된 무한자는 우리가 현상에 주목하게 될 때 달라질 수밖에 없다.

우리가 공간('der' Raum)에 관해 말할 때 이미 정관사는 이 배경을 경고하면서 소위 절대적인 공허를 보여 주고 있다. 수('die' Zahl) 또한 특정한 관계를 지니면서 등장하기 마련이다. 도식적으로는 선분으로 표상되면서 수는 한쪽 방향으로는 항상 구별들의 결합인 통일이며(ἄρτιον) 다른 한쪽 방향으로는 항상 구별된 수많은 단위들의 계열이다(περισσόν).

한쪽에는 **단위수**, 유기적 지체와 구별, 다른 쪽에는 **계열수**, 기계적 분리와 수치가 있다. 전자에는 예술과 철학이, 후자에는 기계학과 수학이 있으며, 각각 사유와 정확한 방법을 수행한다. 이러한 수의 내면화와 외면화 사이에는 **공식**, 즉 대상 세계에 대한 커다란 질문이 존재한다. 대상세계는 이에 답변을 제공할 뿐 아니라 스스로 이 질문을 제기하는데, 왜냐하면 '사유가'이자 '측정자'인 인간에게 묻는 대상세계의 무언의 물

---

54) "aus dem Ärmel geschüttelt"은 중세 시대로부터 유래한 표현으로 소매에 여러 물건들을 가지고 있다가 소매를 털어 보여 주는 것을 의미한다.

55) "aus den Fingern gesogen"란 표현도 중세 시대로부터 유래한다. 마법적인 액체에 담근 손가락을 빨면 지혜를 얻을 수 있다는 것을 의미하며, 현재는 "생각하다"를 의미한다. 손 자체가 이미 모든 비밀의 근원이라는 의미다.

56) 숫자는 추상적 개념이지만, 이것의 구체적인 원천은 손가락이다. 그래서 추상적이고 무한한 개념만을 주목하는 것은 일면적이다. 이것의 경험적 원천을 동시에 강조해야만 한다.

음은 이 공식과 일치하기 때문이다.

이 회고는 자연적 도구이자 가장 분명한 의미의 기관인 손을 정당화하기에는 충분하다. 새로운 대상을 고찰하기 전에 손이 오각형과 신비적인 접촉을 하는 상황에서 우리는 손이 이러한 혼돈으로부터 자유로울 뿐 아니라 더 높은 평가를 얻도록 해야만 한다. 왜냐하면 우리는 아직도 자주 표준비례의 가장 신뢰할 만한 대표자이자 수의 제공자로 손에 의지하기 때문이다.

인간 손과 오각형은 일반적으로 비례의 유사성 때문에 옛날에 이처럼 많이 해석됐다. 문제는 매우 간단한 것처럼 보인다. 그것은 풀 줄기처럼 신비를 숨기지도 숨기고 있지도 않다.

오각형의 각 면을 양 끝 두 방향으로 확장하는 연장선들이 서로 닿으면 각 면 연장선들은 좁은 삼각형을 형성하고, 삼각형의 각 점을 이으면 동일한 오각형으로 연결된다. 전체를 도식적으로 보면, 이미 여러 번 일어났듯이, 펼친 손과 비교할 수 있다. 정오각형 내에서 대각선을 그리게 되면 이는 황금 비율 비례에 따라 나뉘며, 그 중간에 새로운 정오각형이 축소된 비율에 맞게 생겨난다. 커다란 오각형의 면들처럼 축소된 오각형의 면들이 자신의 연장선과 맺는 관계는 황금 비율에 따라 나뉜 선의 작은 면과 큰 면이 맺는 관계와 같다. 이에 반해 외부 삼각형의 꼭지점을 직선으로 이어 생긴 큰 오각형에 대해 원래의 오각형 면에서 연장한 선들은 이제 완성된, 항상 표준비례로 나뉘는 대각선이 된다.

바깥으로 또는 안쪽으로 임의로 반복될 수 있는 이 과정은 항상 동일한 결과에 이르며, 이는 황금 비율로 연장된 대각선과 오각형의 합치로부터 나온다.

한 요소에서 다른 요소로 상호적으로 제약하는 이행에서 지배하는 힘은 황금 비율이며, 이 비율을 통해 손가락 지체에서 다섯이라는 수와 10진법은 필연적이다.

콘라트 헤르만은 10진법에 커다란 가치를 부여했는데, 왜냐하면 10이란 숫자는 우리를 둘러싼 전체 현실의 내적 구분에서 매우 중요하고 결정적인 의미를 지니기 때문이다. 황금 비율은 여기서 사라지는 것이 아니라 오히려 더욱더 중시된다. 왜냐하면 그는 미적 조화의 법칙에 관한 논문에서 다음과 같이 글을 맺고 있기 때문이다. "수학적-논리적인 구분 물음과 미적-유기적 구분 물음은 결국 동일하며, 우리는 한편으로는 10이라는 숫자, 다른 한편으로는 황금 비율 규칙이 모든 현실적인 것을 보편적으로 조직하는 법칙에 관한 전체 물음에 대한 두 가지 중요한 답변이라고 보아야 한다고 확신한다."[57]

오각형 형식에 부가된 대칭적이고 기계적인 구성은 원상인 기관의 균형과 풍부한 구별을 이해하는 데 도움이 된다(그림 45).

언급한 신비 외에 다른 해석은 미신에 문을 열어 주었고 여기 저기서 부분적인 공적인 소동을 일으켰다. 즉 [구체적으로는] **손금술**을 말하는데, 이는 **점성술**, **연금술**과 동일선상에 놓여 있다. 후자들이 경험적 사실로 늘어난 비밀소매상 식의 사변의 어둠으로부터 나와 위풍당당하게 첫 번째 등급의 학문으로 인정받은 것처럼, 우리의 관점과 동일하게 이제부터 손금을 보는 것, 손금술은 '인간 육체의 비례론'으로 드러나기

---

57) Conrad Hermann, "Das Gesetz der ästhetischen Harmonie und die Regel des Goldenen Schnittes", *Philosophische Monatshefte* 7, Berlin, 1871/72, 18~20쪽.

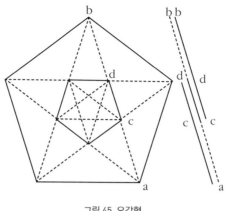

그림 45. 오각형

시작하고 있다. 이는 학문이 옳음을 지향하는 게 아니라 미신의 구속으로부터 해방되어 유기적 기초법칙의 예감을 천천히 성숙시키는 구불구불한 길 위에 있다는 새로운 증거다.

손금술은 예로부터 인간의 운명을 우주적 영향으로 규정하는 점성술, 그것을 지구적 영향으로 규정하는 연금술보다 더 경시되었다. 반면 손금술은 인간의 운명을 인간에, 즉 계산가능한 행위의 상징인 그의 손에 둔다. 손금술은 인간 운명이 그의 '신체와 생명'에서 온다고 어둡게 예견했다. 유기적 기초법칙은 운명의 구성적 힘으로서 더 이상 부인할 수가 없다.

"너의 가슴속에는 너의 운명의 별이 있다"[58]는 시인의 표현은 새로

---

58) 프리드리히 폰 실러, 『발렌슈타인』, 안인회 옮김, 청하, 1986, 113쪽. "당신 가슴속에 당신의 운명의 별들이 있습니다."

운 부가적 해석에 열려 있다.

5라는 숫자는 몸통으로부터 뻗는 지체 속에만 드러나는 것이 아니라 각 개별 사지에서도 동일하게 반복된다는 점을 암시할 필요가 있다.

팔과 손에 다섯 손가락, 발과 다리에 다섯 발가락이 있다면, 목과 머리에는 다섯 개의 감각이 있다. 왜냐하면 특수한 감관, 시각, 청각, 후각, 취미는 보편적인 피부기관으로 드러날 때에는 촉각으로도 기능하며, 매우 섬세하기 때문이다. 여기서 각 감관은 개별적으로 움직이면서 서로 구별되지만 또한 매우 가깝게 결합되어 드러난다.

감각활동들, 즉 감각과 자연소리의 결합, 맛보고 말하는 혀의 이중적 기능, 감관과 언어기관이 동일하다는 것과 마찬가지로 말하기와 사유는 감각활동을 통해 깨어나고, 감각은 말하기와 사유를 통해 배우고 교육된다.

혀(lingua)는 감성 영역에서 언어의 정신세계로 가는 다리를 놓는다. 다섯 손가락, 다섯 가지 감각의 의미심장한 단위수에 소리의 대표자인 다섯 모음의 단위수가 연결된다.

XII. 언어

전에 언급한 것처럼 기관투사의 영역은 자연적 도구를 조야하게 복제한 인공물로부터 손으로 만질 수 있는 물질이 사라지고 점점 더 정신적인 투명성이 들어서는 지점까지 나아간다.

다양한 문화수단이 역사적으로 등장하지만, 그 순서가 뒤죽박죽이기 때문에 이에 대한 논증적 서술은 시간적 순서 그대로 따라갈 수가 없으며, 비교적 완성된 것들의 결론만을 다뤄야 한다. 그래서 이제 언어가 대상이 된다. 먼저 문서를 살필 것인데, 이는 필체로서 이전 장과 자연스럽게 이어진다.

소리언어와 문자언어는 본능적인 창조물이다

발화된 단어가 광의의 문자를 통해 가시화된다면, 인쇄된 문자는 쓴 문자의 직접적 결과다. 하나는 다른 것으로 이행하고, 쓴 것은 인쇄되고, 인쇄된 것은 다시 필사될 수 있다. 책 인쇄술은 기호를 만드는 손의 발전, 즉 손이 가장 단순한 재료를 다루던 근원적인 능숙함이 발전한 결과다. 오늘날 윤전기는 예전에 필사자가 엄청난 수고와 장시간 노동을 투여해 달성한 것을 금세 해낸다. 하지만 책들이 더 동일해지고 [출간되기까지의] 시간이 줄어든 것은 우선 외적인 차이에 불과하다.[1]

필체와 인쇄문자

인쇄 기구를 다루는 것도 손이고, 필기구를 다루는 것도 손이다. 윤전기사는 윤전기가 돌아가게 하기 전에 우선 손으로 문자를 나열해야 한다. 그래서 인류의 문헌은 고대 이집트 기념비에 새긴 것과 메소포타미아 벽돌에 새긴 것, 현재의 최고의 기계적 기술 작품을 포괄한다. '전신이 쓴다'고 하는 것처럼 '인쇄기가 쓴다'고 할 수 있다.

모든 **필체, 문자**(litera)는 소리언어의 수공업적 초상화다. 모든 수공예품 중 최상은 문서다. 또한 문서는 관념적인 것과 실재적인 것의 통일이자 예술작품으로서 그것의 마법은 한 인격을 가장 짧게 가시화한 축약인 '**서명**'(manu propria), 이름 적기 속에서 전체 인간을 자체 내에 담으며 이를 드러낸다.[2]

언어와 사유에서 번갈아 교체하는 작용 원칙

지금까지 계속해 왔던 예술작품과 도구의 구별은 언어에서 완전히 사

---

1) 필사를 하면 필사자 개인의 개성이나 실수에 따라 책의 형태나 내용이 계속 변화하기 마련이다. 하지만 인쇄기로 출판한 책들은 모두 동일하다.
2) Manu propria는 '자기 손으로'란 뜻으로 이는 보통 이름 뒤에 'm.p.' 또는 'mppria'로 적는다.

라진다. 언어는 자기 자신이 무엇인지를 설명하면서 자신이 설명하려는 바를 곧바로 실행한다. 즉 언어는 자신을 자신의 고유한 도구라고 파악하는 도구이며, 정신적인 도구로서 인간의 절대적인 자기생산의 정점이자 이를 드러낸다. [언어라는] 형식 자체가 생각이고, 생각이 형식이라는 의미에서 언어는 생각 형식이며, 그래서 이 둘의 통일이다. 언어가 귀에 의존하는지 또는 눈에 의존하는지에 따라 **소리언어와 문자언어**로 구별할 수 있다.

비교 언어학은 몸짓과 소리의 첫 번째 자음에 이르기까지 언어 생성을 추적하면서, '소리몸짓'에서 **언어뿌리**를 인식하고는, 말하기가 잠재적으로 유기체로부터 시작했다는 점을 증명했다.[3] 듣기, 보기, 숨쉬기가 해당 기관에 뿌리를 두고 있는 것처럼 소리몸짓은 유기적 기능이며, 어느 정도는 유기체의 메아리다. 그래서 **기관의 기능이 기관 자체가 현상하는 한 방식일 뿐**이라는 이미 언급한 생리학적 사실에 기초를 두면서 아우구스트 슐라이허(August Schleicher)는 언어가 실재적인 현존, 자연존재라고 주장한다. 몇몇이 언어 충동, 언어 힘, 언어 욕구라고 부르고, 야코프 그림(Jacob Grimm)이 "무의식적으로 지배하는 언어정신"이라고 부르는 것은 유기체에 생득적인 것이다.

이런 의미에서 종종 나타나는 강한 표현방식, 즉 "언어는 인간이다", 또는 일반적으로 이야기하듯 인간이 의식, 이성을 가지는 게 아니

---

3) '소리몸짓'(Klanggebärden)이라 함은 소리를 지르거나 우는 것, 웃는 것 등을 가리킨다. 이는 근본적으로 유기체로서의 나의 표현이다. 즉 언어는 유기체 전체로서의 나의 표현이다. 언어가 생각을 표현하는 도구라고 한다면, 이때 생각은 곧 나 자신이다. 여기서 '나 자신'은 의식적인 나를 넘어 무의식적인 나를 가리킨다.

라 "인간은 의식, 이성 등이다"는 표현은 거슬릴 만한 것이 아니다. 인간은 처음부터 유기적 활동의 불가분한 총괄로서 존재하며, 그래서 인간이 이러한 것을 부가적인 소유물로 가지거나 획득할 수는 없다.

언어의 생성이 의식적으로 지배하는 언어정신 때문이라고 하든 혹은 바스티안이 말하듯 "우리가 사유하는 것이 아니라 그것(es)이 우리 안에서 사유한다"고 하든 차이는 없다. 왜냐하면 이 '그것'은 사유와 언어의 동시적 과정 속에 있는 항상 동일한 무의식이기 때문이다. 그것은 우리 안에서 사유하며, 우리에게 말을 한다.

누아레가 정당하게 강조한 **번갈아 교체하는 작용** 원칙은 사유하기와 말하기가 하나라는 점을 설명한다.[4] 하나가 다른 하나보다 우선적이라는 가정은 허용되지 않는다. 그러한 일면성은 언어형식이 하르트만의 적절한 표현에 따르면 "집단본능의 공동의 결과"라고 한 첫 번째 언어연구 단계에서도 인정되지 않았고, 언어가 문자를 통해 고정된 이후 의식적인 배움이 가능하고 국제적으로도 교환 가능한 완결체로 존재한 이후에 대한 연구 단계에서도 그렇다. 앞에서 언급한 통일에 대한 가장 단순한 표현이 '그것'이며, 이는 감각에서 표상으로 넘어가면서 점점 더 언어적으로 사유하는 자아 또는 사유하면서 언어로 말하는 자아가 되려고 한다. 왜냐하면 그것 뒤에는 인간의 전체 정신적 본성, 즉 영혼, 자아, 인격이 있기 때문이다.

카루스는 『자연과 정신의 인식 기관』에서 이미 언어소리를 정신의

---

4) Ludwig Noiré, *Der monistische Gedanke: Eine Concordant der Philosophie Schopenhauers, Darwins, R. Mayers und L. Geigers*, Leipzig, 1875, 353쪽.

등가물이라고 부른다.[5] 표상은 한 단어를 통해 사물을 독점하면서 사물화된다. 이로써 온전한 한 단어는 감각적인 것과 정신적인 것의 직접적 통일, 즉 소리, 의미, 외적이고 내적인 언어 형식의 통일, 위에서 반복적으로 단위수라고 생각한 유기적 구별들의 통일임에 틀림없다.

"나는 생각한다"와 그것의 과정이 정신과 신체의 기능관계로 [아직] 인식되지 않는 한, 기능하는 자아의 이 무규정성을 잠시 '그것'에 놓을 수 있다.[6] '그것' 안에 절대자, 무의식, 의지, 감각, 근원의식적인 것, 그리고 신적인 것이 숨겨져 있다. 그것은 모든 독단론적 틀에서 빠져나가는, 형이상학이 파악할 수 없는 보편적인 무엇이다. 인간은 자기에 관한 지식을 확장하고, 자신의 의식 영역을 확장하는 만큼 무의식적인 것의 영역을 점차적으로 줄이면서 '그것'에 다가갈 수 있다. 이는 번갈아 교체하는 작용의 과정으로서, 한편으로 잠과 정지 상태에서 무의식에 침잠함으로써 얻는 긍정적인 의식의 강화 작용이 있고, 다른 한편으로 이를 통해 무의식을 해명하는 방향으로 상승하는 의식의 에너지의 작용이 있다.

---

5) Carl Gustav Carus, *Organon der Erkenntnis der Natur und des Geistes*, Leipzig, 1856, 46쪽.

6) 여기서 정신과 신체의 기능관계란 무의식적 기관투사 관계를 의미한다. "나는 생각한다"의 생각은 언어를 통해 표현된다. 여기서 언어의 정보전달은 그 내용과 형식으로 구별할 수 있다. 언어는 내용적으로 특정한 생각을 전달하기 마련이다. 언어가 음성이건 문자, 문서의 형식으로든 사물적 도구이고, 이것이 생각을 표현한다는 점에서 이는 정신과 신체의 통일이라 할 수 있다. 하지만 언어라는 형식 자체는 유기체 전체의 무의식적 투사의 결과다. 언어가 어떤 내용을 전달하건 상관없이 언어라는 도구 자체는 유기적 전체로서의 나의 표현이다. 언어는 사물적인 형식으로서 무의식적인 유기체의 표현이다. 여기서 카프는 이러한 무의식의 활동에 대한 인식이 점차 확대되겠지만 현재로선 아직 부족하며, 그렇기 때문에 무의식적 측면이 존재한다는 점을 상정해야 한다고 주장하고 있다.

언어가 뻗어 나간 만큼 사유와 자기의식도 뻗어 나가며, 반대도 그렇다. 여기에 의지하여 언어가 기관투사의 생산물이라면 '도구' 범주 속에서 그에 걸맞은 위치를 어떻게 정할 수 있을지 탐구해야 한다. 이에 따르면 신체 기관을 무의식적으로 복제한 재료뿐만 아니라 복제물이 그의 원상과 비교해 도구로 증명될 수 있다는 사실을 제시해야 한다. 물론 이 도구를 통해 신체적 유기체에 관한 지식이 완성될 것이다.

언어소리 형태화의 질료

발성기관 또는 언어기관은 다소간 우리에게 친숙하며, 아우구스트 슐라이허가 내리는 언어의 정의, 말하자면 언어란 신경, 뼈, 근육 등으로 된 뇌와 언어기관 같은 복잡한 신체적 활동을 귀로 지각할 수 있는 징후라는 것은 분명하다. 하지만 많은 이들이 말하기에서 형태의 질료를 찾는데 실패했다. 말하기의 질료를 일반적인 질료처럼 파악할 수 없다고 추정하는 이는 분명 이 질료 가까이에 도달한 셈이다. 체르마크의 『생리학 강연』의 결론은 이에 대해 완벽한 설명을 제공한다.[7]

"노래와 언어는 객관적으로 고찰해 보면 사실상 음성적 현상이라는 요소로 이루어져 있다. 이 현상은 가수와 발화자의 입으로부터 공기를 통해 청자의 귀로 기계적으로 증폭된다. 이 현상 안에 정신적인 어떤 것이 있지는 않다."

"입과 귀 사이에서 볼 수는 없지만, 인식 불가능하지는 않은, 공간을 채우는 것, 이것은 의미 없는 순수 기계적인 **소리진동**이다! 상식적인

---

7) Johann Czermak, *Populäre physiologische Vorträge*, Wien, 1869.

청자의 뇌 속에서야 비로소 목소리와 언어소리의 물질적인 진동과정이 감각, 감정, 사유라는 심리적 상태로 변화(Transsubstantiation)하게 된다."

"사유와 감정은 언급했듯이 사실적으로 **진동하는 질료**가 되며, 이는 청자의 의식 속에서 다시금 감정과 사유로 변형된다."

"아름다운 영혼의 관념적 감각의 경우는 제외하고 의식에서 의식으로 이어지는 길은 예외 없이 그렇게 경멸하던 거친 질료를 거치게 되어 있다."

언어소리의 발화를 위한 재료는 이제 공기이며, 인간의 호흡을 통해 야기된 공기진동 자체는 소리도 없고 가시적이지도 않지만 귀와 접촉하게 되면 소리 감각으로 변하는 소리진동이며, 이것의 진동비례의 폭과 지속에 따라 소리의 강도와 높이가 결정된다.

도구로서의 언어

이로써 우리는 기관투사 개념에 필수적인 어떤 요소도 놓치지 않으면서도 소리언어가 도구로 되는 과정을 보고 있다. 기능하는 기관 속에서 인식가능한 유기적 원상도, 형성된 공기진동 속에서의 기계적 복제도, 형성하는 무의식적 과정 모두가 여기서 다 있다. 인간에게 무의식적으로 생겨난 복제를 인간이 의식적으로 받아들이고 이를 유기적 원상과 비교할 때, 이 복제물이 유기적 원상에 관한 물리적 지식을 과연 증가시킬 수 있는지에 대한 증명을 해야 한다.

'도구'라는 개념을 비유적 의미에서 사용하는 데에 익숙해서 그런지, 이를 실질적인 의미로 진지하게 사용하게 되면 많은 경우에 이는 바르게 이해되지 않는다.

그래서 무엇보다 분트가 언어를 사유의 "편리한 도구"이자 "가장 중요한 도구"라고 지칭할 때,[8] 그리고 휘트니가 인간이 종으로서 자신의 육체적 노동을 쉽게 하고 강화하기 위해 기계적 장비를 발명한 것처럼, 언어를 자신의 정신적 활동의 기관으로 발명했다고 말할 때,[9] 이들은 '도구'를 우리가 엄격히 받아들여야 할 문자적 의미로 사용했다.

도구로서 발화된 단어와 기록한 단어의 차이는 있다. 전자는 후자처럼 시각적이고 분명하게(handgreiflich) 나타나는 게 아니라 체르마크가 조야하다고 한 것처럼 비가시적이고 지속적이지 않은 재료의 특성에 맞게 공기 파동의 진동관계 형식으로 드러난다. 언어 기관을 통해 촉발된 이 진동관계는 청각 형식을 통해 자신이 소리이자 생각임을 드러내야 한다.

그래서 차이는 눈이 아니라 귀가 소리진동 질료를 감각적으로 파악한다는 것이다. 귀는 이를 통해 목소리 기관과 연결되어 있다는 것이 밝혀진다. 물리학이 주기적인 소리파동, 그 측정과 셈, 악기에서 기본음과 함께 소리 나는 모든 배음의 혼합의 다양성에 관해 제시한 지식은 높은 정도로 언어기관의 생리학에도 적용된다.

모음과 자음의 형성

음들의 종합적 성격에 관한 헬름홀츠의 발견을 사실적으로 정당화하는

---

8) Wilhelm Wundt, *Grundzüge der physiologischen Psychologie*, Leipzig, 1874, 852, 855쪽.

9) William Dwight Whitney, *Die Sprachwissenschaft*, ed. Julius Jolly, München: Ackermann, 1874, 601~602쪽.

것은 이를 언어소리의 생리학에 적용해 보면 된다. 그러면 **모음의 형성**은 배음의 공명에 기초를 두고 있으며, 이 모음은 체르마크가 언급하듯이 "인간 목소리의 다양한 음색에 다름 아니며, 이는 구강이 다양한 형식을 지니며, 목소리의 소리 속에 있는 배음을 공명을 통해 강화하고, 다른 것은 약화시킴으로써 생겨난다".[10]

음 또는 소음처럼 소리의 차이에 맞게, 즉 규칙적인 주기 또는 불규칙적인 계열의 공기진동에 따라 언어소리는 모음 또는 자음, 즉 음형식과 소음형식으로 구별된다.[11]

막스 뮐러는 자신의 세 번째 『언어학 강의』에서 생리학적 알파벳을 다루면서 '모음'과 '자음'의 발전을 설명한다.[12] 여기서 그는 소리가 무엇으로부터 형성되며(모음화된 호흡과 모음화되지 않은 호흡으로부터), 어떻게 형성되는지를(성대가 넓게 열리는지 혹은 좁게 열리는지에 따라) 증명하고 있다. 소리는 말하자면 "활동적이고 자극받은 기관을 통해, 다양한 예외도 있긴 하겠지만 보통은 혀뿌리와 입천장, 혀끝과 이, 아랫입술과 윗입술이 서로 접촉하는 다양한 장소에서" 생겨난다.

지금까지의 논의를 보면 **관악기와 현악기**에 대한 이전의 설명을 가져오지 않는다면 언어기관에 관해 이야기할 수 없다. 왜냐하면 이 악기들은 목소리 기관과 청각 기관의 투사이며, 유기적 소리 가운데 인간의 소리에 고유한 보편성이 기계적으로 특수화되어 표현되었기 때문이다.

---

10) Johann Czermak, *Populäre physiologische Vorträge*, Wien, 1869, 67쪽.

11) Wilhelm Wundt, *Grundzüge der physiologischen Psychologie*, Leipzig, 1874, 499쪽.

12) Max Müller, *Vorlesungen über die Wissenschaft der Sprache*, Leipzig, 1866, 166쪽.

바퀴와 철선으로 이루어진 '말하는 자동기계'라는 우스개 모형은 원래 악기의 기형이다.[13]

　도구의 초기 단계로부터만 질료에 대한 해명이 주어질 수 있다. 이 질료는 언어소리 형성에 기여하며, 순간적으로 형태를 부여받으면서 도구를 탄생시킨다. 도구의 탄생으로부터 우리는 사유과정, 헤겔이 말한 진리 "우리는 이름 속에서 사유한다"를 거슬러 추론할 수 있다.

　현악기만이 귀의 생리학적 구조에 관한 정확한 정보를 제공했다. 오르간 구조는 소리 발생으로부터 폐, 기관지, 후두의 협업을 밝혀 준다. 하지만 현악기와 코르티기관, 오르간 파이프와 기관지는 모든 기계 산물과 유기 산물처럼 서로 분리되어 있다. 반면 말하기에서 작품과 도구는 공간적·시간적으로 동시적이며, 그래서 단어는 동시에 생각이고, 생각은 동시에 단어다.[14] 헬름홀츠는 다음처럼 말한다. "음악에서는 음 감각(Tonempfindungen)이 예술의 질료이다." 그러면 언어에서는 무엇인가? 단어를 구성하는 소리들이 언어의 질료인 현실적인 사물 감각(Ding-

---

13) 이는 독일계 오스트리아인 요제프 파버(Joseph Faber)가 발명하고 1845년에 필라델피아에서, 1846년에 런던의 이집트관에서 전시한 '말하는 기계'를 지칭한다. 바넘(P. T. Barnum)은 이를 유포니아(Euphonia)라고 재명명했다. 이 기계는 피아노, 풀무, 인간의 목구멍과 발성기관을 복제한 장치로 구성되어 있다. 이 기계는 독일식 발음으로 영어, 프랑스어, 독일어 문장을 말할 수 있었다.

14) 이 구절을 통해 유기체 기관, 즉 코르티기관, 기관지가 '도구'이며, 그리고 그것의 기관투사 산물인 현악기, 오르간 파이프가 '작품'인 것을 알 수 있다. 그렇다면 언어의 경우에 도구는 무엇일까? 여기서 카프는 생각이 도구이고, 그 작품이 발화된 소리라고 규정하고 있다. 우리는 우리의 느낌이나 생각을 표현하기 위해 몸짓을 하거나 소리를 낸다. 여기서 소리언어는 생각이라는 도구의 작품이다. 생각의 기관투사가 어떻게 소리언어일 수 있을까? 앞에서의 논의를 통해 카프는 소리의 특징을 정신적이라고 규정한다. 소리는 발화되는 즉시 사라진다. 즉 소리는 물질적인 존재이면서 금세 사라지는 존재이다. 여기서 이러한 사라짐의 측면을 강조하면 소리를 정신적인 존재라 할 수 있다. 그래서 생각과 소리언어는 '정신적'이라는 점에서 유사하다.

empfindungen)이 아닌가? 이 물음에 대해 분트는 언어소리에서 각 일정한 소리와 소음 특성이 다양한 표상기호와 감정기호 요소가 된다고 답변한다.[15]

이런 방식으로 인간이 언어소리 속에서 자기 자신에 관해 얻는 표상이 자기의식이다.

최근에 오트. B.[아마도 오트마어 베타, Ottmar Beta]는 잡지 『정원별장』(Gartenlaube)에서 자신의 경험으로부터 매우 흥미 있는 언어학적 사실을 언급했는데, 이는 언어소리 형성에 관한 지식을 본질적으로 확장할 것이다. 여기서는 우선 외국인이 언어 발음을 완전히 배우는 것이 매우 어렵다는 것을 논하고 있다. "그럼에도" 그는 "주의 깊게 단순히 하악을 앞으로 내민다면, 발음을 거의 완벽하게 모방하는 건 어렵지 않다고 확언한다. 그러면 바로 원하는 소리 변화가 일어난다. 마법처럼 독일어 자음 W는 영어 모음 W로 변하며, 우리의 까다로운 th는 영국인의 매우 부드러운 혀 짧은 소리로 바뀐다. 모든 딱딱한 소리는 불가능한 소리로 바뀌고, 영어에는 없는 그르렁거리는 r은 사라진다."

앞으로 내민 턱으로 인해 혀는 앞으로 나오고 윗니 아래에서 움직일 수밖에 없다. 긴 움직임 대신 짧은 움직임만 하게 된다. 그래서 거친 All's, Alk's, Aw's 대신 영어 이중모음 Aoh가 나오게 되고, 'Knie'(무릎) 대신 'Nie'가 발음된다. 대개 튀어나온 코와 턱을 가진 영국인들의 경우 길고 좁은 코는 길고 좁은 혀를 낳고, 이는 혀 짧은 소리를 가능케 한다. 켈

---

15) Hermann von Helmholtz, *Die Lehre von Tonempfindungen als physiologische Grundlage für die Theorie der Musik*, Braunschweig, 1863, 499쪽.

트족, 아일랜드인, 프랑스인의 경우 넓고 짧은 코와 혀가 지배적이어서 입천장 언어가 일반적이다. 말할 때 턱이 중심 역할을 하며, 혀와 코 밑 부분이 규칙적인 비례 관계에 있다. 코는 단순히 네 번째 머리척추뼈의 공통 신경인 감각 중추가 작용하는 취미와 후각뿐 아니라 이들의 차원들과 관련해 혀와 관계한다. 대상의 생리학적 기초를 놓음으로써 오트의 글의 결론은 다음처럼 완전히 증명된다. 이 "콜럼버스의 언어학적 맹세"로부터 그림(Grimm)의 '소리 변이' 법칙을 설명할 수 있는 무언가가 발전한다.

소리는 소리기관과 이것의 기구학적 연쇄의 근원적인 공간적 관계로 인해 생겨난다고 우리는 믿는다. 나아가 특히 소리 변이는 대개는 이 언어기관 연쇄 요소의 습관적인 많은 변이를 통해 일어난다. 이 변이에서 땅, 기후, 습관, 생활방식, 영양상태가 이빨, 혀, 구강의 모양을 규정하는 요인들이다.

손과 머리가 끊임없이 서로 만나지 않았다면, 즉 기술이 언어욕구를 자극하고 그 소재를 제공하고, 언어가 기술실현 욕구에 자신의 성과와 완성에 대한 의식을 일깨워 주지 않았다면 자기의식은 발전하지 못했을 것이다.

문화사 과정을 크게 따라가는 지금까지의 우리 연구는 인간 스스로 창조한 외부세계 형식을 제공한 기관투사가 자기의식의 발전의 조건이라는 것을 증명하고 있다.

동일한 과정이 언어 발전에서도 나타나지만, 언어는 다른 모든 기관투사 형태들과 본질적으로 구별되는데, 왜냐하면 보통 딱딱한 재료가 형태 실현 욕구에 방해가 되는데, 언어는 이로부터 자유롭기 때문이다. 순종적이고 어느 정도 정신적인 요소로 이루어져 있기에 언어에서는 이것의 도구와 이를 형성하는 유기적 활동이 하나다. 역설적이지 않게 이에 관해 사유가 언어의 도구인 것처럼 언어는 사유의 도구라고 말할 수 있다.

이에 따라 언어와 다른 문화내용의 관계를 규정하려 한다면, 우리는 분트의 말, "영혼은 통일의 내적 존재인데, 우리는 이 통일을 영혼에 속한[대응하는] 육체를 통해 외적으로 직관한다"에 의지하여 다음처럼 이야기할 수 있을 것이다. 언어는 통일의 내적 존재이며, 이 통일을 우리는 언어에 속한[대응하는] 문화세계를 통해 외적으로 직관한다.

문자의 시작과 알파벳의 발전

언어에서 최고의 도구를 파악했으니 이제 우리는 인간의 자기생산의 정신적인 산물과 가장 거친 감각적인 산물 사이를 잇는 연결체, 즉 **문자**로 돌아가 보자. 이를 통해 언어소리가 기억을 위해 가시적인 기호로 바뀌게 되면 언어욕구의 요구를 완전히 만족시킬 수 있음을 증명할 수 있을 것이다.

전신이 고찰 대상이었을 때는 전달된 문자기호의 특성이 아니라 전신타자기의 기계적 구조가 중요했다. 글을 적는 유기체의 운동하는 힘과 이를 더 강화한 [타자기의] 기계적 작업의 운동하는 힘이 동일한 것처럼 보이지만, 우리는 유기적 활동과 기계적 작업의 혼동을 막아야만 했다. 왜냐하면 기계의 구성부분과 근원적으로 동일한 비유기적 소재가 살아 있는 의지의 행위에 지속적으로 참여하기 위해 유기적인 구성부분이 되고, 더 이상 과거와는 다르게 되었기 때문이다.[16] 전신은 비유기적 소재로 구성된 생명 없는 기계로서 인간 의지행위를 통해서야 비로소 생각과 언어의 담지자가 된다. 유기체 속에 있는 보편적인 전기 흐름은 본질적으로 개별 기계의 여러 형식들 속에 산재하는 전기와 구별된다. 이는 인간 목소리 속에 있는 하나의 음이 특수한 종류의 악기들 속에서 다양한 소리방식으로 기계적으로 복제되는 것과 같다. 인간의 의식적 의지는 전신이 문자를 태워 보내는 전기적 구름이 아니다. 전신은 단순히 쓰기재료 역사에, 그리고 더 나아가『문자 및 문헌의 역사』에 속한다.

하인리히 부트케(Heinrich Wuttke)의 이 제목으로 된 저작의 제1권이 간행됐고, 이는 문서에 관한 저작으로서 "문신이라는 글쓰기의 거친 시작부터 전자기적 전선의 설치까지" 대상의 생성적 관점으로부터 증명을 시도하고 있다.[17]

문서에 관한 각 설명이 기호표현 재료 및 문자기호와 그 의미를 다루기 때문에 우리는 여기서 전신의 역사가 인간이 사용한 첫 번째 대상인 석필에서 시작한다는 점을 짧게 언급하고자 한다. 첫 번째 석필의 유기적 원형이 손가락이었고, 이는 오늘날에도 여전히 그렇다. 손에 붙어 있는 손가락은 묘사하는 암시나 설명 기능을 수행한다. 사실상 새기고, 그리고, 색칠하고, 쓰는 모든 도구의 원상인 이 손가락은 매우 다양한

---

16) 타자기를 치면 타자기는 우리 몸의 일부가 된다. 그래서 타자기가 "유기적인 구성부분"이 된 것처럼 느낀다. 이러한 느낌으로부터 기계체와 유기체를 혼동하게 된다. 하지만 타자기는 기계이지 유기체는 아니다.

17) Heinrich Wuttke, *Geschichte der Schrift und des Schrifttums von den rohen Anfängen des Schreibens in der Tatuirung bis zur Legung elektromagnetischer Drähte*, Leipzig, 1872.

형태 속에서 인식할 수 있다.

기호를 그리기 위해 사용한 소재와 가공물, 나무껍질, 돌, 금속, 왁스, 가죽, 종이, 그리고 기호를 그리기 위해 안에 새길지, 아니면 색으로 덧댈지는 우선 중요한 게 아니다. 중요한 건 항상 석필, 못, 관, 바늘, 끌, 깃으로 존재하는 자연적 쓰기 능력을 발휘하는 손가락의 복제다. 전신사가 [타자기에] 손가락을 누르는 것과 깃펜을 사용하는 이가 손가락을 누르는 것은 본질적으로 다르지 않다. 점으로 기록된 전신 용지가 빠른 우편인 깃펜으로 사용되는 것으로 보아 '포기된 빠른 우편'의 근원적인 문서형식으로 다시 돌아가고 있다.

자모: 어원학적 기초의미

소리언어가 필체로 연장된다면, 책 인쇄와 전신은 필체의 자연적인 연장이다. 언어소리의 결과가 바로 **자모**(Buchstabe)다.

'Buchstabe'(부흐슈타베)라는 특별한 단어를 가이거는 어원학적으로 설명하는데, 그는 이 개념을 언어소리와의 관계 속에 놓으며, 이를 통해 "소리만 요란하고, 개념법칙에 따르지 않는 어원학의 결점"의 한 사례를 제시한다.

이에 따르면 고대 독일에서 'Buch'는 [뭔가를] 적을 때 필요한 바닥재료와 관계없이 쓴 것을 의미한다. "Boca(앵글로색슨식으로는 boec)는 우선 자모(Buchstabe, 문자기호)이며, 문서, 편지를 의미한다. 이는 'Boka-reis'가 문서전문가를 의미하는 것과 같다. 문자기호를 막대기, 너도밤나무로 된 막대기(Stab)로 설명하려는 유혹에 빠지기 쉽다. 하지만 두 번째 부분 stab의 기초의미는 소리이다. 이는 소리 비교를 하면 확실하다.

앵글로색슨식으로는 staefn, 고딕식으로는 stibna다. 여기서 의미 변화는 vox(소리), 부름, 목소리, 언어소리처럼 동일하게 이루어진다. 그러므로 boec와 staef는 동일한 의미를 가지기에 서로 바꿔 쓸 수 있다. 전자는 자모(Buchstabe), litera를, 후자는 언어소리, vox를 의미한다. 둘은 라틴어 literarum elemental(문자요소)과 일치한다.”[18]

우리 목적을 위해 우리는 문자와 소리, 쓴 기호와 발화된 소리, 문자기호와 언어소리를 정확히 구별한다. 이 둘을 한 개념으로 결합하면 문자소리(Schriftlaut), 즉 소리 나는 대로 쓰는 소리, 즉 자모(Buchstabe)가 된다.

이렇게 이 단어의 어원학은 문자, 특히 상형문자로부터 셈족 자모 문자가 생성하고 알파벳으로 발전해 나갈 수 있는 기본생각을 제시했다.[19] ‘Buchstabe’라는 단어는 말하기와 쓰기의 통일을 의미한다. 언어 개념 속에는 소리와 문자가 수습하기 힘들 정도로 서로 섞여 있다. 그래서 소리언어의 원래 소리가 문자언어의 원래 기호와 일치하고, 소리언어는 소리몸짓이며, 쓰기의 초기 단계에 속하는 기호 만드는 것은 부자연스러운 표현인 ‘쓰기몸짓’(Schreibgebärde)이라고 할 수도 있을 것이다.

감각으로 인해 생겨나는 표상의 표현인 자연소리와 몸짓은 근원적으로 일치한다. 이 일치와 동일하게 ‘몸짓’과 ‘외적으로 존재하는 기호’

---

18) Lazarus Geiger, *Ursprung und Entwicklung der menschlichen Sprache und Vernunft* II, Stuttgart, 1868, 108~109쪽.

19) 자모(Buchstab)의 어원에 따르면 문자와 소리는 같다. 예를 들어 상형문자의 경우 문자와 소리는 서로 다르다. 알파벳으로 문자가 발전해 온 것은 자모가 역사 속에서 점차 실현된 것이라 할 수 있다.

는 서로 일치한다. 이 기호에는 [예를 들어] '경고하는 손'과 '이를 의미하는 꽂아 놓은 나뭇가지', '슬픔의 몸짓'과 '문자와 같은 무덤 및 추모 표시' 등이 있다.

문자 속에서 언어는 지속적으로 존재한다. 문자는 마법에 걸린 소리이며, 자모(Buchstabe)가 '문자 그대로'(buchstäblich) 말하는 것이다. 자모를 통해 소리는 매 순간에 다시 들리고, 새롭게 살아 있는 단어로서 청자의 정신을 사로잡을 수 있다. 짧게 말해 자모(Buchstabe)는 들은 것과 본 것, 문자기호인 책과 소리(Stab), 말과 문자의 상호적 내속, 파괴할 수 없는 일치의 상징이다. 즉 자모 속에는 언어 전체가 있다!

특성으로서의 문자기호

이 분리 불가능성 속에서 언어작품은 뇌, 손, 혀 기능의 작품이며, 여기서 혀 대신 언어기관 연쇄의 다른 지체를 골라도 상관없다. 이 언어작품은 문자가 알파벳 형태의 구별에 따라 인류의 민족학적 분화 속에서 유동적인 계기이며, 문자기호는 본능적인 창조물로서 임의로 고안되고, 합의되고, 임의로 바꿀 수 있는 암호가 아니라 **특성**(Charaktere)이라는 것을 증명한다. 왜냐하면 그리스어로 'Charakter'는 근원적으로 돌, 금속, 목재에 새긴 것, 문자와 그림이며, 그래서 고유한 (내적) 구별 특징을 의미하기 때문이다. 자모들(Buchstaben)은 특성이자 소리 기호이며, 이것의 형태는 어떤 점에서는 친족조직과 좀 더 유사하다.[20]

---

20) 카프에 따르면 근본적으로 소리문자는 기관의 복제품이기 때문에 각 민족의 소리문자들은 서로 친족관계에 있다고 할 수 있으며, 각 민족의 특성에 따라 서로 차이점을 지니기도 한다.

모든 문화 영역에서 그림문자로부터 표음문자가 탄생하고, 그림이 기호 및 자모들(Buchstaben)로 변화하는 과정이 일반적이라면, 문자체계와 해당 언어 유기체 및 종족 유기체와의 보편적 일치, '정신적 일치'라는 결론은 필연적이며, 이 기관이 닳고 약해져도 이 결론은 사라지지 않는다. 단모음, 복모음, 어형변화 하는 언어의 언어세계들의 차이는 이들의 문자체계와 반드시 일치한다. 하지만 문자는 소리를 제공하는 언어에도, 이 언어에 속하는 유기적 전체에도 영향을 미치지는 않는다.

그래서 언어는 인간 속에 있는 자연 위력으로 살아 있으며 발전하고 있다. 그래서 인간의 필체는 자신의 유래의 상징, 즉 보편성과 특수성 속에 있는, 종족과 민족성에 따른, 개인의 자연적 소질에 의해 규정된 자연 필연성의 상징이다. "말하라, 그러면 나는 너에게 너가 어떤 민족과 정신으로부터 왔는지를 이야기해 주겠다"와 동일하게 필체의 특성은 쓴 이의 특성을 이야기한다.

필사본 수집

필사본 수집에 대한 관심은 호기심과 애호를 넘어 생리학적인 영역으로 나아간다. 기념비적인 원본 텍스트는 민족의 세계사적 필사본으로 증명되면서 민족 심리학의 내용이 된다.

우리는 기관투사가 서로 다른 기계들로 뻗어 나가는 그 과정을 살펴봤다. 이제 마지막이자 최상의 기계적 작품[언어]이 정신적인 것 속에서 자기를 상실하는 것을 고찰하는 과제가 남았고, 이를 통해 우리는 그것이 유기적 기능을 통찰하기 위할 뿐 아니라 인간의 자기파악을 위한 최고의 도구라는 점을 인식하게 될 것이다.

언어의 도구는 지속적이고 감각적으로 지각할 수 있다는 측면에서 소리형식보다는 필체라 할 수 있고, 그래서 한 민족의 문학은 그 민족의 문자언어 작품의 총괄이다.

필체인 문자와 손을 잠시 바라보자. 여기서 손의 유기적 활동은 '의미와 그림이 매우 밀접하게 결합한 기호'를 산출한다. 그러면 손 분절 속에 살아 있는 황금 비율의 기초법칙이 오늘날 문화 민족에 있는 문자 기호에서 드러날 뿐 아니라 소위 인쇄술 체제 전체에서도 그럴 것이다. 비트슈타인은 후자를 자세히 다뤘기에 우리가 그 상세한 면을 다룰 필요가 없게 됐다.

보편문자

본능적 창조물인 필체와 반대로 탁월한 선택으로 생각해 낸 그것의 대체물인 암호문, 속기문은 높은 평가를 받는다. 이들은 항상 임의로 뒤바꿀 수 있으며 소리언어와 함께 생겨나고 그것과 함께 성장한 자모를 나타내는 자의적인 기호다. **보편문자**를 종종 제작하려는 시도는 이런 관점으로부터 평가할 수 있다.

비슷하게 인위적인 보편소리언어를 도입하려는 실험은 항상 실패했고, 아마도 오랫동안 실패할 것인 반면 문자언어와 관련한 문제는 암호문, 속기문, 전신문에서 쌓인 경험을 바탕으로 현재 스톡홀름의 전문가 필리프 담 박사(Dr. Phil. J. Damm)의 다년간의 근본적인 예비작업을 통해 해결책을 찾을 것처럼 보인다. 경제적인 세계교류의 관심에서 그렇게 커다란 시간과 비용 절감을 약속하는 시도에 걸맞은 성과를 기대해 볼 수 있을 것이다.

암호화와 관련해 파버의 말하는 기계를 다시 한번 주목할 필요가 있다. 뛰어난 숙련성으로 만든 인간의 해부학적인 언어기관의 인위적인 복제물은 학문의 결과를 직관적으로 보여 줬고, 흥미로운 교육수단으로서 과거 호기심을 일깨우던 모든 자동기계보다 뛰어나다. 불쾌한 체스 게임 기계, 음악 연주 기계, 재잘거리는 기계를 이들의 원래의 운명, 보관소와 헛간에 두기로 하자! 이들은 어느 정도 쓸모가 있다고 할 수 있다. 적어도 이들 사례를 통해 인간의 실현 욕구로부터 유기적이고 무의식적으로 생성되어 인간의 문화 목적에 봉사하는 도구들을 이런 장난감 같은 문화 산물과 구별할 수 있는 통찰력을 얻을 수 있다. 이들 장난감은 인간 위트를 통해 순간적으로 감탄하게 할 수 있을지는 몰라도 지속적인 경탄의 대상은 아니다. 소리언어와 문자언어와 같은 '신의 선물'과 반대로 속기나 소리 내는 인조인간(Androiden)은 희화화 대상에 불과하다.

자연과학과 언어학은 언어소리 형성의 비밀을 해명하는 데 성공했다. 폐에서 입술에 이르는 지역화된 매우 다양한 근육운동은 크기와 수에 따라 다양한 공기진동으로 투사된다. 공기진동이 귀를 통해 언어소리로 번역된다. 공기진동을 통해 언어소리는 투사하는 근육 움직임의 장소적 구분에 따라 이해된다.

음악소리의 본성에 관한 연구로부터 나온 소리파동의 진동비례의 발견은 모음 형성, 언어소리의 형성에 관한 연구의 학문적 기초가 되었다.

청각장애인 수업의 결과

해당 연구의 신뢰성은 청각장애인 교육에 그 결과를 적용할 때 빛이 난다. 왜냐하면 벌린 입 속에서 언어소리가 분절화되는 영역을 정확하게 파악하면서 청각장애인은 발화자의 외적으로 지각가능한 근육 움직임을 문자기호처럼 읽기 때문이다.

신문은 최근 다음과 같은 놀라운 성공 이야기를 전해 주고 있다. "하이델베르크 철학과에서 최근 박사시험이 거의 예외적이라고 할 수 있는 상황 속에서 치러졌다. 몇 주 전에(1875년 7월) 한 젊은 남자가 왔고 교수들을 방문하고는 자연과학 영역에서 시험을 치르고 싶다고 얘기했다. 이런 일은 너무 자주 일어났기 때문에 특별한 것이 여기엔 없었다. 하지만 지원자는 시험관인 교수들이 수염을 기르는지를 조심스럽게 탐문했다는 것이다! 그는 수염을 기르지 않은 선생님이 여자와 비슷하기 때문에 큰 관대함을 계산했던 것일까? 하지만 곧 밝혀진 바는 이 남자가 청각장애인으로 태어났고 청각의 도움이 아니라 인위적인 방식으로 말하는 법을 배웠고, 이 연습을 통해 발화자의 입술로부터 말하는 바를 읽게 되었다는 것이다. 그가 청각장애를 지니고 있다는 사실은 그의 발화 음색을 통해서는 전혀 알아챌 수 없었다고 한다. 그러한 에너지와 근면함이 있는 자는 학문적인 과정을 수행할 권리가 있다. 그가 시험을 최고 성적으로 합격했다는 것은 매우 기쁜 소식이다."

이 과정에 대해 가능한 의심을 없애기 위해 콘라트 킬리안(Conrad Kilian) 교수의 '청각장애인 교육'에 관한 언급이 도움이 될 것이다. "입 모양의 특정한 공명을 통해 청각장애인의 소리언어를 음악적인 소리로 바꿀 뿐 아니라 다양한 옥타브로 확장하는 것이 물리적으로 가능해졌고, 그래서 분명한 불협화음을 통해 지루한 단조음이 사라지게 된다. 모음의 생성은 돈데르스(Franciscus Donders)가 발견한 빈 공간 법칙으로 이루어진다. 이 법칙에 따르면 모음길이의 높이와 깊이는 입 속 공간의 넓이와 일치한다. 각 모음은 자신만의 공명, 입 속 공간을 지니며, 이 공간은 모음에 그 소리색의 정상적인 밀도와 빛을 안겨 준다."[21]

청각장애인 교육에서 사용되는 이 방법은 독일에서 음절로 소리내는 것과 관련해 개발되었다. 이 방법은 정당하게 유기적이라고 할 수 있다. 반면 독일 이외의 지역은 자연적인 몸짓 대신 인위적인 기계적인 기호언어와 수화를 선호한다.

위에서 다룬 소리언어와 문자 간의 결합이 여기서 새롭게 등장하게 된다. 청자가 소리로 듣게 되는 공기진동을 청각장애인은 진동을 일으킨 근육운동의 형식으로 보게 된다. 이처럼 소리를 보는 것은 소리를 듣는 것과 동일한 속도로 이루어지며, 언어소리가 특수한 근육 표현에 일치하며, 1분에 600개의 소리가 나온다고 한다면, 이와 동일한 숫자의 근육 움직임을 읽는 것이 동시에 이루어진다.

언어 대용물

수화는 언어 대용물이며, 소리기호에 일치하는 손가락 언어다. 문자로부터 가시성의 계기를, 소리언어로부터 일시적인 사라짐의 계기를, 일반 몸짓 언어로부터 수화는 특수 기관으로 축소된 몸짓을 수용했다. 언급한 고유 문자의 변형인 암호와 전신 배후에는 항상 강력한 자모가 있

---

21) *Im neuen Reich*, 1874, Nr. 8.

고, 자모 뒤에는 강력한 언어소리, 감춰진 로고스가 있다. 로고스로부터 모든 언어형태가 나온다. 이 형태가 사유내용에 따라, 그리고 외적, 내적 형식에 따라 얼마나 다양하든 상관없다. 완전한 교육 수단이든, 탁월한 교육 내용이든 상관없이 모든 것은 로고스로부터 왔다.

기관투사 법정 앞에 선 우리 내적 존재의 복제인 언어

이제 모든 내적이고 외적인 차이를 무시하고 언어를 전체로서 인류 전체에 고유한 것으로 고찰해 보면, 그것은 상호 소통과 교육 목적에 따르자면 도구이지만, 그것의 보편적인 교육 내용에 따르자면 [사유] 생산물이다. 도구로부터 생산물로, 생산물에서 도구로 끊임없이 왔다 갔다 하면서 이 구별은 자기의식의 단계적으로 진전되는 인식 과정에서 점점 더 사라지다가 끝내는 완전히 없어진다.

도구와 도구가 영향을 미치는 대상[즉 도구가 생산한 작품]에 사용된 소재가 감각으로 지각될 수 있으면 있을수록 지금까지 다룬 전체 영역에서 도구는 그 생성의 측면에서 이 대상과 점점 더 분명히 구별할 수 있었다. 물론 소재가 점차적으로 세밀해지다가 공기호흡이 되면서 이 차이는 사라지긴 하지만, 이는 다시금 순수 수공업품의 특수 영역, 즉 필체 속에서 다시 한번 등장한다. 그래서 보편적인 언어 영역에서 우리가 이제부터 접근할 우리 과제의 결론으로 돌아갈 수 있게 된다.

특별히 말(Rede, 고대 독일어로는 'reda'이며, 이는 해명을 의미한다)이자, 뛰어난 사유 표현으로서의 언어 속에서 인간은 자아로서의 자기 자신에 대한 해명을 한다. 자아, 인격은 가장 높은 단계의 언어, 즉 자기 대화이다. 자기 대화 속에서 도구와 작품, 수단과 목적, 주체와 객체는 하나이며, 이는 문화진보를 통해 도달한 자기인식의 통일이다.

빌헬름 셰러는 언어를 "우리 내적 존재의 복제"라고 부르는데, 여기서 그는 인간의 신체 조직을 원상으로 전제한다. 즉 뇌 기능과 언어기관 기능의 관계를 밝힐 수 있는 가능성이 존재한다.[22] 알베르트 랑게가 언급하듯이 "언어에서는 B 또는 P를 소리 내는 입술의 압력을 정확하게 측정하는 것만이, 발음하기 어려운 단어를 줄지어 말할 때의 언어기관의 움직임만을 측정하는 것이 중요한 것은 아니다. 언어는 또한 무언가를 의미해야 하며, 그래서 단어의 조합장소로부터 다시금 다양한 결합들이 감각인상의 조합으로 진행해야만 한다. 이 결합들은 부분적으로 근육 움직임을 위한 특정한 감각 또는 특정한 자극이 뇌피질 세포 전체 계열 중 특정한 결합들로 이어진다고 생각할 수 있다."[23]

원상인 기관과 그 복제물을 비교해서 나오는 결과는 단순히 해부학적이고 생리학적인 지식을 풍부하게 할 뿐 아니라 뇌와 언어기관의 발전사로 거슬러 올라가게 된다. 이 발전사는 바로 자기의식의 역사와 일치한다.

이 발전사는 인간 손이 만든 첫 번째 도구로부터 시작했고, 손은 자신의 섬세한 작품 속에 궤도를 놓았으며, 이 궤도 위에서 인간은 자기 자신을 생각하게 되었다. 이것이 바로 우리 전체 탐구의 기본 생각이다.

우리는 첫 번째 손도구가 비록 자신의 수많은 계승자를 넘어서지

---

22) Wilhelm Scherer, *Vorträge und Aufsätze zur Geschichte des geistigen Lebens in Deutschland und Österreich*, Berlin, 1874.

23) Friedrich Albert Lange, *Geschichte des Materialismus und Kritik seiner Bedeutung in der Gegenwart* 2, Frankfurt am Main, 1875, 360쪽.

는 못해도 점점 더 필수불가결하게 되면서 문화 권력으로서의 자신의 의미를 드러내고 있다는 점을 강조하면서 이번 장을 마치고자 한다.

마지막에 다룬 영역으로부터 밝힐 수 있는 것은 우리가 현대 기술의 위대한 창조물 가운데 생각을 기계적 방식으로 직접적으로 전달하는 것을 다른 모든 것보다 예외 없이 강조해야 한다는 것이다.

그래서 다양한 산업 분야의 모든 발전 단계에서 첫 번째 손도구가 어디든 [아직도] 존재한다는 점을 제외하고, 우리는 인간 문화 과정의 두 가지 종착점을 파악하는데, 하나는 겉으로만 가장 낮은 지점인 일상적인 도끼 출현이며, 다른 하나는 겉으로만 최고 지점인 급속인쇄기다. 여기서 인쇄소 설치에서 노동자와 전문가 손의 수천 가지 활동을 두루 거쳐 첫 번째 기초공사부터 기계 부품들의 미세한 조정에 이르기까지 망치가 인간 손으로 만든 [모든] 작품 제작에서 영혼이며 항상 그러하다는 사실 앞에서 이 대립은 사라지게 된다. 왜냐하면 망치는 모든 방향으로 힘을 전달하는 손의 자연적인 연장으로서 다른 모든 도구보다 모든 방향에 무조건 가담하기 때문이다.

이러한 옹호에 따르면 망치에 관한 반성이 언어, 더 나아가 문헌, 문헌의 기계적 완성에 관한 고찰로 이어지는 것은 너무 당연하다고 할 수 있다. 이 완성은 발전하는 다른 모든 것처럼 완벽한 평가를 위해 자신의 시초에 대한 회고를 요구한다. 그래서 우리는 뛰어난 뉴욕 기술 잡지인 『과학적인 미국인』[24]의 어느 글에서 목소리를 듣게 된다. 이는 현재의 연구 원칙과 완전히 일치한다. 그래서 나는 이 글을 번역해서 제시

---

24) *Scientific American*, XXXI, 1874, No. 24.

하고자 한다.

리처즈(J. Richards)는 다음처럼 말한다. "망치 사용을 관찰하거나 스스로 사용하면서 그것을 엄청난 힘을 행사하는 도구로 평가하지 않는 경우는 힘을 모아 톱니바퀴, 지레 또는 나사를 필요로 하는 작업을 할 때, 이 작업이 [망치 아닌] 다른 기계를 통해 이루어진다면 그럴 수도 있을 것이다. 또한 이 기계가 망치 대신 사용된다 해도, 힘을 임의의 방향으로 행사할 수 있는 장점은 없을 것이다."

"단순한 손 망치는 그 자체로 고찰해 보면 매우 다면적인 기계적 도구 중 하나다. 즉 그것의 움직임은 많은 기구로 이루어진 다른 복잡한 기계보다 더 분석하기 어렵다. 하지만 망치가 너무 친숙하다 보니 기계적 힘이라 부르는 장치에 망치가 포함되지 않은 것으로 오해하게 된다."

"힘을 집중하여 사용할 수단으로서, 도끼 외에 기울어진 지면, 나사, 지레를 필요로 하는 바퀴를 도구와 비교해 보고, 망치의 작용 원칙을 진지하게 생각해 보고, 망치의 보편적인 사용 방식에 주목해 본다면, 독자는 다양한 원칙을 지니는 기계가 바로 평범한 망치라는 결론에 이르게 될 것이다. 망치는 인간의 실현 욕구를 충족시키는, 그리고 기계를 위해서도 필수적인 사물들 중 하나일 것이다."

"모든 종류의 물질을 가공할 때 망치는 자연적 손 힘을 강화하기 위해 지속적으로 사용된다. 서까래 나사를 박는 목수는 1에서 2톤의 힘을 사용하며, 대장장이는 자기 노동 대상을 다루기 위해서는 5파운드에서 5톤의 힘을 필요로 하며, 석공은 자기 도구의 예리함을 효과적으로 사용하기 위해서는 100에서 1000파운드의 힘을 사용한다. 끌 작업, 코킹 작업, 사실상 거의 모든 기계 작업은 다소간 때리기로 이루어져 있으며, 때리기는 제한된 거리 내에서 저장된 힘을 사용하는 것이다."

"기계적 도구 관점으로부터 망치는 팔 힘을 집중시키며, 이를 실행할 작업 필요에 맞게 사용한다. 큰 힘이 필요하면 크게 휘두르고 느리게 때리기가 이뤄지며, 힘이 덜 필요하면 짧게 휘두르고 빠르게 때리기로 충분하다. 여기서 힘의 총량뿐 아니라 필요한 방향 또한 계산 가능하다. 망치 대신 다른 기계 장치가 동일한 목적을 위해 사용된다면 이는 복잡한 기계여야 하며, 이는 자신의 특성에 맞는 방식으로만 움직일 수 있을 것이다."

경험적인 올바름을 중요시할 때 지성적 기술인 언어는 우리의 시선을 뒤로 향하게 하여 망치를 보게 한다. 반면 이 망치를 드높이는 것은 신비적 옷을 입고 앞으로 전진하는 사유의 더 높은 진리의 측면으로부터 온다.

펠릭스 단에 따르면[25] 번개 치는 폭풍우인 도나르 또는 토르는 그 관념적인 의미에 따르면 농업 및 모든 인간 문화의 보호신이다. 하지만 모든 창조와 활동 속에서 사용한 도구를 통해 도나르는 독일 민족 정신의 표현이 되는데, 바로 이 도구가 그의 강력한 망치다. "그의 강한 팔의 움직임은 항상 붙어 다니는 돌 망치인 미욀니르(Miölnir)를 휘두름으로써 황폐한 돌산을 으스러뜨리는 것이다. 돌 거인 중 반항하는 대표자를 도나르는 파괴적인 번개로 내려치며, 성장을 멈추게 하고, 인간의 농업에 전혀 도움이 안 되는 석회석, 화강암, 현무암 절벽을 파괴하여 일렁

---

25) Felix Dahn, "Wodan und Donar als Ausdruck des deutschen Volksgeistes", *Im neuen Reich*, 1872, Nr. 8.

이는 수확을 가져올 풍요로운 농업지대로 바꾼다. 그렇게 도나르는 인간 문화의 신이 된다. 그의 **돌 망치**는 바위 거인과의 전쟁을 위한 전쟁무기일 뿐만 아니라 평화로운 목적을 위해서도 사용된다. 망치에 손을 대면 소녀는 신부가 되며, 더 높은 만족으로 집의 입구를 신성하게 한다. 망치를 내려치는 것은 땅을 점유하거나 분배할 때 경계를 정해 주며, 망치는 땅의 신성한 경계석을 정해 주며 이정표를 단단히 고정하고 친족을 이어 주는 다리를 놓으며 경계가 끝나게 하거나 바꾼다. 망치는 마지막으로 화장용 목재를 제공하며, 이 위에 경건한 손이 사자를 마지막 예식을 위해 눕힌다."

도나르의 망치는 과거 이상화된 돌 망치이며, 이는 원시인의 손에서 첫 번째 노동의 기적을 실행했다.

영원히 지속하는 신화 속에서 외적인 또는 내적인 경험의 진리가 드러난다. 미욀니르의 진리는 축제 같은 기초석 놓기 의식에서 행하는 망치 때리기 속에서 오늘날까지 지속되고 있다. 이는 상징적으로 집과 부엌, 가정과 국가 공동체의 기초를 놓는 것을 암시한다.

이 [망치라는] 기호 아래 우리는 이제 국가 영역으로 들어간다. 인간의 전체 개별 유기체의 원상에 따라 손과 뇌의 전체 활동이 국가 속에서 진행된다.

XIII. 국가

언어 유기체와 국가 유기체

신체 지체구조의 다양한 영역들이 이끄는 대로 우리는 인공물의 거대한 영역을 두루 다뤘다. 인공물의 문화사적인 정당화가 유기체를 통해 주어졌다는 것을 우리는 확신한다.

전체 과정에서 인공물이 예외 없이 다양한 유기적 영역의 복제물이라는 것을 발견했다. 결국 우리는 전체 유기체로 가는 경계선을 언어에서 만나게 됐다.

철도 유기체 또는 전신 유기체라고 말하는 것이 정당하지 않을지라도 제한적으로 '언어 유기체'라고 말하는 것은 정당하다. 왜냐하면 언어 질료의 범위 및 특징과 상관없이 문법적-논리적 분류화와 어형 변화를 통해 유지되는 질료의 운동으로부터 유기체와 가장 유사한 작품이 탄생하기 때문이다.

단어 자모(Buchstabe)가 그 생성에서 가지는 심층적 의미를 우리는 충분히 알아봤다. 이제 그에 일치하는 외국어[즉 라틴어] 단어인 litera[문자]와 literae[복수형]의 의미를 구체적으로 살펴보기 위해서는 인간 유기체 자체를 근원적이고 고유한 **문자들의 보편자**(universitas literarum)로 간주하지 않을 수 없다. 왜냐하면 동일한 문자 상자로부터 다양한 조합에 따라 초등학생 교재가 나오기도 하고 대학교 교재가 나오기도 하며, 이는 기계적인 흔들기를 통해서가 아니라 유기적으로 조절하는 규칙에 따른 결합을 통해서이기 때문이다.

언어는 그것이 단순히 개별적인 기관 그룹 자체의 복제가 아니라 유기적 기능연관의 총체성의 복제라는 점에서 다른 기관투사 형태들과 본질적으로 구별된다. 유기적 전체 상의 투명한 형식으로서 언어는, 언어를 통한 기술의 발전이라는 사실, 기술을 통한 언어의 발전이라는 사실을 동일한 유기적 통일의 두 측면으로 드러내지 않는다 해도,[1] 언어가 가진 기술을 모두 추상해 버린다면, 오로지 한 유기체의 도식에 불과하게 된다. 이러한 뇌와 손의 상호적인 섞임의 과정을 그대로 따라 서술할 수 없기 때문에 제한적으로 한 측면, 그리고 다음은 다른 측면을 계기적 순서에 따라가면서 서술할 수밖에 없다.

---

1) 일단 언어는 로고스이고, 이는 뇌로 환원된다. 이 뇌의 투사가 바로 언어이며, 이 로고스로서의 언어를 통해 여러 언어기술(음성, 문자, 수화 등등)이 발전했다. 하지만 동시에 이 기술을 통해 언어 또한 발전하기 마련이다. 도구적 발전을 통해 더욱더 섬세하게 생각이 발전하게 된 것이다. 언어가 도구이자 생각이라면, 여기서 도구는 기술적 측정, 생각은 언어의 로고스적 측면을 가리킨다.

단어와 행위

이 관점에서, 그리고 우리가 언어에서 국가로 넘어가는 측면에서 옛 아나카르시스(Anacharsis)의 표현 "인간은 자신이 스스로 생각한 자모에 따라 행위한다"는 고유한 의미를 얻게 된다.[2]

인간에 관한 생각, 의식, 지식을 형성하고 표현하는 자모와 언어, 그리고 이를 다루는 방식을 지금까지 다층적으로 다루었다. 우리는 사회 속에서 또는 사회에 대해 반성운동을 통해 규정된 인간의 활동이자, 스스로 책임져야 할 인간의 행위로부터 꽤나 멀리 떨어져 있었다. 하지만 인간 책임의 보편 영역은 국가다.

인간의 책임의 영역인 국가

인간의 활동 일반, 제작 행위(고대 독일어로는 'hantalunga'로 이는 사물의 가공을 의미한다)는 행위(고대 독일어로 'handelunge'이며, 이는 '다루다', '토의하다'를 의미한다), 의도적 행위가 된다.

고독한 은자에게 그의 행위나 작업이 어떠한지는 아무런 상관이 없다. 왜냐하면 인간은 오직 인간 공동체 속에서만 가치를 지니기 때문이다. 가치는 개별자의 행위를 거부하거나 인정하는 판단이나 대응에서 나온다.

인간 본성의 공통적인 것 또는 외적인 것

모든 인간의 사회 속에는 모든 개인에게 가장 공통적인 것, 즉 인간의

---

2) 아나카르시스는 스키타이 철학자로서 흑해 연안에서 지식을 찾아 기원전 589년 아테네로 왔다.

신체 유기체가 존속한다. 그래서 국가는 생성하는 유기체다. 즉 국가는 공통적인 것(res publica)이며, 인간적 자연의 내적인 것(res interna)이 외부화된 것(externa)이며, 인간적 자연의 유기적인 총체적 투사다.[3]

각 자연 유기체는 우선 자체 목적이다. 국가의 목적도 자기 활동성의 멈추지 않는 흐름, 유기체존재다. 하지만 개인은 국가 목적을 촉진하거나 방해하는 것에 참여함에 따라 책임을 지게 된다. 그의 활동은 행위다.

신체 유기체는 참된 국가적 생의 원상이다

개별자가 계속 자기 보존하는 유기적 존재로서 자기 자신과 모순에 빠지지 않은 채 국가 유기체와 모순에 들어설 수 없다는 점에서 개별자는 자기 의지를 보편 의지 속에 놓을 책임이 있다. 개별 유기체의 목적과 국가 전체 유기체의 목적의 상호 교환 가능성은 윤리학과 실현된 법 질서의 기원이다.

이에 따라 전체 인간은 국가 속에 있지만 전체 국가 또한 인간 속에 있다. 인간이 **정치적 동물**(Zoon politikon)인 건 맞지만 국가는 **인간적 정치체**(Polisma anthropikon)이다! 머리나 손만이 아니라 전체 인간이 인간의 행위를 통제한다.

그래서 인간에게 속하고 그로부터 나오는 모든 것은 동시에 국가

---

3) 여기서 인간적 자연의 내적인 것이란 바로 인간의 전체 신체 유기체를 가리킨다. 이것이 외부화된 것이 바로 국가다. 이 점에서 인간의 전체 신체는 내적인 공통적인 것(res publica)이며, 이에 반해 국가는 외적인 공통적인 것이다.

에 속한다. 국가가 유기체로서 국가에 의한 것과 국가 속에 있는 것 중 어떤 것을 가지는 것이 아니라 그 모든 것인 것처럼, 땅, 민족, 수공업, 예술, 학문, 윤리, 종교는 부가적인 것, 중요치 않은 것도 아니며 소위 목적, 소위 국가 자체도 아니라 목적이 실현될 수 있는 질료이다. 목적이 실현되는 질료가 목적에 속하는 것처럼, 이 질료로부터 국가는 떨어질 수 없다. 추상적이고 죽은 목적은 존재하지 않는다.

노동분업과 신분의 구분

위에서 봤듯이 첫 번째 도구는 첫 번째 노동, 선사시대의 첫 번째 노동이자 시작이었다. 근원적인 노동분업은 성차에 따른 것으로서 결혼으로부터 시작하여 가족에서 직업적 활동 바깥으로 구별하여 발전하면서 신분적 구별이라는 형식 속에서 유기적 국가생활의 참된 상징이 되었다.

국가는 예로부터 **노동의 쉬지 않는 조직**이다. 이에 사회적 노력의 표어가 되어 버린 이 표현의 좁은 의미를 평가할 수 있을 것이다.

국가를 신체 유기체와 비교하는 것을 환상에 의한 비유적 유희로 치부하던 시기는 지나갔다. 생리학의 위대한 발견은 진지한 가치평가를 가능케 했다. 우리가 지금까지 기관투사 원칙을 이야기하면서 이것을 전체 유기체의 각 부분 영역에서는 자명하게 인정해 놓고, 어떻게 이를 전체 유기체에 적용하지 않을 수 있겠는가!

국가 유기체를 개별 유기체의 무의식적 원상 아래 놓는 관점, 개별 유기체를 국가 유기체와 비교하려는 관점은 전문과학 영역에서는 너무나 일반적이지 않기 때문에 이 의심과 불신을 제거하기 위해 권위 있는 이들의 다수 의견을 인용하지 않을 수 없다.

바스티안은 『지구의 다양한 민족에서의 법적 관계』를 다음 표현으로 시작한다.[4] "**정치적 동물**이라는 특성을 지닌 인간의 유기체는 자신의 국가적 조직으로 지체화된다. 이 조직은 통일적 실존의 법적인 표현으로서 동일한 원칙 위에 있다."

피르호는 잘 알려진 『생과 병에 관한 네 가지 강연』에서 육체를 영혼이 자신의 관점에 따라 지배하는 기계처럼 표상해선 안 되며, 반대로 인간의 육체를 여러 지체를 지닌, 철저히 생명이 불어넣어진 유기체로 파악해야 한다고 주장한 후, 유기체를 가족, 국가, 사회와 비교한다. "여기서도 작은 것, 약한 것은 커다란 것, 강력한 것 옆에 있으며, 보통의 남자는 유력자와 강한 자 옆에 있으며 각자는 자신을 특수하고 개별적으로 표현하는 고유한 본질과 생명을 지니고 있다."[5]

"우리는 우리 유기체를 어느 정도는 커다란 국가로 생각할 수 있다"는 말로 막스 펄스는 인간 신체 기관 및 그 기능을 국가의 기능들과 상세히 비교하고 있다.[6]

『사회적 지식』에서 그로만은 동물들의 사회적 유대와 살아 있는 유기체를 다면적으로 비교하고 24쪽에서 존 틴덜을 인용하면서 이 비교를 단순한 비유로 치부하는 것을 거부하고 있다.[7] 틴덜은 예를 들어 빙

---

4) Adolph Bastian, *Die Rechtsverhältnisse bei verschiedenen Völkern der Erde: Ein Beitrag zur vergleichenden Ethnologie*, Berlin, 1872.

5) Rudolf Virchow, *Vier Reden über Leben und Kranksein*, Berlin, 1862, 127쪽.

6) Max Perls, *Über die Bedeutung der pathologischen Anatomie und der pathologischen Institute*, Berlin, 1873, 8쪽.

7) A. F. Grohmann, *Soziales Wissen*, Berlin, 1875.

하를 딱딱한 덩어리를 굴리는 강이라 표현하는 것이 모든 본질적인 상황의 동일성을 전제하는 유비이며 단순한 비유가 아니라고 말한다. 그로만은 여기에 다음처럼 덧붙인다. "인간 사회를 신체 유기체라고 부르면 이것 또한 본질적인 상황의 동일성을 전제하는 유비다."

비슷한 방식으로 발터 플레밍은 인간 육체를 커다란 사회적 공화국이라 부른다.[8] 이 공화국의 동등하지만, 동일한 능력을 지니지 않는 수많은 시민들이 세포다. 플레밍 또한 여러 세부적인 비교에 몰두하고 있다.

카스파리는 『인류의 선사시대』 1권에서 이 대상을 더 자세히 다루고 있다.[9] 그는 특별히 사회적 물음을 해명하는 것을 중요시하면서 이 물음을 위해 세포 생명의 자연사를 이용한다. 그는 동물의 집단유대 속에서, 말하자면 수영하는 "히드로해파리 국가"(Hydromedusenstaat) 속에서 사회의 노동분업 및 구조화에 해당하는 자연적인 유비적 결합지점을 발견한다. 오늘날 먼저 자연과학에 자문을 구하지 않는 사회과학은 생각할 수 없다. 오직 국민경제학자나 정치가만이 판단하는 것처럼 보이는 사회적 물음도 생리학자와 자연사가에게 제시해야만 한다. 완전하고 건강한 유기체의 구조와 생명은 사회 속에서 개인의 사회적 생명의 실현을 위한 원상을 제공한다. 왜냐하면 유기체 자체는 좋고 끈끈한 유대의 견고한 사회, 즉 세포와 같은 개인들이 국가 속에서 유기체화된 사

---

8) Walther Flemming, *Über die heutige Aufgabe des Mikroskops*, Rostock, 1872, 12쪽.
9) Otto Caspari, *Die Urgeschichte der Menschheit mit Rücksicht auf die natürliche Entwickelung des frühesten Geisteslebens* I, Leipzig, 1873, 29~44, 81~102쪽.

회를 재현하기 때문이다.

구스타프 예거도 공화국, 연방국가, 입헌 군주제와 같은 표현들을 동물에 적용하면서 국가와 자연적 유기체의 완전한 유비를 주장하고 있다.[10]

예거와 카스파리의 책에 있는 관점이 국가와 덜 발전한 동물 유기체 간의 유비적 관계를 주장한다 해서 설득력이 떨어지는 것은 아니다. 왜냐하면 동물 유기체가 이미 유비적인 관계에 있다면 더 완전한 인간 신체는 더욱더 그럴 것이기 때문이다.

에른스트 헤켈은 더 고차적인 유기체를 노동분업으로 다양하게 교육된 다층적인 요소적 개인들의 사회 또는 국가라고 부른다.[11]

『무의식의 철학』7판 1권에서 하르트만은 '신경중심의 생리학'이란 부록을 첨가했다. 여기서 그는 새로운 신경생리학의 중요한 성과들을 근거로 국가 유기체와 자연 유기체의 일치를 자세히 언급하고 있다. 자연 유기체는 "지배적인 상층부, 자립적인 관할구역지배, 지역 자치, 개인의 자기활동의 정교한 연결의 모범으로서 민주주의적 무정부주의와 중앙집권적인 지방경제 사이에 있는 올바른 중간"이다.[12]

제시한 내용이 오늘날 진지하게 반박될 수 없다고 전제하면서 나

---

10) Gustav Jäger, *Die Wunder der unsichtbaren Welt enthüllt durch das Mikroskop*, Berlin, 1868, 181~184쪽; *Lehrbuch der allgemeine Zoologie*, Leipzig, 1871, 276쪽.

11) Ernst Haeckel, *Natürliche Schöpfungsgeschichte: Gemeinverständliche wissenschaftliche Vorträge über die Entwickelungslehre im allgemeinen und diejenige von Darwin, Goethe und Lamarck im besonderen*, Berlin, 1868, 144쪽; *Anthropogenie: Keimes-und Stammes-geschichte des Menschen*, Leipzig, 1874, 114쪽.

12) Eduard von Hartmann, *Philosophie des Unbewussten*, 422쪽.

는 이 중요한 학문적 보증 아래 1849년 내가 발표한 국가 이념에 관한 책을 언급해도 될 것이다. 이 책을 언급하는 것은 내가 이미 이 대상을 다뤘다는 점이 중요하기 때문이다. 먼저 『영혼학』의 연구로부터 참된 심리학의 열쇠가 무의식 속에서만 발견할 수 있다는 카루스의 이론을 토대로 나의 책은 인간의 신체적 유기체가 국가 유기체의 무의식적 원상임을 증명할 수 있다는 첫 번째 시도였다.[13]

유비적 동일성에 대한 생리학적 정당화는 이 동일성이 아무리 그럴듯하게 들린다 해도 후에나 가능했다. 이에 대한 이해가 없었기에 나의 연구는 단순히 훌륭하게 이루어진 '비유'에 불과하다고 비판받았다.

당시 이런 비판에서 유일한 예외가 나에겐 매우 소중했다. 그 예외는 바로 『영혼학』의 저자가 내게 보낸 편지였다. 그래서 수취인에 대한 상세한 관심을 넘어서는 한 지점을 지금 인용하고 싶다. "당신은 이런 방식의 인식에서 많은 구조물의 초석이 놓여 있으며, 국가 구성에서 가장 좋은 헌법 이론이 오직 고차적인 유기적 이해의 바탕에서 이루어질 수 있다는 점을 올바르게 이해했다. 나 자신도 이것에 대해 많이 생각했고 많은 것을 서술했다. 하지만 국가에 직접적으로 쓸모 있을 상세한 서술을 하는 것은 매우 어렵다. 민족의 무의식 및 이것이 법칙 속에서 의식화되는 것의 이론이 본질적이자 첫 번째 기초라는 점을 당신은 매우 올바르게 파악했다. 다른 많은 것은 당신이 시간을 두고 생각해 보고 수정해야 할 것이다."

물론 내가 생각하고 수정해야 할 많은 것들이 있었다! 하지만 국가

---

13) Ernst Kapp, *Der constituirte Despotismus und die constitutionelle Freiheit*, Hamburg, 1849.

가 인간의 손 노동과 정신 노동으로부터 무의식적으로 나온 유기체라는 기초생각, 신체적 유기체가 자연적 국가라는 기초생각은 변함이 없으며, 특히 이 생각은 후에 위에서 언급한 수많은 의견들과도 합치한다.

그 외에도 후에 쓴 『자연학』의 '우리 유기체의 고차적인 생활작용'[14] 끝부분에서 카루스 자신은 이 유기체 속에서 "전체 인류의 상, 인류의 참된 국가적 생활의 원상"을 보았고, 정치가가 오래된 문서 더미와 먼지투성이 고문서보다는 생리학 연구를 통해 많은 교훈, 많은 법의 초석을 얻을 것이라고 당당하게 말할 수 있다고 덧붙이고 있다.

그러한 상황에서 국가 이념에 대한 이전의 견해에서 내가 이제 본질적이라 여기는 점들을 잠시 다루는 것은 합리적으로 보인다.

국가 형성에서의 자연기초법칙

국가의 무의식적 원상인 신체적 유기체 속에서 나는 국가 이념의 자연적인 거처를 발견하고, 자연의 기초법칙을 끄집어내고, 조직의 노동과 노동의 조직화의 관계를[15] 분명히 하려고 시도했다. 이로부터 나는 국가를 신체적 유기체가 점점 의식으로 들어선 복제물로 고찰했다. 여기서 나는 민족대표, 즉 군주제 원칙과 관료조직을 다뤘다. 결론은 자유 개념의 설명이다. 인간은 국가라는 유사물(Analogon)을 근원적인 유기적 원상을 통해 설명함으로써 자기 자신에 관한 의식에 도달한다. 이러

---

14) Carl Gustav Carus, *Physis*, Stuttgart, 1851, 474쪽.
15) "조직의 노동"이라 함은 유기체적 활동으로서의 노동을 말하며, "노동의 조직화"라 함은 국가 안에서 노동의 분업을 의미한다.

한 단계적인 고차적인 의식에 따라 자유 개념은 사회학적 진보 속에서 실현된다.

국가가 인간 사회에 관한 의식으로서 이는 유기적 실현 속에서 자신을 드러낸다는 견해는 자연과 국가 속에 지배적인 동일한 기초법칙의 계기들이 일치한다는 점에 기초를 두고 있다. 이 계기들이란 다음과 같다.

엄청나게 다양한 지체로의 **유기적 근원형식의 무수한 자기복제**로서, 이는 국가 영역에서는 이러한 세포형성 과정과 일치하는 가정(Familie)의 자기복제로 나타난다.

낮고 작은 발전 영역의 반복으로서, 이는 더 높고 커다란 영역인 국가 속에서는 지역 관청에서 전체 정부기구에 이르는 행정조직화로 이루어진다.

주기성의 법칙으로서, 이는 유기적 기능의 주기적 갱신과 지속처럼 주기적인 귀환 법칙에 기초를 두는 국가 생활질서 속에서 드러난다. 마지막으로,

신진대사의 법칙으로서, 이는 국가를 결코 멈추지 않는 개혁으로 유지하고 보존한다.

이 법칙들이 타당하다면 이들을 그 통일성 속에서 유기적 생명성의 하나이자 동일한 기초법칙의 연장으로 인식해야만 한다. 왜냐하면 원상의 무한한 반복 속에서 이루어지는 유기적 구조의 생성과 무한한 자기복제는 동시에 주기적으로 새로운 생성과 죽음을 번갈아 가는 기관 교체를 통해 고차적인 생명 영역이 발전하는 것이기도 하기 때문이다.

이제 각 지체의 활동이 개인의 노동이라면, 커다란 유기적 단위들

의 기능(영양체계, 혈관계, 호흡계, 신경계)은 노동분업에 기초를 둔 대중의 직업적 구별, 즉 그 방향에 따라 농업, 산업, 무역, 지적 영역과 일치한다. 또한 한편으로 직업적 활동의 확장 및 그것의 바깥으로의 연장, 모회사와 자회사의 건립, 식민지, 다른 한편으로 사회를 보호하는 군대 등 두 영역은 모두 유기적 유사물(Analoga)을 지닌다. 둘은 한편으로 종의 번식, 다른 한편으로 골격이다. 골격은 현재 인식된 바로는 자립적인 기관으로서 지체 구별과 전체 보존 기능을 수행한다.

국가 속에는 신체 유기체와 마찬가지로 수많은 기초활동들이 있다. 이 활동들을 통해 국가가 존속하며, 그 직업군이 유지된다. 활동들은 본성적으로 미리 생각된 것이고 미리 분화된 것이다. 위로 이것이 반영된 것이 바로 정부조직이다. 이제 한 직업활동군이 과도하게 집중되면 갈등하는 관심들이 분화를 일으키게 되고, 상급관청에서도 분화하게 된다.

그렇게 사회의 뿌리인 기초는 직업노동이며, 사회의 정점은 직업적 정부조직이다. 과거 신분제 계급 대표들도 전문 정부관료를 맡았다. 이처럼 아래와 위로 신분적인 완성이 이루어진다! 하지만 위와 아래, 기초와 천장 사이에는 보편적인 민족 대표를 직접 선택하기 위해 직업군의 주기적인 분리와 해체가 일어나고 있다. 이는 직업 이념의 타락이자 부정일까? 아니면 이는 카스트처럼 정체되는 것으로부터 보호하는 것일까? 이는 국가 이념의 몰락인가 아니면 갱신일까? 물음은 기계적 변질과 유기적 정돈에 대한 올바른 이해를 통해 답변할 수 있다.

국가 개념의 유기적 유래를 찾는 과제를 수행한 한 저작의 본질적 내용을 소개하는 것은 이 정도로 충분할 것이다. 이 비교를 통해 논의가 더 진전되었는지는 확실하지가 않다. 왜냐하면 물음의 상세한 내용이 굳은 딱딱한 땅이기보다는 물로 가득 찬 잔디였고, 이는 매력적이지만 흔들리는 기반에 불과했기에 연구가 위험에 처할 수밖에 없었기 때문이다.

'사회적 육체의 구성과 생'

알베르트 셰플레는 『사회적 육체의 구조와 생명』에서 인간학을 새롭게 발전시키면서 대상을 다루기 시작했다.[16] 그는 자신의 저작을 사회적 신진대사인 국민경제를 특별하게 고려한 인간 사회의 실제적인 해부학, 생리학, 심리학에 대한 백과사전적 기획이라고 부르며, 이에 맞게 자신의 논거점을 유기적 육체의 해부학적이고 생리학적인 기초사실에서 찾는다. 그래서 이 책은 조직학에서 가져온 엄청난 내용을 다루는 신중함과 상세함 속에서 사회적 육체가 신체 유기체의 원상에 따라 분화된 사회라는 핵심 생각을 인정하고 있다.

국가가 인간 신체를 복제한 유기체라는 것은 인정받은 것이라고 할 수 있다. 우리는 이제 국가의 유래(Herkunft)를 알며, 이 지식을 통해 그 미래(Zukunft)를 해명할 수 있다. 하지만 그르치지 않기 위해 각 현재에서 역사적 사실로 존재하는 국가의 무규정적 표상과 발전된 유기체로 사유되는 국가 개념을 명확히 구별해야 한다.

---

16) Albert Schäffle, *Bau und Leben des sozialen Körpers I*, Tübingen, 1875.

역사적 국가와 이상적 국가

역사적 사실에 속하는 형식들 속에서 국가 이념은 동시적이거나 순서대로 실현되었다. 이 국가 형식들은 다수이다. 하지만 국가 이념, 즉 목적은 오로지 하나만 존재한다. 다수 국가 형식들이 특수한 민족적 특성을 가지고 있다면 국가 이념은 모든 개별 국가 형식 속에 살아 있으면서 이를 실현하는 유기체 개념이다. 앞의 형식들이 변화하고 사라지는 것이라면 국가 이념은 변하지 않으면서 지속적인 것이다.

대상을 미래의 관점 아래 두는 이상적 입장에 따르면 과거와 현재에 속하는 모든 국가들은 최고의 유기적 발전의 계기들로서 궁극 목적을 위한 수단이다. 이와 반대로 정치적 일상은 자신의 동력이 산출한 작품을 이미 참된 국가라고 여기고는 자신에게 최고의 척도와 목적을 제공하는 기준이어야 하는 것, 즉 완성된 유기체 이념이 도달하려는 이상적 국가를 터무니없게 비생산적인 이데올로기의 산물이라고 여긴다.

이 일상은 기계체로 머물고자 하며, 비생산적인 이데올로기는 일찍 야위어 죽어 가는 신동처럼 교훈을 제공한다. 일상은 정치적인 정체이며 이데올로기는 정치적인 조숙이다.[17] 유기적 이념의 무의식적 지도 아래 자신의 길을 가고 있는 국가 발전이 이 두 낭떠러지를 통해 일시적으로 중지될 수 있어도 실패할 수는 없다. 왜냐하면 인간 사회는 유기체 속에 작동하는 지속적인 무의식의 법칙이 헌법 형식 속에서 점점 더 의

---

17) 일상적으로 이상적인 국가 개념을 이데올로기라고 비판하고 자신의 현실 국가에 만족하는 것은 국가 발전을 거부하는 보수적인 태도다. 이에 반해 이상적인 국가 개념을 너무 강조하는 것은 현실을 도외시한 태도로 비판받을 수 있으며, 이는 진보적인 태도다. 카프는 이 양쪽을 모두 고려해야 한다고 주장하고 있다.

식됨으로써 기계적 제약의 위험에서 벗어나며 새로운 자기의식의 단계로 올라갈 수 있기 때문이다.

수단으로서의 국가와 목적으로서의 국가, 국가 이념

국가의 변화하는 형식들은 이들에 내재적인 목적을 위한 수단으로 인식되어야만 한다. 하지만 국가가 국가를 넘어서는 목적을 위한 수단으로 간주될 수 있다고 한다면, 여기서 국가가 그 본질에 있어 단지 수단 혹은 목적 혹은 자기목적으로 볼 것인지의 물음에 답을 하는 것은 매우 중요하다. 위대한 애국자이자 정치가로서의 통찰로 뛰어난 프란츠 치글러(Franz Ziegler)는 "인간이 이룩할 수 있는 국가 이념, 최상의 것의 이념"이 사라져 버렸다고 한탄했다. 하지만 이제 국가 이념은 국가가 유기체인 한에서, 인간이 이룰 수 있는 최상의 것인 한에서만 존재하기 때문에, 중요한 것은 본질적으로 유기체의 이념이다. 왜냐하면 이 이념은 인간의 사유가 도달할 수 있는 최상의 것이기 때문이다. 또한 유기적 개별존재의 개념을 규범으로 간주해선 안 되며 오히려 오로지 유기적 이념, 유기체존재, 유기체성이야말로 모든 개별적인 유기조직의 최상의 신적인 생명원천일 수 있다는 점은 분명하다.

로고스 안에서만 권리를 지니는, 감정과 환상을 거부하는 인간의 사유는 이 정점을 결코 넘어설 수 없다. 철학적 학문의 주요 내용을 이루는 개념들은, 정확히 살펴보면, 유기적 이념, 유기체존재라는 주체의 술어에 불과하다. 이 유기체존재 속에서 우리는 살아가고 집을 짓고 존재한다. 그래서 인간은 자기 자신, 신체와 생명, 자기 자신인 바와 자신이 가진 것을 국가 속에 들여놓는다. 국가보다 더 높은 것을 인간은 만들지 않으며, 유기적 이념보다 더 높은 것을 인간은 사유하지 않으며, 모든 유기적 창조물의 정점인 인간은 최상의 존재로서 손과 뇌를 통해 자기 자신을 넘어서지 않는다.

그렇게 유기적 이념은 절대자의 실체이며, 조화로운 완성 속에 있는 인간형상의 속성을 부여하는 유일하고 확실한 기반이다. 유기적 이념은 우주적인 보편성을 가지며, 이 이념 속에서 사유가 움직인다. 왜냐하면 사유는 인간이라는 소우주적인 지반, 결코 흔들리지 않는 기초 위에서 이루어지기 때문이다.

스스로 인간은 최고의 유기적 피조물로서 자라면서 무의식적으로 국가적 삶으로 진입한다. 왜냐하면 헤겔의 탁월한 표현에 따르면 "모든 민족에겐 참된 헌법이 있으며, 민족은 이 헌법으로 나아가기" 때문이다. 그렇게 전체 인류는 국가 이념, 생의 수많은 하위 영역으로 구성되어 있는 이상적인 유기체, 즉 자기 자신을 향해 나아간다. 이 길 위에서 자기의식으로의 발전 속에서 작용하는 두 계기, 의식과 무의식의 교체에 따라 어느 시대에는 무의식적인 목적이나 목표였던 것이 다른 시대에는 의식적인 목표나 목적으로 변한다.

유기체 개념에 상응할 수 있도록 민족을 넘어 존재하는 국가, 여러 민족으로 나뉘어 존재하는 국가를 이야기해선 안 된다. 그렇게 하면 내적 모순이 생기는데, 이는 절대주의적 상태 속에서 자발적인 활동이 전체를 관통하지 못한 채 오로지 한 측면에서만 능동적이지만 다른 측면에서는 강제와 지배에 다름 아니기 때문이다.

신체 구성과 국가 구성

반면 모든 국가 구성원은 다소간 공통적으로 국가적 일에 참여하며, 이 일은 모두에게 공통적인 것이다. 하지만 그것의 원상은 스스로 지배하고 구성하고 보존하는 인간 육체다. 왜냐하면 유기체의 특성은 스스로를 산출하며, 산출된 것은 동시에 산출하는 것이라는 점이기 때문이다. 이 과정을 우리는 이미 언어 유기체에서 확인했다. 그래서 국가존재는 자신을 산출하고 구성하는 구성(Konstitution, 헌법)이다. 신체 구성과 유비적으로 국가 구성 또한 능동적으로 이루어진다. 상세한 규정 없이 구성이란 표현은 오로지 이 두 가지 의미만을 지니며, 인간의 작품에 붙인 명칭을 그것의 자연적 원상에 전이시키는 것이다. 또한 이 표현은 국가 자체인 전체 유기체의 투사가 [원상의] 총체적인 유기적 자기지배를 회고적으로 해명하게 함으로써 자기의식에게 자신의 넓은 연장 영역에 대한 시각을 열어 준다는 사실에 대한 증명이기도 하다.[18]

　최근 국가와 유기체 간 비교가 빈번이 이루어졌다. 그래서 자연 유기체의 이해가 이것을 무의식적으로 따라 만든 국가에 대한 회고적 고찰을 통해 확장될 수 있고, 인간 작품이 기관투사의 원칙에 따라 일종의 생리학적 조직으로 사용된다는 사실이 자세히 논의되고 있다.

---

18) 국가에 대한 회고적 고찰이란 국가라는 복제품을 그 원상과 관계해 회고적으로 고찰한다는 의미이다. 원상이 논리적으로 복제품보다 앞서기 때문에 복제품을 원상과 관련해 이해한다는 것은 이러한 생성사를 회고한다는 것을 의미한다.

발전사의 생각

이런 의미에서 헤켈은 인간 발전사의 전체 어려운 문제를 다루고 있다. 그는 이 문제를 어떤 자연적 과정을 통해 단순한 세포로부터 수많은 기관을 가진 복잡한 생명조직이 어떻게 생겨났는지의 물음으로 환원한다. 그는 이에 대해 수많은 세포로 이루어진 유기체가 수많은 시민이 다양한 기능과 공통의 목적으로 연결된 문명적인 국가와 같은 동일 법칙에 따라 구성되고 결합되어 있다고 답변한다. 그는 이 비교에 커다란 의미를 부여한다. 왜냐하면 이를 통해 수많은 종류의 세포와 그것의 조화로운 결합을 통해 종합된 것이 바로 인간이라고 매우 쉽게 이해할 수 있기 때문이다. "이 비교를 확증하고 수많은 개인의 국가적 유대를 수많은 세포로 이루어진 유기체로 파악하는 것을 국가의 발전사에 적용한다면, 우리는 첫 번째이자 가장 중요한 발전과정의 본질을 이해하게 될 것이다."(『인간생성론』)[19]

우리는 이 비교를 더 상술할 필요는 없다. 다만 이 비교가 인간생성에 '기초적인' 것인 한, 여기서 이를 강조한 것은 매우 중요한 의미가 있다고 할 수 있다.

저자가 "'**겉으로만** 미리 생각한 것처럼 보이는 목적'을 위한 수많은 세포의 조화로운 공동 활동을 이해하는 것"을 이야기하면서 여기서 "**겉으로만**"을 특별히 강조할 때 이 표현을 유지하거나 삭제하는 것은 학문적 세계 속에서 나뉜 [이 책에 대한] '긍정' 또는 '부정'의 중요 지점이라고 주장할 수 있을지 모른다.

---

19) Ernst Haeckel, *Anthropogenie*, Leipzig, 1874, 117~118쪽.

하지만 이 말이 있건 없건 『인간생성론』은 지금처럼 비판하는 공격이 무너뜨리기에는 너무나 강력한 구조다. 저자가 범한다는 오류가 오히려 간접적으로 그를 옹호하는 것이 된다면, 헤켈의 가장 위험한 반대자는 오로지 그 자신일 수 있다.[20]

이 점에 따르면 질료 속에서 자동적으로 미리 사유하는 정신이 불가피하게 파산할 수밖에 없다고 그가 공포하는 것은 공포하는 데 필요한 정신의 비용을 생각해 보면 바로 반대 증거를 제시하는 거나 다름없다. 언어와 논리학은 근원적 소질 속에 있는 인간의 지참금이며, 강경한 유물론에 우연이 선사한 기계적인 부록이다. 이 언어와 논리학은 이 경우에 목적을 향해 애쓰는, 도달된 목적을 의식하는 천재(Genius)에게는 난공불락의 보호막이다. 『인간생성론』의 저자가 하는 대담한 증명, 서술 기법, 미리 생각한 목적을 위해 의도한 작업 성과에 대한 열광적인 표현은 유기체의 우연성 및 우연적인 부가인가 아니면 내면성의 표현인가? 후자라면 그 표현이 미리 생각한 것을 그렇게나 많이 드러내는 유기적 내면이란 무엇인가?

사유의 신체적 고유성

우리는 헤켈이 제시한 『인간생성론』의 기초, 즉 국가와 인간 신체의 '기초적 비교'에 충실하고자 한다. 이 기초란 말하자면 인간이 국가 유기체

---

20) "겉으로만"이란 표현을 헤켈이 덧붙인 것은 유기체와 국가의 비교를 비유적인 의미로 이해해 달라는 의도 때문이다. 덧붙이지 않는다면 자신이 오류를 범한다고 비판을 받는 게 두려웠던 것이다. 하지만 카프 입장에서는 이러한 오류가 오히려 환영할 만한 것이다. 이 비교는 비유적인 것이 아니라 실질적인 것이기 때문이다.

에 관한 지식을 통해 자신의 신체적 생명에 대한 의식으로 나아가며, 이로부터 기관투사의 의미에서 모든 사유하는 자가 문자 그대로 **신체적으로** 학문에 속한다는 것을 추론할 수밖에 없다는 것이다. 왜냐하면 인간 발전사라는 생각은 바깥으로부터 온 것이 아니기 때문이다. 오히려 연구자는 연구 대상, 즉 자기 자신이기도 한 개별 유기체와 가장 가까운 곳에서 이 생각을 얻는다. 발전사 속에 이 생각이 포함되어 있다. 왜냐하면 개별 유기체는 발전이라는 생각이 육화된 것이기 때문이다. 이 생각을 통해 정신이 있다면, 이 정신을 통해 모든 발전 속 목적이 있다. 발전은 결코 유전과 적응 법칙의 술어로 축소될 수 없다. 그 반대다. 왜냐하면 발전 자체는 원칙적인 주어이기 때문이다.

노동 개념

국가와 인간 신체의 비교를 위한 기초 개념이 충분히 밝혀지지 않았다면 이 개념을 인간의 유기적 초기 단계를 통해 증명해야만 할 것이다. 이는 카스파리의 『인류의 선사시대』의 '모든 조직과 유기적 국가적 삶의 기초와 원인인 종합적인 노동분업' 장이 보여 주고 있다. 여기서는 무엇보다 히드로해파리 국가, 일종의 연방국가, 전체적으로 약하게 중앙집권화된 조직이 소개된다. 중앙 해파리는 지배를, 노를 젓고 잡는 촉수는 국방을, 접촉하는 촉수는 관료 및 교육 신분, 남자와 여자로 나뉜 동행 생물들은 생산 신분을 나타낸다.[21]

---

21) Otto Caspari, *Die Urgeschichte der Menschheit mit Rücksicht auf die natürliche Entwickelung des frühesten Geisteslebens* I, Leipzig, 1873, 18쪽 이하.

유기체의 비정상적인 상태를 설명하는 경험적 자료를 통해 비교의 참된 기초를 강화하기 위해서는 병리학이 예로부터 국가 사회의 병적인 상태로부터 가져온 교훈이 매우 중요하다. 그래서 급격한 열은 수북한 털에서 유기체가 벗어나기 위한 치유과정으로서 정치적인 혁명과 동일하다. 비정상적 상태는 국가에서는 개혁을 방해하고 인간 육체에서는 신진대사를 막는다. 그래서 예로부터 개혁의 필요성이 이야기됐다. "영원한 병처럼 법률과 법이 생겨난다."

국가의 과제는 기계적 오류를 막고 유기적 전체 활동성을 끊임없는 흐름 속에서 보존하는 것이다. 기계체는 유기체에 의지하고, 병은 건강에 의지한다. 기계적 고장과 유기적인 강화는 반대다. 국가의 치유는 노동을 통해 일어나지만, 오로지 노동을 통해서만이다. 영양수단이기도 한 치유 수단이 병든 육체를 낫게 하는 것처럼, 노동은 생명력을 유지하고 드높인다.

예로부터 부주의하게 내버려 두는 원칙하에 있는 상태는 유기적 연대성 바깥에 있는 노동 능력이 과도하고 규칙 없이 황폐화되어 낯섦, 이국, 불행, 속수무책 상태로 빠져들게 되는 것이지만, 이를 통해 국가가 자신을 위협하는 위험으로부터 유기적 보살핌의 의무와 장점을 지각하게 되면서 이 상태는 종결된다.

국민경제학의 옛 스승들

당연히 특정한 종류의 노동을 의미하는 것은 아니다. 기관의 형식과 기능이 동일하기 때문에 존속하는 유기체 속에서 모든 것은 노동이다. 그의 생명 영역 중 어느 하나만이 홀로 노동을 하는 것이 아니며 각각은 노동하면서 서로를 보증한다. 옛 메네니우스 아그리파(Menenius Agrip-pa)와 그의 소위 알레고리 「위와 지체」로부터 오늘날 국민경제학은 배울 수 있다.[22] 우리가 아는 한, 그는 우선 기초 비교를 군중에 호소하는 논증(argumentum ad plebem)으로 표현한다. "한 지체가 아프면 모든 지체가 따라 아프다"는 성경 표현과 동일하게 이 기초 비교는 최고의 국가학 및 최고의 개인의 삶의 기술을 위한 기초 텍스트다.

역사 속에는 국가가 위에서 다룬 어려움을 해결하는 것을 보여 주는 위대한 사례들이 있다. 이 어려움은 사회 내에 사적인 노동공동체의 변질과 이기성이 분리를 촉진하는 토지점유를 통해 유지될 때 더 커지게 된다.

우리의 문화국가들은 유사한 필요성 앞에 서 있다.

조직화의 노동과 노동의 조직화

설명을 위해 우리는 다음을 상기할 필요가 있다. 무엇보다 "중세의 영적인 기사단은 부대가 없는 시대에 국가 공통체로부터 분리된 군인 계급

---

22) 「위와 지체」는 이솝우화 중 하나다. 여러 버전이 있지만 주된 내용은 위가 모든 영양분을 먹어 치운 후 이를 각 지체에 내려 보내는 걸 거부한다는 것이다. 그렇게 되면 위를 제외한 지체도 약해지지만, 위 자체도 문제를 안게 되어 전체 유기적 조직이 해를 입게 된다는 것이다. 플루타르코스 『영웅전』 코리올라누스 편에서는 메네니우스 아그리파가 반란을 일으킨 평민들에게 연설을 하는 대목이 나온다. "옛날에 사람의 모든 기관이 배에 반란을 일으켰소. 배는 하는 일 없이 한가운데에서 놀면서, 다른 신체들에게 일을 시켜 음식만 받아먹는다는 것이었소. 그러자 배는 그들의 어리석음을 비웃었소. 자신은 모든 영양을 혼자 받기는 하지만, 그것을 다시 신체 모든 부위에 골고루 나눠 준다는 것이오. 여러분! 여러분과 원로원 사이도 바로 이렇소. 원로원은 모든 건의와 계획을 소화해서 다시 여러분에게 적당한 이익으로 나눠 주는 일을 하는 것이오." 플루타르코스, 『플루타르코스 영웅전 I』, 박현태 옮김, 동서문화사, 2015, 418쪽.

이었으며, 수도회는 교회였고, 법정은 사법, 한자(Hansa)는 곧 교류와 무역이었다. 이 영적이고 세속적인 단위들은 다른 것의 권한, 국가의 권한을 침해했다. 종교 세력 또한 칼을 지녔으며, 상인들도 자신만의 사법적 판단을 가지고 전쟁을 일으켰다 등등. 이런 종류의 갈등 속에서 이들은 시간이 지남에 따라 국가와 갈등에 빠졌고, 국가는 자신의 개념에 일치하기 위해 이 생명기능을 수행해야만 했다. 이들은 더 큰 전체 속에 공간적으로 한 자리를 산발적으로 차지한 것처럼 더 높은 질서에 속해야만 했다."(『철학적 지질학』, 429쪽) 학교가 수도원으로부터, 경제활동이 길드로부터 성장해 예술과 학문이 아카데미와 대학에서 국가의 지원 아래 보호될 때까지는, 그리고 특수한 정부관청이 농업, 무역, 교역을 국민경제학적 연관 속에서 관리하기까지는, 마침내 자유로운 경쟁에서의 독점과 특권이 국가라는 이름으로 인정될 때까지는 오랜 시간이 걸렸다.

직업 활동 구현에 대한 국가의 권리

이 전체 과정으로부터 국가가 자신의 유기적 활동에서 축소되어 있는 한 대중의 본능은 필요한 도움을 자기 손으로 마련하게 되며, 사적 영역에서 자라난 아이가 힘을 과신하여 사회에서 탈취하려 할 때에야 비로소 충분히 강력한 국가가 자기 조직화를 시도하여 모든 시민의 노동 조직화를 성취할 수 있게 된다는 점이 밝혀진다.

'무역'과 '교역'은 국민경제 활동을 표현하기 위해 서로 연결된다. 이 활동 속에서는 무엇보다 각종 도로와 소통수단이 포함되어 있다. 왜냐하면 이 활동은 교역, 즉 원재료의 변화와 변형뿐만 아니라 상품과 인간의 이동, 우편 사무를 가능케 하기 때문이다.

우편제도, 소통의 국가적 형식

우리는 이제 우편 사무를 전선과 궤도에 대한 이전 설명과 연계하고 국가 유기체의 발전과의 긴밀한 관련하에서 다뤄야만 한다. 독일 제국에서 국가 전신국과 우정국이 통합된 사건이 이에 대한 두 번째 동기다. 철도 및 전신과 우편과의 관계에 대해서는 이미 이들의 명칭 속에서 인식할 수 있는 게 있다. 일반적으로 철도체계, 전신체계라고 말하지만 우편체계(Postsystem)가 아니라 예외 없이 우편제도(Postwesen)라고 한다.

자세한 규정의 차이는 전신과 기관차의 이동을 위한 기계적 설비가 단번에 고정된 연결관계 속에서 변하지 않는 선로와 전선으로 실현되는 반면, 우편에서는 이를 나르는 기술적 담지자의 이동이 여러 관점에서 독립적이라는 점을 통해 설명할 수 있다. 우편은 처음에는 일시적으로 전신과 철도에 의존했지만 그 후 이들을 지속적으로 병합하기 시작했다. 이미 편지는 전신이, 전신은 편지가 되었다. 하지만 지방도로, 우편차, 편지, 철도의 발전하지 않은 형태, 기관차와 전신은 증기 및 전기의 촉진 속에서도 계속 사용되었다. 우편 화물차와 승객 이동차는 철도차량을 공급하며, 광학전신[23]은 철도에 봉사했고, 이전에 목적이었던 것이 공간과 시간을 가능한 한 앞당겨 존재하는 더 고차적인 목적 달성을 위한 계기가 된다.

우편은 비둘기로부터 네발짐승, 자전거로부터 기관차, 우편 심부름

---

23) 광학전신이란 전신이 생기기 전에 탑 위에 일정한 구조물을 통해 신호를 가시화하는 수단이다. 이는 한국의 봉수대와 같지만, 좀 더 정교한 구조물을 통해 알파벳이나 숫자를 표시할 수 있었다.

꾼으로부터 우편배달부, 시골길로부터 철로, 외침의 우편으로부터 관을 통한 우편, 그리고 모든 관, 전선, 케이블, 터널, 증기선에 이르기까지 하늘, 땅과 물 위와 밑으로 이루어지는 국가가 사용하는 모든 운송수단의 총괄이다.

우편제도는 국가 차량을 국가의 도로 위에서 이동하는 것이다. 국가는 결국 자신에게 속하는 모든 기능들을 자신 안에 수용해야 하며, 자기 영역 안에 있는 생명력 있는 공적 운송 제도들의 개별성을 제거하여 유기적 흐름으로 가져옴으로써 자신의 과제를 해결한다.

우편은 국가제도로서 세계교통으로 확장된 운송이다. 지금까지의 우편 개념은 너무 좁았다. 세계우편이라는 생각과 그것의 천재적인 실행은 전체 문화세계를 포괄하고 보편적인 활동을 하는 미래 교통국의 시작이다. 우리는 우편이라는 표현 아래 이동의 외적인 기술적 수단보다는 이동의 목적, 내적인 방향과 분화를 떠올려야만 한다. 그래서 우편은 민족 정신의 유기적 실존인 국가 존재(Wesen)와 엮여 있기 때문에 **우편제도**(Postwesen)다. 이에 반해 산발적인 기술적 장치의 조합인 전신과 철도는 자신의 연결망을 제한된 통일성하에 지니고 있으며, 이들에 대해 기계적 조합이라는 명칭으로 '체계'라는 산업용어를 붙이게 되었다.

그래서 우편제도는 소통의 국가적 형식이며, 완성의 정도에 따라 개별 유기체의 모든 기능의 끊임없는 교환을 복제한 것이며, 자기의식의 진보라는 목적을 위해 유기적 생명성에 관한 올바른 표상을 전달해 준다!

현대의 운명과 철도

에어푸르트에서 이루어진 괴테와 나폴레옹 사이의 대화에서 고대인의
운명 개념이 문제됐을 때 현대에는 상황(Umstände)의 위력이 운명을 대
체한다고 했다.[24] 그러면 상황의 위력은 무엇인가? 우리 탐구의 기초생
각에 따르면 인간이 종속해 있는 상황의 위력에서 상황은 특히 인간의
문화상태, 그의 손과 정신 노동의 생산물이다. 다른 모든 피조물은 대개
는 자연사건의 위력 밑에 놓여 있다. 상황은 노동과 의식을 전제한다.
식물과 동물의 좋은 상황 또는 나쁜 상황에 관해 우리는 말하지 않는다.
오히려 이들이 할 능력이 있는지 혹은 아닌지(imstande)에 대해 말한다.
[자연의] 요소 위력이 문화의 실현에 영향을 미친다고 하고, 인간의 의
지와 지성이 자연의 실현에 영향을 미친다고 하지만 사실은 일반적으
로 서로 거의 변화시키지 못한다. 왜냐하면 전자에서는 문화와 국가 공
동체가, 후자에서는 자연과 무의식적 무리생활이 본질적인 것이기 때문
이다.

이제 인간 신체가 문화 세계 특성에 참여하는 방식은 다음과 같다.
기관투사의 다양한 개별 조직물들은 오로지 유기적 전체 연관으로부터
만 사유 가능하다. 그래서 이들의 완성은 이 전체 이념에 의해 무의식적
으로 영향을 받는다. 따라서 이들에게 있는 유기적 [전체의] 흔적은 이
들의 생성과 완성을 가능케 한 영역, 즉 국가 및 그것의 구조가 완성되는

---

24) 이는 매우 유명한 일화로 다음에서 볼 수 있다. Johann Wolfgang von Goethe, "Unterredung mit
Napoleon"(1808), in *Sämtliche Werke*, hrsg. Von E. Beutler, Zürich, 1949, Bd. 12, 635~639쪽. 과
거에 신들이 결정하는 운명이 지배했다면, 이러한 신들이 사라진 현대에는 인간이 만든 상황,
문화, 정치가 인간을 지배한다.

것을 도울 수밖에 없다. 문화와 국가의 동일성으로부터 상황의 권력이 나온다. 이 운명으로부터 무역, 사법, 무기, 경찰, 학교, 예술, 학문, 교회, 도로, 우편, 정보들이 나왔다. 그렇다면 철도는 이에 속하지 않겠는가!

국가의 전체 생 속에 특수한 기능들을 배치하는 것은 필요성의 정도에 따라 매우 다르다. '작용과 반박용 간의 완벽한 조화'라는 목적으로부터 무한히 떨어져 있는 관계 속에서 가장 중요한 진전이 이뤄졌는데, 이는 국가의 조직화할 권리에 대한 저항이 허물어지고 국가 권력 속에서 대상이 통제되자마자 이뤄졌다.

직업단체의 유기적 형성을 위한 원상인 군대 헌법

상황의 권력에 따라 유기적 생명성의 한 측면 또는 다른 측면이 상대적으로 전면에 들어서게 된다. 우리는 농업국가, 무역국가, 공업국가, 종교국가, 군부국가를 구별한다. 민족적 파토스가 이러한 국가의 강력한 측면들 중 한 측면에서 드러나게 되면 별로 발전하지 못한 영역들이 이 한 측면을 통해 보호되고 번영하게 된다. 이 형식 속에서 다른 측면들은 유기적 상호성의 교체에 의해 자신들이 전체의 존속을 위해 행한 작업의 보답을 얻게 된다. 여기에 유기체의 자기보존이 기초를 두고 있으며, 특히 독일의 군대 헌법이 갖는 우위가 놓여 있다. 역사는 이보다 더 국가기능이 발전한 것을 [아직] 보여 주지 못했다.

군대는 바로 우리가 위에서 다룬 자연법칙에 완전히 지배당하고 있다. 우리는 부대의 개인에게서 전략적인 구분을 위한 유니폼을 인식하며, 이 구분 속에서 낮은 계급은 더 높은 계급, 그리고 더 높은 장군의 지휘봉 속에서 반복되는 것을 본다. 이는 주기적인 반복이 이루어지는 훈련법칙과 개인의 교체와 이동을 통한 끊임없는 신진대사에 따른다. 이를 통해 기계적으로 녹스는 것을 가능한 한 방지할 수 있으며 그래서 군대는 자신의 높은 목적으로 가는 지름길 위에 있다. 이 목적이란 다른 직업단체의 유기적 조화의 원형이 되는 것이다.

불변의 기초적인 자연법칙이 군대 조직과 하부조직의 강점의 기초다. 이 점이 오해를 일으키는 바람에 지금 이야기하고 있는 독일 군대에 혐오의 표현으로서 군국주의라는 명칭을 붙였다. 그리고 이런 표현 아래 현재의 군대의 '폐지'가 이야기되었다. 여기서 용병만이 구입하거나 없앨 수 있으며, 유기체의 지체는 타고난 것이며 내부로부터 산출된다는 점은 전혀 고려하지 않는다.

옛 민족 방어대와 민족적 근원소질 속에 뿌리를 두고 있는 군대조직은 탄생한 이후 점점 더 민족에 무의식적인 자신의 목적을 향해 자라난다.

특정한 목적을 위한 기술적 무장과 사용만이 의식적인 의도 속에 이루어진다. 하지만 군대 설립에 참여한 사람들은 군대 발전의 현재적 단계로부터 분명한 표상을 가질 것이다!

그 사이 우리는 이 발전이 위대한 학문적 발견과 발맞춰 크거나 작은 지속과 에너지를 지닌 의식적 행위를 통해 주기적으로 중단되는 것을 보고 있다.

독일은 자신의 전체 전쟁능력을 마지막으로 투입한 이래로 과거 군대의 수행능력과 발전 및 미래의 과제를 스스로 반성해야 할 시기에 있다. 국가 유기체와 분리 불가능하게 자라난 민족정신의 다양한 형태의 지체화는 전체의 몰락 없이는 결코 단순히 이루어질 수 없다는 확신이 호응을 얻고 있다.

군비축소, 정치적 반성운동

부분적인 군비축소에 대한 요구는 학문이 유기적 반성운동을 해명함으로써 결정된다. 높아진 군비는 정치적 반성운동이다. 유기적 법칙을 소환하는 것은 허용되지 않는다. 왜냐하면 이는 최고의 심급이기 때문이다.

군사학교와 그것의 학문과의 관계

폐지, 군비축소, 무장해제, 군대해산 요구를 보면 존재하는 군대가 정치적 자립을 위해 전장에서 이겨 내야 하는 직업 과제 외에 학문을 보호하는 데에도 가담하고 있다는 통찰이 제기된다.

왜냐하면 전쟁술은 이제 전쟁학으로 발전하고 자체는 다른 학문과의 관련 속에 있기에 다른 모든 학문의 도움도 받으며 또한 이들을 촉진하는 데에 기여도 하기 때문이다. 하지만 학문은 학교에서 자라난다. 학교는 고아원에서 종합대학에 이르기까지 전체 수업과 교육 시설들을 포괄한다. 그동안 학교와 공통적인 뿌리로부터 동일하게 강력한 가지가 군대학교로 성장했다. 둘, 즉 보통 학교와 군사학교는 서로를 형제처럼 인식하면서 이제 그들의 공통적인 관심들이 앞으로 결합되는 과정에 있다. 한편으로 국가 체육을 대변하고, 다른 한편으로 김나지움의 결점으로부터 자유로운 현존 군대는 자신의 교육의 목적을 인간의 물리적이고 정신적인 소질을 다방면으로 발전시키고 그 균형에 도달하는 것으로 설정하고 있다. 그 당시 자주 비난을 받던 헤겔의 말, "군대가 지성적 신분에 속한다는 것"은 점점 더 진리가 되고 있다.

예외적인 특권을 부여받은 군대의 지위는 전쟁 갈등의 **예외상태**에 대한 준비 과정에서 군대의 항상적인 훈련의 자연스런 결과다. 이 갈등이 들어서면, 이는 [국가의] 자립성을 위험에 빠뜨리기 때문에, 현존 군대에 축적된 민족의 전체 힘이 도전을 받게 된다. 즉 감탄을 자아내는 국가 조직의 필연성과 이 강력한 측면으로 다른 모든 가용한 힘들이 본능적으로 뻗어 나오는 것이 도전을 받게 된다.

오랫동안 강의실이 닫혀 있어도 국가의 존립이 위험에 처하지는 않는다. 반면 군대의 해체는 짧은 기간 동안이라 해도 국가에 적대적인 모든 외적이고 내적인 요인들이 풀려나 그 기초를 뒤흔든다. 이에 대한 대안으로 제시되는 사실적인 국민 무장은 경제붕괴와 사회의 침하를 의미할 것이다.

반면 현존 군대의 끊임없이 매일매일 이루어진 노동은 자본이며, 이는 부지불식간에 힘이자 건강, 순종과 의무감으로서 사회의 모든 혈관으로 퍼져 나간다. 군대의 가치는 그 자체로 측정 불가능하며, 매일 당연한 향유를 누리고자 하는, 생각 없는 습관에 빠진 이들이 보기에 군대의 가치란 모든 이성적인 평가를 벗어난다.

군대 규율과 기계 규칙

하지만 군대의 작용하는 힘에 관해 묻는다면 이는 명령과 복종이라는 주요 관계 속에서 드러난다. 이는 더 높은 의지 아래 복종하는 것이며, 이 관계를 통해 가정으로부터 사회의 전체 연관이 자라난다. 거부할 수 없는 명령과 깰 수 없는 순종의 엄격함에까지 올라간다면, 규율은 군사적 정신으로서 사유실체가 되며 최고선을 위한 전쟁 결정을 통해 위로부터의 명령이 요구하는 것에 군대가 무조건적으로 순종하도록 한다.

군대 규율과 우리가 다룬 주제가 일치하는지에 대한 질문에 답할 수 있기 위해 이전 논의로 돌아가야만 한다.

이미 193쪽에서 밝힌 바와 같이 기계의 발전은 대우요소로 시작하며, 이 짝의 특성은 한 요소가 다른 요소의 덮개 형식이거나 이들의 운동이 짝으로 서로 연결된 방식으로 이루어진다는 점에 놓여 있다. 한 요소가 고정되어 있으면 다른 요소의 운동은 공간적 고정점을 향해 나아가는 절대적 운동이 된다. 이러한 고정점이 없으면 이들은 상대적으로 서로를 향해 움직이게 된다.

이들의 결합 형식은 부분적 혹은 전반적 덮개인지에 따라 부분 마감 또는 전체 마감이라고 할 수 있다. 부분 마감 대우요소의 강제적인 운동이 결코 안전하지 않은 반면, 전체 마감 대우요소의 강제적인 운동이 장애를 일으키지 않기 때문에 기계 완성의 진보는 부분 마감이 점점 더 전체 마감으로 대체되는 것이다.

인간 사회의 발전 또한 동일한 기초 위에 있다는 것은 놀라운 사실이다. 개별 의지는 고차의 의지에 종속하며 이는 군대 규율에서 가장 잘 드러난다.

미리 우리는 대우요소의 부분 마감과 전체 마감을 기계 규칙(Disziplin)이라 부르고 마찬가지로 군대 규율(Disziplin)을 명령과 복종의 전체 마감이라고 부르겠다. 또한 '규율'이란 표현을 사용할 때 이것의 이중적 의미 또한 유지한다. 즉 규율이란 한편으로 대우요소의 일치로서 기계의 작동규정(Dienstordnung)뿐 아니라 군대의 복무규정(Dienstordnung)을 정하며, 다른 한편으로 이러한 성과를 산출하고 유지하는 지식과 학문을 의미한다.

[명령과 복종이라는] 대우로 이루어진 마감 속에서 복종이 위와 아래의 위계질서를 통해 복무하는 고정점 또는 최고 명령 의지는 군주제 원칙이다. 이 특징은 문제가 많은 군대 규율 속에도 들어 있다.

명령과 그 실행의 불완전한 일치로부터 완전한 일치로의 이행, 유동적인 것이 규정된 것을 통해, 풀어진 것이 고정적인 것을 통해, 예외가 규칙을 통해 사라지는 것이 진보라면 독일 군대는 이에 명성을 지닌다. 그것은 지금까지 도달 가능한 조직화 단계에 있으며 다른 모든 군대의 원상으로 인정되고 있다. 단순한 맹목적인 복종에서 무조건적인 복종으로 이끈 교육의 놀라운 성과는 [국가] 전체가 존립하기 위해 이 복종이 필연적이라는 자유로운 통찰의 결과다. 이 내적인 필연성은 인간 자유를 위한 지지기반이다. 반면 기계는 외적 필연성이라는 강제로 통제된다.

전쟁 없는 시대가 들어선다 해도 군대는 국가와 유기적으로 섞인 남성 학교이자 복종과 물리적 쓸모를 새롭게 하는 기초로서 필수적일 것이다. 이미 군대가 존재한다는 현재의 단순한 사실만으로 무정부적인 욕망을 통제하기에 충분하다.

이전 세대가 현재의 상태를 전혀 예감하지 못했던 것처럼 보편적인 문화진보에 발맞춰 군대에 일어날 변형에 대해 우리는 알지 못한다. 확실한 것은 군대가 국가 이념의 노선을 무의식적으로 쫓아가면서 지속될 것이라는 것, 인격의 개념을 인간 소질의 조화로운 교육에서 발견하고자 한다면, 군대의 과제는 사회의 강력한 측면을 대변하는 것이라는 점이다. 대포와 어뢰가 미래에도 존속할 것인가에 대해 미리 머리 아프게 생각하는 것은 물론 너무 이르다.

국가와 기계의 원상

이로써 기계 작품 영역의 핵심이자 중심점이 기계 기술 속에 있고, 국가 사회의 발전의 원상이 군대 조직 속에 있는 것으로 인정하는 한, 인간이 창조한 두 거대한 영역, 기계적 영역과 정치적 영역 사이에 있는 다의적인 관계는 충분히 논의했다고 볼 수 있다. 국가와 기계의 발전이 동일한 원칙 위에 있음을 증명했다. 기계 또한 복종해야만 한다!

이제 국가는 그 규율로 복종의 이념을 전체 사회 속에 생생하게 유지하는 군대를 자신의 기관으로 창조했다. 그래서 국가 본질로부터 나오는 내적 근거들로 인해 우리는 이 직업군을 좀 더 살펴보아야 한다.

물론 기계 기술의 의미를 국가 이념 발전을 위해 새롭게 강조할 필요는 없다. 우리는 국가와 기계의 연관 관계 덕분에 하나가 다른 하나 속에서 자기 자신에 관한 더 나은 이해를 얻는다는 것을 의심할 수 없다. 둘은 자신의 공통적인 원상을 규율적 전체 마감이라는 동일한 원상에서 가진다! 왜냐하면 기술 영역과 국가 영역 속에 대우 일치에 걸맞은 운동 방식이 존재하며, 이는 신체 기관의 목적이자 동시에 신체 기관의 유일한 사명이기도 하기 때문이다. 그래서 보는 것은 눈의 목적이자 유일한 사명이다. 그래서 기계 속에서 대우요소 중 하나가 자신의 근원적인 기구학적 형식을 거스를 수 없고, 다른 형식의 대우 마감에 호응할 수도 없다. 또한 윤리적 세계 속에서 복종하는 이는 서로 다른 두 가지 명령에 동시에 따를 수 없다.

국가학과 기계학의 상호적 관계의 의미에 대해『이론적 기구학』은 다음처럼 이야기한다. "기계의 전체 내적 본질은 계획적인 제한의 결과이며, 그것의 완성은 모든 무규정성을 완벽하게 배제하는 데까지 운동을 점진적으로 정교하게 통제하는 것이다. 인류는 항상 제한을 완벽하게 하는 데 애썼다. 다른 영역에서 이것의 짝을 찾는다면, 이는 인간의 인류성이라는 커다란 문제다. 기계 발전이 자신의 정교한 또 다른 짝을 눈앞에 두고 있기에 이 발전 또한 인류성의 한 요소라 할 수 있다."[25]

더 밝은 인식의 빛도 국가적 생의 내적인 본질을 거의 밝히지 못했다. 기계적으로 "모든 것은 돌아간다"(Alles rollt)는 영역으로부터 나온 인식의 빛은 인류적 세계를 지시한다. 인류적 세계 속에서는 유기적으로 "모든 것은 흐른다"(Alles fließt). 여기나 저기나 운동이 정교하게 통제된다. 위대한 저작의 마지막 결론이 이끄는 저자의 높아진 정조는 이처럼 단순하고 정적인 숭고한 단어를 제시할 수 있었다![26]

기계는 인간 문명의 강화된 짝이다

지금까지 지나 온 전체 길 위에서 우리는 기계 장치와 유기적 산물 간의 대립을 보존하려고 노력했다.

그동안 수공예품과 유기적 요소 간의 대립은 인간 노동의 다른 작품인 국가가 기계와 나란히 있게 됨으로써 약화됐다. 학문이 출생지 증명서 제시를 요구함에 따라 기계체와 국가 유기체가 "손에 손을 잡고"

---

25) Franz Reuleaux, *Theoretische Kinematik*, 238쪽.
26) 앞의 책, 87쪽.

있는 것을 보게 된다.

　인공적 외부세계의 기계를 우리가 다룬 방식은 겉으로는 매우 일면적으로 이루어졌다. 동시에 옆에 있는 국가와 둘의 상호적인 관계에는 동일한 정도의 관심을 기울이지 않았다. 이제 완전한 사실을 더 이상 피할 수 없다. 즉 기계 작품의 왕국은 그 개별 형식이 신체 유기체와 경직된 대립을 이루고 있긴 하지만 전체인 국가 유기체 속에 포함된다.

　그래서 우리는 두 가지 유기적 영역, 즉 인간적인 개별 유기체와 국가적인 전체 유기체를 앞에 두고 있다. 개별 유기체에는 개별 인공물, 즉 서로 다른 지체와 특수한 기능관계에 따라 만든 기계 작품이 대응하며, 여기는 인간, 저기는 기계가 있다. 반면 유기적 총체로서의 인간 신체는 국가의 전체 유기체의 원상이다. 여기서도 한편에는 인간, 다른 한편에는 국가 하는 식으로 나누려 한다면, 국가는 개별 인공물과 동일하게 기계체에 불과하다고 판정할 수밖에 없을 것이다. 그래서 이 경우 개별 유기체만으로는 원상일 수는 없다. 오히려 자기 신체를 가진 모든 개별 유기체가 동시에 국가를 구성하는 유기적 실체이다. 특수한 인공물의 제작은 이들 개별 유기체의 전체 노동의 조직화라는 원상을 따르고 있다.

국가의 소재

개별 유기체를 이루는 근원적인 비유기적 또는 화학적 구성부분들은 유기적 이념에 의해 화학 영역과는 다른 방식으로 결합하게 된다. 그렇게 국가의 소재, 그 기초와 지반, 국가의 전체 기술적(technischer) 내용은 유기적 생명에 참여함으로써 다른 의미를 얻게 된다. 이 의미는 국가를 인간 목적과 상관없는 모든 것으로부터 구별한다.

이제 국가 공동체 속에서 살아 온 역사적인 인간이 대상에 정신의 흔적을 새기는 곳이면 언제나 그러한 소재가 역사에 참여하는 것으로 드러나며, 역사적 과정과 국가 유기체의 발전이 동일하기 때문에 이 소재는 국가유기적인 결합 속에 있다.

살아 있는 인간 육체가 감각적 실재 없이 존재할 수 없는 것처럼 자기 구성을 위한 감각적 질료 없는 국가체제 또한 없다. 그래서 무기물이 살아 있는 육체 속에서는 유기적 이념에 따라서 결합되어 유기적 구성이 되는 것처럼 인간 손에 의해 형태 부여된 소재 전체는 기계적 특수성으로부터 벗어나 국가유기적 구성요소가 된다.

아무리 불완전하고 타락한 국가라도 그것은 유기체이며 결코 기계가 아니다. 기계를 개별자 또는 사회에 적용하는 것은 대개는 높은 정도로 생각이 없다는 것과 틀에 박혀 있음을 의미할 뿐이다. 국가로 존재한다는 것은 유기체로 존재한다는 것을 의미한다. 그래서 국가는 결코 기계적일 수 없다. 물론 국가 내에는 기계들이 존재하며, 이들은 개별 기계체로서 개별 유기체와 구별되어야 한다. 하지만 이들은 전체로서 소재이며, 국가는 자기 보존을 위해 이들을 자기화한다.

이제 우리는 탐구의 정점에 도달했으며 인간 손에 의한 작품을 보고 있다. 이 작품은 개별 기계의 형식 속에서 지금까지 유기적 작품과 섞이지 않은 채 있었으나, 이제 그 전체가 인간 개인들 전체와 함께 유기적-사회적 통일로 녹아들었다. 이 형식, 즉 국가 유기체의 소재라는 형식에서 개별 인공물 속에 계속 존재하고 있는 기계체와 유기체의 대립이 존속한다.

유기적 원상에 따라 만든 개별 작품들은 이들이 유기적 신체 이해를 위한 그리고 자기의식의 발전을 위한 수단으로 사용되는 한에서 도구라는 개념으로 모인다. 또한 소리언어 속에서 우리는 한 도구를 인식했다. 물론 손이 [언어라는] 도구 산출에 직접적으로 관여하지는 않으며, 이 도구는 자신의 고유한 활동의 산물로서 유기체의 참된 상징을 자체 내 지니며, 산출하는 자와 산출된 것의 직접적 통일이다. 언어는 그 발전을 위해 손의 지속적인 지원을 필요로 하기 때문에 필체와 문헌을 통해 어느 정도 수공예적 도구 형성으로 되돌아간다. 이런 방식으로, 즉 기계체 영역과 유기체 및 정신 영역에 발을 담금으로써 언어는 한편으로는 소리와 사유내용을 통해, 다른 한편으로는 필체와 문헌을 통해 언급한 인류의 두 가지 거대한 창조물, 즉 소재적-기계적 세계와 유기적-정신적 세계를 잇는 연결고리가 된다.

감각적인 것과 정신적인 것의 통일인 국가

이 통일이 인간 자체로 드러나는 감각적인 것과 정신적인 것의 통일의 빛인 국가 속에서 실현된다. 이 통일의 힘을 그리스인은 위대한 단어 '에너지'(Energie) 속에 담았다. 이는 창조하는 작품활동을 의미하며, 이것의 첫 번째 망치 때리기는 국가 공동체 건설을 공포하는 것이었다.

여기서 우리는 개별 국가가 이 고찰에 대한 부분적인 증명만을 제공할 수 있다는 점을 알아야 한다. 그래서 우리는 발전 형식인 모든 몰락한 국가와 현재도 존재하는 국가로부터 미래의 [국가의] 완전한 실현을 추론해야만 했으며, 국가 이념에서 그 참된 기준을 찾으려고 노력했다.

학문적 탐구의 시작과 끝

이것이 거의 성공했다면 우리는 목적에 도달한 순간 동시에 다시금 시작점에 있다는 것을 받아들여야 할 것이다. 왜냐하면 우리의 출발점인 도구 없는 시대의 원시인은 아직 열리지 않은 유기적 생동성이자 무의식적이고 직접적으로 손과 뇌, 전체 문화 세계를 자체 내 품고 있는 통일이었기 때문이다.

열리지 않은 통일과 채워진 통일

그의 근원 소질로부터 무기, 도구, 기구, 장비, 악기, 기계 등이 제작되고 강력한 방어체계 구축을 위한 지형 변형이 이루어진다. 빙하가 모르는 사이에 움직이는 것처럼 느리게 흐르는 시간 순서 속에서 도구들은 항상 새롭게 태어나고 중단 없이 유기적 이념의 흐름 속에 등장하면서 국가 속에 실현된 통일로 돌아간다. 끝과 처음은 동일하며, 처음이 아직 열리지 않은 통일이라면 끝은 인간 노동의 결과로 채워진 통일이다.

도덕적 책임과 윤리적 책임

인간의 의식적 활동이 노동이고, 노동은 국가 내에서 또는 국가 목적을 위해 직업노동으로 현상하며, 직업노동은 국가 유기체를 유지하거나 방해하는 특성을 통해 행위가 된다는 내용을 반복해 보자. 소재에 형태를 부여하든 정신을 교육하든, 증기발생기 또는 시한폭탄, 열린 학파 또는 비밀 이론 등 무엇을 만들든 상관없이, 모든 행위에 대해 개인은 사회 속에서 책임을 진다. 그래서 우리는 '인간은 스스로 생각한 말에 따라 행위한다', 즉 '인간은 미리 생각하여 행위한다'와 관련해 국가를 인간 책임의 영역이라고 불렀다. 도덕적 책임이냐 윤리적 책임이냐는 행위가 사회의 변화가능한 법적 영역을 건드렸는지 또는 유기체의 변화하지 않는 영원한 최고의 법, 즉 양심을 건드렸는지에 달려 있다.

양심

인간은 자신이 국가 공동체와 무의식적으로 함께 자라난 깊이로부터 국가의 비정상과 침해를 의식하게 된다. 이를 우리는 위에서 개별 유기체의 목적과 전체 유기체의 목적의 상응성이라고 불렀다. 그러면 존재하지 말아야 하는 것에 대한 확신이 들 때 우리는 양심의 목소리를 듣게 된다. 양심의 통제는 의식적 행위이며, 이것의 반복은 동일한 정도로 무의식의 한계를 좁히는 동시에 자기의식의 한계를 확장시킨다.

감각적으로 지각할 수 있고, 측정하거나 셀 수 있는 생산물이 등장하는 기관투사의 극단적 경계는 이제 도달했을 것이다. 국가조차 신체 이해에 기여하게 된다. 그럼에도 불구하고 수단과 도구가 사라지는 마지막 미명까지 아직 한 걸음을 내딛어야 한다.

우리는 '신체와 생명'의 기본 특징, 말하자면 실현과 변형, 생성과 사라짐, 성장과 몰락, 즉 유기체의 모든 기능들을 '발전'이라고 통일적으로 표현하는 데 익숙하다. 이 직접적인 통일 속에서 발전은 우선 순수한 차원 변화이며, 차원과 변화의 구별이 투사되면, 사물의 병렬과 그 운동의 선후 속에서 우주적인 일치를 발견하게 된다. 인간은 이 일치를 공간과 시간이라 부르며, 여기서 현상적 세계에 대한 직관 형식을 얻게 된다. 인간은 여기서 추상을 통해 공간성과 시간성을 구별할 수 있다.

공간과 시간 개념을 분리시키고 이를 무한과 영원으로 연장한 것은 인류의 위대한 성취다. 유기적 자기, 신체와 생명, 소재와 운동, 차원과 변화로부터 나온 개념들을 다시 이들을 추상화한 사유의 원천과 관계시킴으로써 위에서 공간과 시간을 넘어서는 영원과 무한의 주체와의 일치에 도달할 수가 있게 된다.

우리 탐구는 목적지에 도달했다. 도구에서 드러난 인간의 첫 번째 노동 성과로부터 직업적 노동의 다면적인 실행에 이르기까지 인간을 따라가면서 우리는 국가 속에서 자신의 문화적 의복을 입고 유기적 통일 속으로 녹아 들어가는 인간 사회를 인식했다. 이를 넘어서는 관점을 시도하려 한다 해도, 우리가 특정한 공간과 시간 속에서 이루어진 국가 형성에 대해 가졌던 고정적인 관점을 포기해선 안 되며 오히려 국가 이념과 범유기적 원천에 따른 이념의 특수한 형태들은 자신의 권리를 유지하게 된다. 그래서 이후의 결과를 다루는 것은 우리의 의도가 아니다. 학문의 기관투사론이 더 많은 물음을 해결하기 위해 어떤 방향으로 새로운 관점을 제시할지와 관련해서 몇 가지 암시만 제시하도록 하겠다.

인류는 아직 문화의 유치원 수준에 있거나 정신이 앞으로 나아가기 위해 설치한 기술적 궤도의 시작점에 있다. 이제까지 달려온 비교적 짧은 단계로부터 지금까지의 성과를 기준으로 도구와 기계의 점진적인 완성을 통해 그리고 동시에 성장하는 자연력의 산업적 이용을 통해 모든 측정을 벗어난 크기의 문화미래가 도래할 것이라고 대담하게 추론할 수가 있다.

신체 유기체에 대한 증가하는 지식에 발맞춰 고차적인 자기의식은 사회를 치유하면서 이끌고, 개인 간 그리고 국가 간 갈등을 약화시키면서 염세주의적인 세계관을 건강한 낙관주의를 위해 필요한 정도로만 약화시킬 것이다.

군건한 사유내용으로 변한 확장된 국가적 생의 유기적 기초조건들에 관한 지식은 법률을 윤리적 정립의 내용과 형식으로 간단하게 할 것이다.

신체를 신성한 정신의 성전이라고 한 사도의 소식은 지금까지 단편적으로만 실현되어 왔으나 신체의 종교를 통해 보충될 것이며, 세속적 현실에 대한 모든 이의 요구를 초월적인 피안의 내용과 화해시킬 것이고, 자신을 새롭게 하면서 모든 사회적 불행으로부터 구원해 줄 것이다.

신체적 자기에 관한 인식은 아직 풀리지 않은 지식의 문제, 공간과 시간 개념의 유래, 사물의 다양성과 구별되는 물 자체, 자기의식의 발전에 발맞춰 이루어지는 단계적인 물 자체의 드러남을 해명하게 될 것이다.

예술은 모든 미의 근원 고향인 유기적 이념과 함께 자라나면서 지속적으로 이어질 것이다. 이 유기적 이념은 형태론적 기초법칙을 생명의 모든 비례를 밝히는 힘으로 고양시킨다.

자유주의

통찰은 인간의 자유가 오로지 자기의식과 동일한 속도 내에서만 유지 가능하다는 것을 밝혀 줄 것이다. 인간의 근원소질이 달성하려는 것과 반대로 나아가려는 방향은 의지에 외적인 강제와 부자유를 얹는다. 그래서 훈련과 교육을 통해 도달한, 의식적으로 원한, 내적인 유기적 필연성과의 일치에만 참된 자유가 있으며, 당위적 존재로 되는 것에 가치를 두는 인간에게는 자발적인 자유의지가 필수적이라는 점이 밝혀지게 된다. 오로지 인간 존재에서만 사유 가능하며, 그것을 넘어서면 의지는 위로는 거인의 무력함 때문에, 밑으로는 야만적인 무력함 때문에 실패하게 된다.

인간의 모든 것인 국가

각각 하나가 다른 것으로부터 발전함을 통해 또는 하나를 다른 것을 통해 설명함으로써 도구와 기계, 인간과 노동에 대한 이해로부터 자유와 내적 필연성의 동일성이 나온다. 이 동일성의 전제 아래 국가는 유기적 이념의 더 나은 이해의 기초를 제공한다. 이 이념에 학문적 노력의 성과가 달려 있으며, 이 이념 속에서 모든 철학 체계가 움직이며, 이념은 믿음의 기초 위에서 종교의 거듭남을 약속하고 있다. 이 믿음이라는 상징을 바로 지구상의 **문화 민족들**은 가지고 있다.

인간이 창조한 도구와 기계로부터, 그가 생각해 낸 문자로부터 인간은 기계로부터 나온 신(Deus ex Machina)으로서 자기 자신과 마주서게 된다![27]

---

27) 데우스 엑스 마키나(Deus ex Machina)는 희극에서 사용되는 극적 장치다. 풀기 힘든 상황이 갑작스러운 사건(예를 들어 신의 출현)을 통해 해소될 때, 이 사건을 데우스 엑스 마키나라고 부른다. 이를 통해 어려운 상황은 해결되고 결국 긍정적인 결말에 이른다. 원래 이 표현은 그리스 연극에서 유래한다. 갑작스러운 사건은 기구를 통해 위에서 밑으로 등장하거나 또는 밑에서 위로 등장하는 인물의 등장으로 일어난다.

찾아보기

【ㄱ】

가분 수 257, 258
가위와 집게가위 78
가이거 38, 44, 72, 76~80, 84, 197, 260, 299
가죽 자루 78
갈레노스 30
갈바니, 루이지 31, 165, 168
감각적인 힘 192, 201
개구리 전기 168
경험적 현실주의 원칙 147
경험주의적 이론 59
계열수 256, 258, 259, 262, 280
고정 요소 208
곡괭이 74, 78, 83
골간 140, 144
골격 성장 135, 141
공간척도 95, 96
공식 127, 190, 280
공통적인 것 315, 316, 329
『과학적인 미국인』 309
관념적-기계적 체계 205
관절운동 92, 94
광학 기술 111
괴테, 요한 볼프강 142, 232, 246, 252, 338
교양 있는 인간 182, 183
국가와 인간 신체의 '기초적 비교' 331

국가 유기체와 자연 유기체의 일치 320
국가의 조직화할 권리 339
국가 이념 321~328, 344, 349, 352
군국주의 340
군대의 '폐지' 340
군중에 호소하는 논증 334
균형 233, 234, 238, 240, 252
그로만, A. F. 318, 319
근원소질 46, 62, 65, 248, 340, 353
급속인쇄기 309
기계 법칙 88, 126
기계 분석 209, 213, 215
기계 속 장소 변화 193
기계의 구조적 요소 분석 208
기계의 기계 149
기계의 첫 시작 197
기계적 완성의 실현 155
기계형성의 출발점 211
기관과 도구 69, 212
기관의 운동법칙 86, 87
기관투사가 무의식에 참여 181
기구학 186, 189, 193, 217, 220
기구학적 기호언어 206
기구학적 체인 194, 196, 206, 212~219
기능 상(像)의 투사 159
기사 괴츠 폰 베를리힝겐 127, 128
길이척도 95, 96

【ㄴ·ㄷ】

낫 78, 79, 84, 85
노동자 물음 213
노동 조직화 335
다게레오 타입 과정 108
다섯 손가락으로 세는 것 96
다윈, 찰스 43, 44, 46, 65, 66
단위수 258, 259, 275, 280, 284
단위수와 계열수 256~259, 262
닫힘 형식 238
달력 102, 103
달팽이관 9, 114, 115, 119, 120
대상적 본질 159
대우 마감 201, 202, 204, 207, 345
대퇴골 136~138, 146
도구를 만드는 동물 248
도구의 도구 70, 117, 149, 212
도구의 배아 82
도구 제작의 외부 목적과 내부 개념 53
도끼의 철학 252, 263
도나르 311, 312
도베, 알프레드 169
돈데르스, 프란시스쿠스 306
동력기계 212~214
동력전달장치 194, 198, 202, 208~211, 218
동물심리학 49, 180
두 보이스-레이몬트 147, 164, 168, 219

【ㄹ·ㅁ】

라 메트리, 쥘리앵 오프루아 드 219
라살, 페르디난트 11, 57, 232
라손, 아돌프 35, 242
라이프니츠, 고트프리트 빌헬름 35
라이히, 에두아르트 171

랑게, 알베르트 59, 219, 308
렌즈 106~112, 117
로젠크란츠, 카를 59, 142
로키탄스키, 카를 폰 43, 58
로트, 유스투스 147
뢸로, 프란츠 186~190, 197, 199, 201~219
루트비히, 카를 59, 60
리프만, 오토 151, 153
마감방식 209
마이어, 로베르트 152, 153
마이어, 모리츠 168
마이어, 헤르만 폰 91, 134~138, 233
마찰 점화기 196, 197, 200
말(Rede) 307
망치 71, 72, 82~85, 100, 129~132, 159,
   248, 260, 309~312
메네니우스 아그리파 334
메켈, 요한 프리드리히 45
모노코드 112~117, 271
모든 것은 돌아간다 220, 346
모든 것은 흐른다 220, 346
모든 운송수단의 총괄 337
모든 유기적 창조물의 정점 328
모음 형성 304
『무의식의 철학』 177~181, 242, 320
묶음 수 258
묶이지 않은 수 258
문자들의 보편자 314
『문자 및 문헌의 역사』 298
문자언어 285, 287, 300, 303, 304
문자체계 302
물신숭배 130
뮐러, 막스 293
뮐러, 요하네스 59, 60
미국 도끼 252~255, 263
미리 생각한 목적 331

【ㅂ】

바깥에 있는 뇌 171
바비지, 찰스 207
바스티안, 아돌프 38, 87, 144, 288, 318
바이스 72
바이올린 120, 254, 264, 267~273
발생학적 기초법칙 45
발성기관 123, 290
발전 개념 197, 206, 209, 221
밧줄 199
배꼽 237, 238
배젓, 월터 44
베르크만, 율리우스 54
보편문자 303
보편적 전신학 173
보헤네크 227~230, 235, 238, 246, 249, 250
본능적인 창조물 285, 301
볼프, 율리우스 134~144, 173
뵈머, 하인리히 38
부트케, 하인리히 298
부피척도 95, 96, 99
분쇄기 77
분트, 빌헬름 60, 92, 118, 166, 181, 224, 292
비가분 수 257, 258
비례측정기 249
비트슈타인, 테오도어 226~230, 264, 276
빠른 우편 299
빻는 기계 84, 85

【ㅅ】

산술적 전진 258
새로운 기관 132
새로운 세계상의 출발 178
색수차 109, 110

생득주의적 이론 59
생리학의 역사 30
생리학적 구조장비 35
생리학적 사실 37, 246, 287
생리학적 심리학 32, 224, 227
석필 298, 299
선사시대 62, 76, 84, 317
세계우편 337
셰러, 빌헬름 308
셰플레, 알베르트 314
소리 나는 유기체 270
소리몸짓 287, 300
소리언어 285~287, 291, 294, 299~306, 349
소리진동 118, 121, 122, 142, 290~292
소크라테스 29, 34
손가락 언어 306
손금술 282, 283
손도구 73, 85, 90, 130, 211, 252, 308
손도끼 72, 83, 85
손톱 64, 72, 77, 82
손회전바퀴 199
수공업의 작업자 132
수공업의 황금 바닥 247
수공예품 244, 264~267, 274, 275, 279, 286
수용기 210, 211
슈바이거, 요한 168
슈타인탈, 하이만 80
슈타인하일, 카를 아우구스트 폰 168
슈툼프, 카를 60
슈필러, 필리프 166
슐라이허, 아우구스트 74, 287, 290
슐첸슈타인, 카를 57
스티븐슨, 로버트 156, 158
시각표상 60
시간척도 95
시간 측정 도구 102, 205

신경섬유 162~166, 234
신분 317, 332
신비학 116, 242
신체와 생명 28, 243, 283, 327, 351
신체 유기체 17, 50, 53, 77, 86, 186, 269,
316, 319, 324, 347, 352
실재적 관념론 39
심리학과 생리학 31, 204
심장펌프 124, 125
십이진법 96
십진법 96
쐐기 82, 207, 208
쓰기몸짓 300

【ㅇ】

아리스토텔레스 9, 30, 46, 70
악마적인 것 126
안경 106, 146, 170
어원학 299, 300
언어기관 64, 284, 290~293, 296, 301, 304
언어는 사유의 도구 297
언어 유기체 32, 313, 329
언어정신 287, 288
에크하르트, 마이스터 35
역사적 국가 63, 326
역사적 사실 31, 37, 326
역사철학 31
연금술 282, 283
영혼과 정신 179, 181, 182
영혼의 무의식적 생활 176
영혼의 의식적 생활 176
예거, 구스타프 45, 107, 320
예술수공업 252, 255
오각형 281, 282
오이트만, 하인리히 157

오트 295, 296
옳음이라는 논리적 법칙 274
와트, 제임스 150, 156, 158
완전한 도구 유형 264
외르스테드, 한스 크리스티안 168
외부세계 50~54, 80, 105, 147, 172, 188, 204
욘존, 에두아르트 60
우편제도 336, 337
운동과 힘 199, 205
원시도구 80, 131, 147, 248
원시인의 신체적 특징 63
원시적인 계산기 260, 261
원주의 그림자 101, 102
원천 나사와 원천 암나사 199
위버베크, 프리드리히 59, 60
유기적 규칙 88, 204
유기적 발전이론 44, 65, 101, 155, 179
유기적인 조직과 기계적 조직의 원칙 26
유기적인 흔적 130
유기조직 97, 101, 108, 120, 123, 132, 146
유기체성 327
유기체존재 243, 316, 327
유동 요소 208
음향 기술 111
의복 264, 275~278
의인화하는 잘못된 길 180
이상적 국가 326
이상적 기계 218
이원론 32~34, 179
인간과 동물을 가르는 기준 49
인간 복지에 대한 적대 214
인간 사회의 실제적인 해부학 325
『인간생성론』 330, 331
인간 육체의 비례론 282
인간적 자연의 유기적인 총체적 투사 316
인간적 자연의 통일 39

인간적 정치체 316
인간 종의 역사 65, 200
인간중심적 관점 39~41
인간학적 기준 34, 39, 40
인격 개념 32
인공물 51, 52, 71, 87, 122, 130, 153, 170,
189, 217, 255, 279, 285, 313
인공 사지 129
인식론 일반의 문화사적인 기초 놓기 61

【ㅈ】

자기 대화 307
자기라고 이해하는 것 28
자기 손으로 286
자기의식 27, 32, 38, 47~54, 82, 118, 170,
174, 176, 180~183, 191, 262, 290, 295, 307,
327~329, 337, 349~353
자모 299~303, 313
자신의 고유한 도구 287
자연력들의 통일 31
작업기계 212~216
잠재적인 힘 192, 200, 201
잠트, 파울 147, 167
전단력(剪斷力) 139, 140
전신선 164~167
전신체계와 신경계 161
전쟁학 341
절대적인 자기생산 57, 80, 97, 127, 232, 287
점성술 282, 283
정부조직 324
정신적 작업의 의식적 연속성 177
정치적 동물 316, 318
정치적 반성운동 341
제작 행위 315
조작성 82, 130, 171, 248, 252, 255, 264

조절 컴퍼스 249, 255, 264
조화로운 전진 257
증기기관 72, 126, 149~152, 155~159, 173,
186, 201, 210~215
지구 중심적 관점 42
지레 89~92, 102, 117, 159, 200, 207, 310
지속적인 운동의 첫 번째 대표자 198
지체적도 244, 270
지체화 218, 219, 230, 238, 340
지크바르트, 카를 65
지혜로운 제한 215
직접 선택 324
진자 91, 102, 117
집게 72, 102, 128
집과 부엌 도구 84

【ㅊ】

차이징, 아돌프 96, 223~236, 239, 244,
250, 265, 273, 278
참된 국가적 생의 원상 316
참된 존재 35, 36
척도체계 99, 100
천체망원경 108
철기시대 73, 86
철도망 157
철도체계 157, 336
철학의 원칙 36
『철학적 지질학』 47, 173
청동기시대 73
청진기 111
체르마크, 요한 115, 124, 165, 290~293
췰너, 율리우스 106, 267, 269
축소판 피아노 115
치글러, 프란츠 327
치아 72, 74, 82, 90

【ㅋ·ㅌ】

카루스, 카를 구스타프 58, 109, 118, 122, 165, 176~178, 181, 226, 232, 288, 321, 322
카르스텐, 구스타프 95, 99
카메라 옵스큐라 108, 109
카스파리, 오토 65, 72, 130, 224, 273, 319
카첸베르거, 마르틴 257
칸트, 이마누엘 34, 35
코르티기관 9, 114~118, 271, 294
퀴겔겐, 빌헬름 폰 231
크라머, 파울 60
클렝케, 헤르만 276
키네시스 217
킬리안, 콘라트 305
투치 272
틴덜, 존 169, 318

【ㅍ·ㅎ】

파라셀수스 30
파스칼, 블레즈 47
파울, 장 38, 216
파울리의 다리지지대 140
패러데이, 마이클 168, 169
펄스, 막스 158, 318
페로트, 프란츠 157
페셀, 오스카어 37
페히너, 구스타프 224, 227, 228, 266
평행사변형 94, 235
포이어바흐, 루트비히 36, 59, 159
폰 베어, 카를 에른스트 38
표준기계 152
표현의 언어사용 58
풍케, 오토 59
프란츠, 콘스탄틴 37

프랭클린, 벤저민 248
프로타고라스 29, 34
프리스틀리, 조지프 31
플레밍, 발터 319
피르호, 루돌프 135, 162, 163, 182, 191, 318
피크, 아돌프 35, 38
필사본 수집 302
필체 285, 286, 299, 302, 303, 307, 349
하르트만, 에두아르트 폰 177, 178, 241, 288, 320
하르트젠, 프레데릭 안톤 폰 59
하비, 윌리엄 30
하젠클레버, 리하르트 116, 256, 257
해면뼈 구조 135, 143
허리부분 236
헌법 321, 326, 339
헤겔, 게오르크 8, 13, 52, 294, 328, 341
헤르만, 루디마어 91, 93
헤르만, 콘라트 96, 227, 228, 243, 273, 282
헤켈, 에른스트 45, 320, 330, 331
헨젠, 빅토어 118, 119
헬름홀츠, 헤르만 폰 59, 112~120, 151~154
헬발트, 프리드리히 폰 105
현대 기계 201~203
현미경 31, 106~109
현실적 경험 147
현실주의 원칙 147
혈관계 157, 173, 324
혈관망 157
확대경 106
황금 비율 97, 223~230, 236~249, 271~276
훔볼트, 알렉산더 폰 132
휘트니, 윌리엄 292
히드로해파리 국가 312, 332
힘과 운동 200
힘 마감 201~207